公司股权转让实务精要

裁判规则与案例解析

陈火金 / 编著

中国法治出版社
CHINA LEGAL PUBLISHING HOUSE

序 言

股权转让是现代公司制度的重要内容。随着社会主义市场经济的发展以及营商环境的不断优化，股权交易日益频繁，并演化成一种集财产权流动、资本募集、资源优化配置等于一体的重要资本手段，由此引发了大量的股权转让纠纷案件。司法案例具有一定的实务指导价值，因而查找和检索类似案例不仅成为很多律师朋友的工作习惯，也是高校法学理论研究的重要题材。更不要说，最高人民法院公布的一些指导性案例很早就被视为诉讼中的"指南针"。

虽然我国并不是判例法系国家，但最高人民法院也曾出台过《最高人民法院关于案例指导工作的规定》。由最高人民法院发布的指导性案例或者最高人民法院审理的案例，在司法实践中具有一定的指导意义，体现在法官履行审判职责方面，形成内心确认时，对法官裁判同类或类似个案产生影响。

本书以股权转让为主线，详细涵盖了与股权转让的相关议题，包括：股权转让合同性质和效力、股权转让合同的履行、股权转让合同的变更和转让、股权转让合同的担保、股权转让合同的解除和撤销、股权转让合同中股东优先购买权。本书节选了最高人民法院审理的96个典型案例，并在此基础上进行了编辑加工，内容上就股权转让纠纷案件的典型性问题进行了分析，提出了一些观点，权当是抛砖引玉，与大家探讨。

陈火金

2024年9月

目 录
CONTENTS

第一章 股权转让合同性质及效力

一、股权转让中的预约合同和本约合同 ………………………………… 1
 典型案例1 投资公司与房地产公司股权转让纠纷案…………………… 2
二、股权转让与民间借贷 …………………………………………………… 6
 典型案例2 李某等与有色金属公司股权转让纠纷案…………………… 7
 典型案例3 王某诉商品交易公司股权转让纠纷案…………………… 11
三、股权转让与土地使用权转让 ………………………………………… 13
 典型案例4 投资公司、闫某、旅游开发公司与实业公司、
      A置业公司、F置业公司股权转让纠纷案 ……………… 14
 典型案例5 谢某等与J投资公司、X投资企业（有限合
      伙）、陶瓷公司股权转让合同纠纷案 ………………… 19
 典型案例6 企业管理公司与置业投资公司股权转让纠纷案 ……… 22
四、股权转让与矿业权转让 ……………………………………………… 24
 典型案例7 S矿业公司、S房地产公司、涡阳S房地产公
      司与D公司、宗某股权转让纠纷案 …………………… 25
 典型案例8 石某与能源投资公司、F置业公司股权转让纠
      纷案 ……………………………………………………… 29
五、国有股权转让合同效力 ……………………………………………… 32
 典型案例9 沈某与G公司股权转让纠纷案 …………………………… 33

典型案例 10　置业发展公司与 A 投资公司、G 投资公司股权转让纠纷案 …………………………………………… 36

六、股权转让纠纷中"对赌条款"的性质及法律效力 ……… 39
  典型案例 11　强某与曹某、生物技术公司股权转让纠纷案 …… 40
  典型案例 12　投资中心与 X 材料公司、K 材料公司股权转让纠纷案 …………………………………………… 43

七、外资审批制度对外资企业股权转让合同效力认定的影响 …… 45
  典型案例 13　李某、洪某与 H 控股公司股权转让纠纷案 …… 46

八、转让民办非企业法人股权的协议效力 ………………………… 48
  典型案例 14　王某、李某股权转让纠纷案 …………………… 48

九、股权转让与股权让与担保 ……………………………………… 51
  典型案例 15　T 房地产公司、X 房地产公司与矿业公司、H 控股公司股权转让合同纠纷案 ………………… 53
  典型案例 16　Y 公司与房地产公司股权转让纠纷案 ………… 56

十、股权转让与增资扩股 …………………………………………… 60
  典型案例 17　常某、温某与能源科技公司股权转让纠纷案 …… 60

十一、约定股权转让对价是冲减债务的股权转让合同性质 …… 63
  典型案例 18　L 公司与柴油机公司股权转让纠纷案 ………… 65

十二、以非法处分公司财产为目的的股权转让协议无效 ……… 69
  典型案例 19　张某与腾某股权转让纠纷案 …………………… 69

十三、瑕疵出资股权转让行为的效力 ……………………………… 72
  典型案例 20　曾某与数字科技公司股权转让纠纷案 ………… 73

十四、母公司股东处分子公司股权的协议效力 ………………… 77
  典型案例 21　产品公司、蒋某与贸易公司、矿业公司股权转让纠纷案 …………………………………… 77

十五、夫妻一方转让夫妻共有股权的问题 ……………………… 81
  典型案例 22　彭某与梁某、王某 1、房地产公司股权转让纠纷案 …………………………………………… 82
  典型案例 23　郑某与投资管理企业、许某股权转让纠纷案 …… 85

十六、所附条件不可能实现的股权转让协议效力 ……………… 89

典型案例 24　王某、工贸公司与农产品公司股权转让纠纷案 ……… 89
十七、不正当阻止协议生效条件成就的股权转让协议效力 ………… 93
　　典型案例 25　李某与张某股权转让纠纷案 ………………………… 93
十八、约定协议自各方签字盖章时生效的股权转让协议效力 ……… 96
　　典型案例 26　H 公司与 F 公司股权转让纠纷案 …………………… 96
十九、股东会决议能否作为股权转让的依据 ………………………… 99
　　典型案例 27　建设公司与房地产公司股权转让纠纷案 ………… 100
二十、股权转让纠纷中表见代理的认定 ……………………………… 103
　　典型案例 28　B 公司、李某、千某与印刷公司等股权转让
　　　　　　　　纠纷案 …………………………………………… 104

第二章　股权转让合同的履行

一、股权转让方的义务 …………………………………………………… 108
　　典型案例 29　斯某 1、宁某、斯某 2 与李某、土地储备中心
　　　　　　　　股权转让纠纷案 ………………………………… 109
　　典型案例 30　实业公司、置业公司与房地产公司股权转让
　　　　　　　　纠纷案 …………………………………………… 112
　　典型案例 31　符某、商贸公司与王某、D 实业公司、M 实
　　　　　　　　业公司及 M 贸易公司股权转让纠纷案 ………… 115
　　典型案例 32　国际公司、房地产公司与投资公司、实业公
　　　　　　　　司股权转让纠纷案 ……………………………… 119
　　典型案例 33　尹某、黄某 1 与毕某、黄某 2 股权转让纠纷案 …… 123
　　典型案例 34　吴某、李某与梁某、宋某、王某股权转让纠纷案 … 125
　　典型案例 35　陈某等人与燕某等股权转让纠纷案 ……………… 128
二、股权受让方的付款义务 …………………………………………… 131
　　典型案例 36　董某与徐某股权转让纠纷案 ……………………… 131
　　典型案例 37　蓝某、张某、房地产公司与雷某等股权转让
　　　　　　　　纠纷案 …………………………………………… 133
　　典型案例 38　李某与钟某、置业公司股权转让纠纷案 ………… 136

典型案例 39　林某与彭某明、彭某辉股权转让纠纷案 …… 139

典型案例 40　安某与彭某1、彭某2股权转让纠纷案 …… 141

典型案例 41　工程公司、投资公司与管理公司股权转让纠
纷案 …… 144

典型案例 42　胡某与Z公司、王某、陈某股权转让纠纷案 …… 148

三、股权转让中意思表示的认定 …… 150

典型案例 43　投资公司与实业公司、置业公司股权转让纠纷案 …… 151

典型案例 44　投资公司、闫某、旅游开发公司与实业公司
股权转让纠纷案 …… 154

典型案例 45　张某与宁某股权转让纠纷案 …… 157

四、隐名股东股权转让 …… 159

典型案例 46　焦某成、焦某伟与毛某、煤炭公司股权转让
纠纷案 …… 160

典型案例 47　罗某与聂某、刘某、投资公司股权转让纠纷案 …… 162

五、"一股二卖"及股权转让中的善意取得 …… 164

典型案例 48　建设公司与投资公司、刘某良、D公司及Z
公司、H公司股权转让纠纷案 …… 165

六、标的公司被宣告破产的股权转让协议履行 …… 169

典型案例 49　Z公司与资产管理公司股权转让纠纷案 …… 170

七、股权转让中的不安抗辩权 …… 174

典型案例 50　置业公司与Z集团以及H房产公司、Z房产
公司股权转让纠纷案 …… 175

八、股权转让中的先履行抗辩权 …… 178

典型案例 51　Z公司与H公司、S公司、R公司股权转让
纠纷案 …… 179

第三章　股权转让合同的变更和转让

一、补充协议的性质及对股权转让协议的影响 …… 182

典型案例 52　置业公司、投资公司与建设公司、房地产公司股权转让纠纷案 …………………………………… 182

二、受让方能否以对案涉地块土地权益的份额存在重大误解为由变更交易价格 ………………………………………… 186

典型案例 53　付某与投资公司股权转让纠纷案 …………… 186

三、受让方能否单方改变股权转让款的支付方式 ……………… 188

典型案例 54　王某与 S 集团股权转让纠纷案 ……………… 188

典型案例 55　燃气公司与 S 公司、Z 中心股权转让纠纷案 … 190

四、能否通过起诉、撤诉的方式履行债权转让的通知义务 …… 193

典型案例 56　陈某等与建筑公司等股权转让纠纷案 ……… 194

五、第三方通过《三方协议》作为新的受让方加入此前的股权转让关系，是否构成合同的概括转让 ………………… 196

典型案例 57　企业管理合伙企业与投资管理公司股权转让纠纷案 …………………………………………… 196

六、公司作为案涉债务的加入者成为债务的承担主体需经股东会决议通过 ………………………………………………… 199

典型案例 58　彭某与陈某、房地产公司股权转让纠纷案 …… 200

第四章　股权转让合同的担保

一、目标公司为受让方支付股权转让款提供担保的效力 ……… 203

典型案例 59　置业公司与食品公司股权转让纠纷案 ……… 203

二、能否以在保证人处签字就推定签字人员有作为保证人的意思表示 ……………………………………………………… 207

典型案例 60　陆某与张某、陶某、投资公司股权转让纠纷案 … 207

三、超越代理权限的担保合同无效 ……………………………… 209

典型案例 61　网络科技公司与通信技术公司、科技公司、顾某股权转让纠纷案 ………………………… 210

四、保证人提供保证是否基于其在主合同中具有权利义务、利益关系和经济往来为前提或者要件 …………………… 216

典型案例 62　李某、谢某与实业公司、投资公司股权转让
　　　　　　纠纷案 ………………………………………… 216

典型案例 63　刘某、张某与景某、周某、矿业公司股权转
　　　　　　让纠纷案 ………………………………………… 218

五、适用定金罚则时是否可以对定金数额进行调整 ………… 220

典型案例 64　王某辉、刘某安与刘某牧、刘某琳股权转让
　　　　　　纠纷案 ………………………………………… 220

六、约定由质权人以固定价款处分质物（股权）构成流质 …… 224

典型案例 65　投资公司与实业公司、客车公司、朱某股权
　　　　　　转让纠纷案 …………………………………… 224

七、以变更股权持有人的方式进行质押担保的股权转让协议效力 … 227

典型案例 66　陈某、实业公司与王某、地产公司、投资公
　　　　　　司股权转让纠纷案 …………………………… 227

第五章　股权转让合同的解除及撤销

一、股权转让中合同目的的认定 …………………………… 232

典型案例 67　董某华、董某玲与 B 公司、某银行青岛分行
　　　　　　股权转让纠纷案 ……………………………… 232

典型案例 68　建材公司、林某与混凝土公司、建筑公司股
　　　　　　权转让纠纷案 ………………………………… 236

典型案例 69　吴某与吕某股权转让纠纷案 ………………… 238

典型案例 70　电器公司、实业公司、矿产资源公司与栾某、
　　　　　　乔某股权转让纠纷案 ………………………… 240

二、股权转让中根本违约的认定 …………………………… 243

典型案例 71　置业公司与投资公司、H 公司、L 公司股权
　　　　　　转让纠纷案 …………………………………… 245

典型案例 72　实业公司与投资公司股权转让纠纷案 ……… 247

典型案例 73　孟某与孙某股权转让纠纷案 ………………… 250

典型案例 74　章某与资产管理公司股权转让纠纷案 ……… 252

三、协商解除及约定解除 …… 254
- 典型案例 75　酒店管理公司与实业公司股权转让纠纷案 …… 255
- 典型案例 76　地矿公司与水泥公司股权转让纠纷案 …… 257
- 典型案例 77　房地产公司与邝某、投资公司股权转让纠纷案 …… 260

四、解除权的行使和消灭 …… 264
- 典型案例 78　物业公司与投资公司股权转让纠纷案 …… 265
- 典型案例 79　置业公司与投资公司、G 公司及 H 公司股权转让纠纷案 …… 267
- 典型案例 80　建设公司与投资公司、刘某股权转让纠纷案 …… 270
- 典型案例 81　实业公司与化工公司股权转让纠纷案 …… 274

五、成立未生效股权转让合同的解除 …… 277
- 典型案例 82　郭某与投资公司股权转让纠纷案 …… 277

六、分期付款股权转让合同的解除 …… 280
- 典型案例 83　周某与汤某股权转让纠纷案 …… 280

七、股权转让合同的撤销 …… 283
- 典型案例 84　蒙某与韦某股权转让纠纷案 …… 284
- 典型案例 85　侯某与王某股权转让纠纷案 …… 286
- 典型案例 86　范某与许某、陈某股权转让纠纷案 …… 288
- 典型案例 87　李某平、李某辉与李某军股权转让纠纷案 …… 292

八、股权转让合同中情势变更的认定 …… 296
- 典型案例 88　Q 公司、Q 能源公司与设备安装公司等股权转让纠纷案 …… 297
- 典型案例 89　能源公司与郑某股权转让纠纷案 …… 300
- 典型案例 90　G 集团与矿业集团股权转让纠纷案 …… 303

第六章　股东优先购买权

一、股东优先购买权的法律界定 …… 306
二、股东优先购买权的本质含义 …… 307
三、股权转让协议效力的审查方式 …… 308

典型案例91	Z公司与投资公司、轨道公司股权转让纠纷案 …… 309
典型案例92	资产管理公司与薛某股权转让纠纷案 ……………… 312
典型案例93	黄某与S公司、G公司江西分公司股权转让 纠纷案 ………………………………………………… 314
典型案例94	投资公司与电力公司、水利公司股权转让纠纷案 …… 317
典型案例95	房地产公司与周某艳股权转让纠纷案 ……………… 320
典型案例96	进出口公司与甘肃H能源公司、酒泉H能源 公司、风电公司股权转让纠纷案 …………………… 323

第一章 股权转让合同性质及效力

一、股权转让中的预约合同和本约合同

预约合同是指约定将来订立本约合同的合同，目的是确保合同当事人在将来能够订立特定的合同。预约合同虽然有其特殊合同目的，但本质上仍为契约，预约合同的成立与效力应适用合同法的一般规定，包括是双方当事人的真实意思表示、符合法律规定的生效要件、签订程序、合同形式及内容必须符合法律规定等。

预约合同在一定程度上约束本约合同的缔结并影响本约合同的内容，二者具有内在的紧密关联，但是，预约合同和本约合同在法律上属于两个不同的合同。二者在合同目的和内容、合同的生效、是否能直接履行、违约责任的适用情况等方面存在显著的区别。

股权并购前，尤其是大标的股权并购，双方在签订正式的股权转让协议之前签订的《框架协议》《会议纪要》《股东会决议》等文件的性质属于预约合同还是本约合同，非常重要，关系到双方能否要求对方履行股权变更或者支付股权转让款等。司法实践中，区分预约合同和本约合同应以合同的具体内容为基础，结合双方当事人的嗣后磋商、合同履行方式及履行情况等事实，探究双方当事人的真实意思表示。

典型案例 1　投资公司与房地产公司股权转让纠纷案[①]

案例要旨

股权并购前，双方先行签订的意向性协议属于预约合同，对双方具有法律约束力。预约合同当事人虽不能请求强制缔结本约，但在预约合同一方不履行订立本约合同义务的情况下，对方可以请求其承担预约合同违约责任，或者要求解除预约合同并主张损害赔偿。

基本案情

2017年4月6日，投资公司、房地产公司、置业公司签订《框架协议》，就房地产公司收购投资公司持有置业公司100%的股权事宜达成协议，该协议对交易原则、履约保证金、尽职调查、保密条款、违约责任等进行了约定。2017年4月7日，投资公司和房地产公司双方的法定代表人、相关人员召开会议，就目标公司负债、资产总估值、回购物业、工程建设事宜、税费处理、合同处理、担保等事宜达成共识，并形成《会议纪要》。2017年6月4日，投资公司向房地产公司发出《关于股权收购事宜的函》，载明：双方已就《框架协议》及《会议纪要》中的相关细节经过了多次磋商洽谈，房地产公司多次提出对《框架协议》及《会议纪要》中所达成的共识条款作出改变。投资公司在坚持最终交易价格不变的基础上就房地产公司所提出的要求做出了重大让步，并积极推进收购事宜的进行。现《框架协议》约定的期限已临近，房地产公司仍未就签订正式股权收购协议做出具体安排，请房地产公司在2017年6月7日前就是否继续推进收购工作进行明确回复。如明确终止收购，请予以书面回复并告知原因。若房地产公司未在上述期限内回复，投资公司将视为房地产公司终止《框架协议》的履行，并认可《框架协议》约定的2亿元违约责任款由房地产公司承担。

2017年6月7日，房地产公司向投资公司发出了《关于〈关于股权收

[①] 最高人民法院（2018）最高法民终661号。本书案例未特别说明来源的，均来自中国裁判文书网，最后访问日期为2023年12月31日。下文不再予以特别提示。

购事宜的函〉回函》，载明了以下主要内容：《框架协议》签订后，房地产公司按《框架协议》的约定共管了保证金2亿元；双方均组成相关工作小组，为正式股权转让协议的谈判、签署进行努力，并付出了大量辛勤的劳动。其中，房地产公司在第一时间组织了尽职调查团队对置业公司展开了尽职调查工作，随后双方的谈判团队在重庆、成都展开了多轮磋商，双方均为达成正式股权转让协议付出了极大的心力；但截至2017年6月7日，双方仍未就置业公司的股权收购事宜达成正式的协议。根据《框架协议》第四条第二款的约定，"若双方不能在2017年6月7日前达成正式的股权收购协议的，且双方未达成书面一致延长排他谈判期的，则本协议终止，该共管账户自动解除共管"，现房地产公司提请投资公司在收到本函后及时办理共管账户的解除手续。尽管在《框架协议》约定期内，双方未能达成正式的股权收购协议，但房地产公司深刻感受到投资公司团队严谨认真的工作态度，并予以高度认同。因此，房地产公司愿意与投资公司建立长期的合作关系，对于该项目或者其他项目，房地产公司仍诚挚希望双方能有新的合作机会。

投资公司向一审法院提出诉讼请求：判令房地产公司向投资公司支付因其单方终止交易而需承担的违约金人民币2亿元，并赔偿造成的其他损失5000万元。

法院裁判 [1]

一审法院判决驳回投资公司的诉讼请求，投资公司不服，提起上诉。

生效裁判认为，本案争议焦点为：1. 双方当事人所签订的《框架协议》《会议纪要》的性质；2. 房地产公司是否存在《框架协议》第八条第二款对双方确定的总对价原则进行重大改变并导致本次交易无法达成的行为，如存在上述行为，房地产公司应当如何承担责任。

1. 关于《框架协议》和《会议纪要》的性质

双方当事人通过签订"《框架协议》+《会议纪要》"的方式，明确在将来确定的时间内签订正式的股权转让协议，并就将来意欲签订的股权转让协

---

[1] 本书【法院裁判】适用的法律规范等条文均为案件裁判当时有效，下文不再对此进行提示。

议的主要内容达成了一致意思表示。《最高人民法院关于审理买卖合同纠纷案件适用法律问题的解释》（法释〔2012〕8号）第二条规定："当事人签订认购书、订购书、预订书、意向书、备忘录等预约合同，约定在将来一定期限内订立买卖合同，一方不履行订立买卖合同的义务，对方请求其承担预约合同违约责任或者要求解除预约合同并主张损害赔偿的，人民法院应予支持。"该"《框架协议》+《会议纪要》"所约定的主要内容符合上述法律规定的构成要件。《最高人民法院关于审理买卖合同纠纷案件适用法律问题的解释》虽系规范买卖合同，但根据《合同法》① 第一百七十四条"法律对其他有偿合同有规定的，依照其规定；没有规定的，参照买卖合同的有关规定"之规定，本案可以参照该解释第二条认定案涉"《框架协议》+《会议纪要》"属于预约合同。预约合同的目的在于订立本约，一方当事人违反合同约定不履行订立本约合同的义务，应当向对方承担违约责任。

2. 关于房地产公司是否存在违约行为应否以及如何承担违约责任

双方当事人在《框架协议》第八条违约责任条款约定："若任一方违反诚实信用的原则，就最终交易价格的确定对经交易双方多次协商后确定的总对价原则进行重大改变，从而导致本次交易无法达成的，属于根本违约，违约方应当向守约方支付赔偿金人民币2亿元。若该违约金无法弥补守约方的损失的，违约方还应承担全部的赔偿责任。但双方就评估价值达不成一致意见的除外。"分析上述双方当事人关于违约责任的约定，构成预约合同的违约要件为"一方违反诚实信用的原则，就最终交易价格的确定对经交易双方多次协商后确定的总对价原则进行重大改变，从而导致本次交易无法达成"，核心要件在于合同一方就最终交易价格的确定对经交易双方多次协商后确定的总对价原则进行重大改变。双方在《会议纪要》第二条约定了股权交易对价的计算公式，即"股权交易对价款＝资产总估值－净负债（按暂定的35亿元计算）－扣除税费（扣除税费详见税费处理）"。

房地产公司以其在诉讼过程中所提出的上述具体税收问题作为解释双方未能签订正式股权转让协议的主要分歧点的理由不能成立。房地产公司在税

---

① 《民法典》自2021年1月1日起施行。《合同法》等九部法律同时废止，下文不再对上述法律的效力进行特别提示。

收事项上提出的磋商条件"就最终交易价格的确定对经交易双方多次协商后确定的总对价原则进行重大改变"。在投资公司于 2017 年 6 月 4 日函询房地产公司是否延长排他谈判期继续磋商时，房地产公司于 2017 年 6 月 7 日函复投资公司终止谈判。房地产公司的上述行为符合《框架协议》第八条违约责任条款约定的违约行为构成要件，应承担相应的违约责任。

依法有效的预约合同，对预约合同各方均有约束力，当事人负有订立本约的合同义务，当事人不履行订立本约之义务，即构成违约。《最高人民法院关于审理买卖合同纠纷案件适用法律问题的解释》第二条规定，一方不履行订立本约合同的义务，对方请求其承担预约合同违约责任或者要求解除预约合同并主张损害赔偿的，人民法院应予支持。根据该条规定，预约合同当事人虽不能请求强制缔结本约，但在预约合同一方不履行订立本约合同义务的情况下，对方可以请求其承担预约合同违约责任，或者要求解除预约合同并主张损害赔偿。且根据该条规定，守约方请求违约方承担违约责任，亦不以其违反诚信磋商义务为前提条件。本案中，在双方未能最终签订正式的股权转让本约合同的情况下，投资公司基于房地产公司的违约行为，请求其承担违约责任具有事实和法律依据。二审法院综合本案签订预约合同后双方当事人的磋商情况、投资公司的损失情况以及双方当事人的合同预期等因素，酌定房地产公司赔偿投资公司违约金 1.2 亿元，判决：一、撤销一审判决；二、房地产公司于本判决生效后 15 日内赔偿投资公司违约金 1.2 亿元。

案例评析

本案的争议焦点为《框架协议》和《会议纪要》是关于股权转让的预约合同还是本约合同及在预约合同一方不履行订立本约合同义务的情况下违约责任的问题。

1. 预约合同的法律性质

预约合同为独立的合同，其既有预设的本约合同中的民事权利义务关系，同时也有预约合同本身中的标的即双方负有订立本约合同的权利义务。其于合同法虽系无名合同，但完全符合合同法的规范并受其调整，故预约合同和本约合同均为各具效力之独立契约。

对于合同一方违反预约合同的约定，不履行订立本约合同的义务，应承担的违约责任。违反预约合同的违约责任应当围绕本约合同未订立的原因是由哪一方过错导致的来确定。

2. 当事人在《框架协议》中预约订立合同，并以将来订立的股权转让协议为准，属于预约合同

双方当事人通过签订"《框架协议》+《会议纪要》"的形式，明确在将来确定的时间签订正式的股权转让协议，并就将来意欲签订的股权转让协议的主要内容达成了一致意思表示。该"《框架协议》+《会议纪要》"所约定的主要内容符合上述法律规定的构成要件，性质为预约合同。

3. 双方未能最终签订正式的股权转让本约合同的原因是房地产公司违约导致的，其应承担相应的违约责任（缔约过失责任）

房地产公司在税收事项上提出的磋商条件"就最终交易价格的确定对经交易双方多次协商后确定的总对价原则进行重大改变"。在投资公司于2017年6月4日函询房地产公司是否延长排他谈判期继续磋商时，房地产公司于2017年6月7日函复投资公司终止谈判。房地产公司的上述行为符合《框架协议》第八条违约责任条款约定的违约行为构成要件，应承担相应的违约责任。二审法院综合本案签订预约合同后双方当事人的磋商情况、投资公司的损失情况以及双方当事人的合同预期等因素，在房地产公司请求降低违约金认定标准的情形下，酌定房地产公司赔偿投资公司违约金1.2亿元。

二、股权转让与民间借贷

股权转让法律关系和民间借贷法律关系在合同标的、合同目的及法律后果等方面存在显著不同，通常不会对两种法律关系产生争议。但在实践中，商事主体在设计交易模式时为了同时享有股权高收益和债权低风险而追求模糊股债边界，在纠纷发生时为了规避于己不利的股权或债权责任而追求界限分明，这是实务中发生双方对合同法律关系是股权转让关系还是民间借贷关系争议的原因。而不同的法律性质认定会产生不同的法律效果，直接对双方的权利义务产生影响。

在司法实践中，双方对法律关系的认定做出不同的主张，如何认定当事

人的真实意思表示，应当遵循平等、自愿、公平、等价有偿、诚实信用等原则。对案件法律关系性质的认定，应当根据合同约定的实质内容及各合同之间的相互关系，以及双方的交易习惯综合判断。

典型案例2　李某等与有色金属公司股权转让纠纷案[①]

案例要旨

当事人之间的法律关系如何认定，应根据当事人的投资目的、实际权利义务等因素进行综合认定，探究当事人各方的真实意思表示：投资方目的在于取得目标公司股权，并享有参与公司经营管理权利的，应认定为股权转让纠纷；投资方目的仅系获取固定收益，且不享有参与公司经营管理权利的，应认定为民间借贷纠纷。

基本案情

2012年12月28日，C公司为甲方，李某、汤某甲、汤某乙为乙方，签订《合作协议书》，约定：鉴于甲方与矿业公司签署《股权转让协议》，甲方受让矿业公司持有的有色金属公司100%股权以及D公司7.47%的股权，上述标的股权的转让总价款为10亿元。第四条约定：甲、乙双方同意按照上述投资比例分配利润，当利润不确定或项目收购不能时，甲方应在合作期限届满后30日内返还乙方的出资额1亿元，并对乙方的出资额按照不低于月利率2%给付资金使用费。第五条约定：合作期限自本协议签订之日起6个月，合作期限届满时，本合作协议自行终止，如乙方未按照协议第三条规定支付出资额，则本协议无效。

汤某甲、汤某乙、李某在签订上述《合作协议书》前后，陆续以个人汇款或第三方代为转款方式，向C公司及其指定的第三方支付1.015亿元。

2013年10月23日，C公司为甲方，汤某甲、汤某乙、李某为乙方，签订《补充协议》一份，确认乙方享有有色金属公司100%股权及D公司7.47%股权所对应的45%的权益；确认股权合作收购总的股权转让价款为10

---

① 最高人民法院（2020）最高法民终1322号。

亿元，其中 1 亿元为乙方投入的股权转让款；其他 9 亿元股权转让款由甲方筹措，筹款的具体方式及金额待股权转让过户完成后由甲、乙双方对账确认，关于所融资金的偿还由甲、乙双方另行商议。

2013 年 11 月 21 日，C 公司为甲方，汤某甲、汤某乙、李某为乙方，代某为丙方，有色金属公司为丁方，矿业公司为戊方，签订《补充合作协议书（一）》一份。一、各方确认：丁方目前持有的 W 公司的全部股权归乙方所有；甲方同时归还乙方收购费用 9000 万元。二、甲方归还乙方收购费用 9000 万元，同时，出借给乙方人民币 1.1 亿元，上述款项总计 2 亿元。甲方应在 2013 年 12 月 15 日之前，将现金 2 亿元汇入乙方指定账户。有色金属公司工商档案载明，2013 年 10 月 28 日，股东由矿业公司变更为 C 公司，持股比例为 100%，法定代表人变更为代某。2013 年 10 月 30 日，C 公司办理股权出质登记，将上述股权全部质押给资产管理公司。矿业公司工商档案载明，该公司设立于 2008 年，股东为有色金属公司，持有矿业公司 100% 股权。

一审庭审中，一审法院向汤某甲、汤某乙、李某释明，本案的法律关系如经审理为借款法律关系是否变更诉讼请求，汤某甲、汤某乙、李某均明确表示不变更。李某的一审诉讼请求：1. 判令 C 公司将持有的有色金属公司 45% 的股权及 D 公司 3.3615% 股权过户登记至汤某甲、汤某乙、李某名下；2. 判令 C 公司自 2013 年 12 月 15 日起至将有色金属公司 45% 的股权及 D 公司 3.3615% 股权过户登记至汤某甲、汤某乙、李某名下之日止，按约定支付违约金；3. 判令有色金属公司将其持有的 W 公司股权过户至汤某甲、汤某乙、李某名下。

法院裁判

一审判决：一、C 公司在判决发生法律效力之日起十日内返还汤某甲、汤某乙、李某 8250 万元；二、C 公司在判决发生法律效力之日起十日内向汤某甲、汤某乙、李某支付利息（以 8250 万元为基数，自 2012 年 12 月 28 日起至 2020 年 3 月 16 日止，按照月利率 2% 计付）。

李某不服一审判决，提起上诉。其主要上诉理由是：1. 一审判决对本案法律关系认定错误，认定李某、汤某甲、汤某乙与 C 公司系借款合同关系与客观事实不符。2. 因 C 公司未履行《补充合作协议书（一）》约定义务，故应按该协议约定履行为李某等人办理有色金属公司 45% 股权以及 D 公司 3.3615% 股权的过户义务。C 公司未按约定按时返还 9000 万元或归还 2 亿元，故应按该《补充合作协议书（一）》约定履行"依据《合作协议书》约定办理相应的股权过户"义务，而不再是主张返还收购费用 9000 万元。二审判决驳回上诉，维持原判。

生效裁判认为：本案的争议焦点是关于本案法律关系的性质。C 公司与汤某甲、汤某乙、李某签订有《合作协议书》《补充协议》《补充合作协议书（一）》《补充协议书》四份合同，对本案法律关系性质的认定，应当根据合同约定的实质内容及各合同之间的相互关系，以及双方交易习惯综合判断。《合作协议书》《补充协议》约定双方联合购买总价款为 10 亿元的股权，汤某甲、汤某乙、李某出资 1 亿元，享有被收购股权中 45% 的权益。双方当事人对所占目标公司股权比重的约定，明显与出资比例不符。《合作协议书》第四条约定："甲、乙双方同意按照上述投资比例分配利润，当利润不确定或项目收购不能时，甲方应在合作期限届满后 30 日内返还乙方的出资额 1 亿元，并对乙方的出资额按照不低于月利率 2% 给付资金使用费。"正常的股权收购合作，基本特征为共同投资、共担风险，而该约定明显属于只收取固定利润不承担风险的保底条款。《补充合作协议书（一）》第二条约定，C 公司归还汤某甲、汤某乙、李某收购费用 9000 万元的同时，出借给汤某甲、汤某乙、李某 1.1 亿元。《补充协议书》确定 1.1 亿元借款为无息借款。对于上述 1.1 亿元借款，从双方达成借款的合意、借款的金额、借款的形式、借款的偿还方式等因素来看，1.1 亿元借款更符合民间借贷高息的特征。法院认为，从双方签订的几份协议的约定来看，其实质为 C 公司向汤某甲、汤某乙、李某支付 2 亿元作为融资 1 亿元的对价，合同双方的真实意思表示应为融资而并非真实的股权收购。因此，本案的法律关系更符合借款合同关系。上诉人李某二审关于办理股权变更登记、给付违约金、分配利润的上诉理由，不能成立，对其上诉请求，法院不予支持。

案例评析

本案的争议焦点在于汤某甲、汤某乙、李某与 C 公司之间的法律关系为股权转让关系还是民间借贷关系。

当事人之间的法律关系如何认定，应根据当事人的投资目的、实际权利义务等因素进行综合认定，探究当事人各方的真实意思表示：投资方目的在于取得目标公司股权，并享有参与公司经营管理权利的，应认定为股权转让纠纷；投资方目的仅系获取固定收益，且不享有参与公司经营管理权利的，应认定为民间借贷纠纷。

1. 认定为民间借贷关系

法院在认定为民间借贷关系时，通常考虑的因素有：在股权转让行为未进行公司章程、股东名册、工商变更登记的情况下，可以说明投资方并不关心是否实际取得目标公司股权，各方当事人的真实交易目的在于借贷；或者各方当事人一致认为构成民间借贷法律关系；或者有其他证据证明双方之间存在借贷合意的情形下，法院会更倾向于认定纠纷为民间借贷关系。

2. 认定为股权转让关系

法院在认定纠纷为股权转让关系时，通常考虑的因素有：案涉的股权是否得到公司的确认及是否办理工商变更登记、投资方是否参与目标公司经营、融资方和回购义务人是否相同、约定的固定收益率高低情况、是否涉及外部第三人利益等。

首先，如果案涉股权得到公司的确认，投资方作为公司股东登记在公司股东名册中，投资方行使了股东权利，或者办理了股权的工商变更登记，基于工商登记的公示作用，法院会更倾向于认定为股权投资关系。

其次，投资方是否参与公司经营。在投资方参与公司经营管理的情况下，可以认定投资方的目的并非单单提供款项，法院会更倾向于认定案涉交易系民间借贷。

最后，约定的固定收益率高低情况。法院会参考协议中约定的固定收益率高低情况来认定案涉交易的性质，民间借贷约定的固定收益率较高，与借贷关系中的利率相匹配。

本案中，双方的法律关系应当认定为民间借贷关系。第一，双方当事人对所占目标公司股权比重的约定，明显与出资比例不符；第二，正常的股权收购合作，基本特征为共同投资、共担风险，而协议中关于返还出资款及给付固定利息的约定明显属于只收取固定利润、不承担风险的保底条款；第三，从李某等三人在案涉股权收购过程中实施的行为看，协议仅约定由C公司以自身名义代三人持有相应股权，三人未参与股权收购的谈判过程，也未参与股权收购后的管理工作，在提起本案诉讼之前，亦未主张办理所占份额的股权过户手续。二审中，李某上诉主张完成约定的股权投资并不实际需要约定的 10 亿元，仅为 5.7 亿元，主张除 1 亿元外另通过投资案外公司间接投入 1.2 亿元，以及承接债务等方式投资，该利息约定属于"资金使用费"，但李某以上主张亦不能否定双方已约定了金钱债务的结算方式。因此，在此基础上，应结合后续签订的《补充合作协议书（一）》《补充协议书》等对本案综合判断。以上两份协议书，一方面，进一步明确了各方对于《合作协议书》的处理结果，即李某等三人付出的 1 亿元不再为有色金属公司、D 公司股权对价，而是成为金钱债权及借款；另一方面，李某等三人对于 W 公司股份的诉求核心在于变现成为其取得 1.1 亿元的保障。因此，《补充合作协议书（一）》《补充协议书》从结果处理上更加明确地确定了李某等三人的权利基础为金钱债权而非股权。因此，法院未采纳上诉人关于双方当事人之间是股权转让法律关系的主张。

典型案例 3　王某诉商品交易公司股权转让纠纷案[①]

案例要旨

案涉《补充协议》并非经调解、和解或者清算后达成的债权债务协议，商品交易公司依据双方之间股权转让的法律关系提出抗辩，并提供证据证明债权纠纷非民间借贷行为引起的，案涉法律关系应定性为股权转让纠纷，而非民间借贷纠纷。

基本案情

2011 年，王某与商品交易公司签订《股权转让协议》，约定，王某将其持有的置业公司 20% 的股权以原值价格转让给商品交易公司，商品交易公司同意以 200 万元价款受让该股权。2011 年 10 月 1 日，王某与商品交易公司签订《补充协议》约定，关于置业公司王某 20% 股权转让价款按 5000 万元结算

[①] 最高人民法院（2019）最高法民申 4122 号。

转让，由商品交易公司首先支付 1000 万元现金给王某，余款 4000 万元作为商品交易公司借款，由其今后分期支付，每月结息，年利率为 30%，商品交易公司为王某代扣代缴个人所得税。商品交易公司向王某的配偶、妹夫等亲属转账 1000 万元。

王某向一审法院提出诉讼请求：1. 商品交易公司向王某偿还借款本金 4000 万元；2. 商品交易公司依约向王某偿还借款利息（以 4000 万元为基数，以年利率 24% 计算，自 2012 年 3 月 1 日起至实际支付之日止）。

法院裁判

一审法院认为：依法成立的合同，对当事人具有法律约束力。当事人应当按照约定履行自己的义务，不得擅自变更或者解除合同。王某与商品交易公司签订的股权转让协议及补充协议系双方当事人的真实意思表示，应为有效协议。双方签订的《补充协议》约定"股权转让价款按 5000 万元结算转让，由商品交易公司首先支付 1000 万元给王某，余款 4000 万元作为乙方借款"，实际是将剩余 4000 万元股权转让款转为借款，该行为并未违反法律强制性规定，王某、商品交易公司之间民间借贷关系成立。遂判决：被告商品交易公司于本判决生效之日起 10 日内支付王某 3900 万元；被告商品交易公司于本判决生效之日起支付王某利息（以本金 3900 万元，自 2012 年 2 月 3 日起至实际给付之日止，按照年利率 24% 计算，扣除已支付的 500 万元）。

生效裁判认为：双方虽在《补充协议》中约定作为商品交易公司的借款，并对利息标准、结息时间等作出约定，但并不能据此认为双方的基础法律关系已由股权转让关系转为民间借贷关系。《最高人民法院关于审理民间借贷案件适用法律若干问题的规定》第十五条规定："原告以借据、收据、欠条等债权凭证为依据提起民间借贷诉讼，被告依据基础法律关系提出抗辩或者反诉，并提供证据证明债权纠纷非民间借贷行为引起的，人民法院应当依据查明的案件事实，按照基础法律关系审理。当事人通过调解、和解或者清算达成的债权债务协议，不适用前款规定。"在商品交易公司已经依据基础交易关系即股权转让关系对本案的法律关系性质进行抗辩，而《补充协议》也并非经调解、和解或者清算后达成的债权债务协议的情况下，本案法律关系性质应认定为股权转让纠纷。

关于二审判决对违约金调整是否有误的问题,《补充协议》约定欠付股权转让款年利率为30%,在本案法律关系性质为股权转让纠纷的情况下,二审判决将该约定认定为逾期付款违约金并无不当。股权转让款之债并非借款合同项下的还款义务,不能简单地适用当事人约定的违约金标准,应当兼顾合同履行情况、当事人过错程度以及预期利益等因素综合确定,从而判断该违约金是否过高。本案无证据证明商品交易公司的整体合同目的已经实现,原审认定商品交易公司并非恶意违约,并无不当。二审法院鉴于按照约定的30%违约金标准计算商品交易公司应支付的违约金数额过高,而其又非恶意违约,在商品交易公司对违约金标准过高进行抗辩的情况下,综合考虑当事人过错、合同履行、预期利益等情形,将违约金酌定调整为每年12%,并无不当。

综上,再审法院驳回王某的再审申请。

案例评析

《最高人民法院关于审理民间借贷案件适用法律若干问题的规定》[法释〔2020〕17号]第十四条规定:"原告以借据、收据、欠条等债权凭证为依据提起民间借贷诉讼,被告依据基础法律关系提出抗辩或者反诉,并提供证据证明债权纠纷非民间借贷行为引起的,人民法院应当依据查明的案件事实,按照基础法律关系审理。当事人通过调解、和解或者清算达成的债权债务协议,不适用前款规定。"(本案适用条款内容与现行法一致)本案中一审法院和二审法院、再审法院对《补充协议》的性质产生不同的理解,一审法院认为应适用上述司法解释第二款的规定,认定双方之间为借贷法律关系,二审法院认为《补充协议》也并非经调解、和解或者清算后达成的债权债务协议,应适用上述司法解释第一款的规定,依据基础法律关系审理本案,双方之间的法律关系为股权转让纠纷。笔者倾向同意二审法院和再审法院对本案的法律关系认定。

三、股权转让与土地使用权转让

股权转让与土地使用权转让属于不同性质的转让合同,二者在转让标的、交易主体及适用法律等方面都存在不同。但在实践中存在利用股权转让的方式实际取得土地使用权，客观上产生了与土地使用权转让相同的效果，由此引发了这种股权转让行为的合法性及正当性的争议。

在股权转让中，转让标的是虚拟资本，即股东登记依法所享有的公司股份、股东权利和股东责任，而不仅仅是公司出资人的出资额，更不是其曾拥有的包括土地使用权在内的公司某项现实财产。股权转让主体是拥有公司股权的股东或出资人，而不是公司本身。股权转让主体之间的关系表现为公司股东之间与股东和其他第三人之间的关系。因此，构成股权转让行为应具备两个条件：一是公司股权发生了转移，在股权转移中股东构成发生变动；二是股权转移行为发生在一个民事主体即公司法人内部。就土地使用权而言，公司依法取得土地使用权后，土地使用权作为法人财产时已表现为货币化或股份化的形式，是公司法人财产的一部分。股东依法转让股权时，只是股东发生变动，拥有土地使用权的公司法人并未改变，土地使用权的公司法人财产性质也未发生改变，因此，不属于土地使用权转让的范畴。

典型案例4　投资公司、闫某、旅游开发公司与实业公司、A 置业公司、F 置业公司股权转让纠纷案[①]

案例要旨

从双方当事人所签合同及补充协议的内容来看，合同标的是股权，而非房地产，履行合同的结果是持有发展公司股权的股东变更，而涉及的土地使用权权属仍在发展公司名下，并没有变更到他人名下，故该案系股权转让合同纠纷。

基本案情

2014 年 4 月 9 日，实业公司、A 置业公司、F 置业公司与投资公司签订一份《股权转让合同》，约定：实业公司、A 置业公司、F 置业公司将持有的发展公司 100%股权转让给投资公司，转让价款为人民币 9000 万元。投资公

---

① 最高人民法院（2017）最高法民终 414 号。

司应向实业公司支付人民币 6000 万元，向 A 置业公司和 F 置业公司分别支付人民币 1500 万元。同日，各方签订一份《补充协议》，约定：截至股权转让基准日，发展公司应清偿的债务总额为人民币 8584.2908 万元，上述债务在申请办理股权转让工商登记变更之前应清偿，受让方同意代发展公司清偿该等债务。同日，实业公司、A 置业公司、F 置业公司作为转让方与受让方投资公司、担保方闫某、旅游开发公司共同签订一份《补充协议（二）》，约定：除股权转让合同约定的受让方义务外，受让方还负有对转让方的其他义务，担保方自愿根据本协议约定承担连带保证责任。

2014 年 4 月 17 日，投资公司和发展公司在《共管确认书》上共同确认，约定的全部印鉴和证照均已实施共管。投资公司支付实业公司人民币 1800 万元。2015 年 6 月 29 日，上述各方分别签订类似的《股权转让合同》《补充协议》《补充协议（二）》，将股权转让价款约定为人民币 4.6 亿元。

实业公司、A 置业公司、F 置业公司的诉讼请求为继续履行《股权转让合同》及相关补充协议；被告支付剩余股权转让款及违约金。投资公司、闫某、旅游开发公司答辩并提出反诉请求：认定《股权转让合同》及系列补充协议无效；判令原告向被告返还已收取的转让款港币 1 亿元、人民币 5880 万元。

法院裁判

一审法院认为：从双方当事人所签合同及补充协议的内容来看，合同标的是股权，而非房地产，履行合同的结果是持有发展公司股权的股东变更，而涉及的土地使用权权属仍在发展公司名下，并没有变更到他人名下，故该案系股权转让合同纠纷。双方签订的涉发展公司股权转让系列合同及补充协议系当事人真实意思表示，且未违反法律、行政法规的强制性规定，应属有效协议，双方应严格按照约定履行。双方转让的是公司股权，并非房地产。至于政府部门调整了某项目的用地规划，兴建安置小区，并涉及发展公司的部分土地，与该案审理的股权转让无直接关系，不影响股权的变更，不会导致合同不能实际履行。综上，双方签订的涉发展公司股权转让合同及补充协议有效，双方应继续履行。判决：一、原、被告继续履行《股权转让合同》及系列补充协议；二、投资公司于本判决生效之日起 10 日内向实业公司支付剩余股权转让款人民币 5400 万元；三、驳回投资公司、闫某、旅游开发公司的反诉请求。

生效裁判认为：本案的争议焦点为案涉合同及补充协议的效力问题。

首先，根据一审查明的事实，投资公司与实业公司、A 置业公司、F 置业公司就转让发展公司 100% 股权一事，先是达成原合同及相关补充协议，后因履行问题，又达成新合同及相关补充协议，对原约定部分内容进行了变更，主要是将股权转让价格从 9000 万元增加至 4.6 亿元。上述合同及补充协议是双方当事人真实意思表示，不违反法律、行政法规的强制性规定。在案证据不能证实双方有逃税的合意，并致使交易产生了逃税的结果。其还主张新合同提高价格，存在恶意串通情形，亦无证据证实，且对方当事人予以否定。其还主张存在情势变更情形，据查，政府对用地规划进行调整只对发展公司名下土地使用权开发存在影响的可能，对发展公司股权转让没有直接影响，不符合情势变更情形。以上可见，本案并不存在投资公司、闫某、旅游开发公司主张的影响合同效力的法定情形。

案涉合同内容均为发展公司股权转让事宜，投资公司、闫某、旅游开发公司主张双方转让的是土地使用权，不符合本案事实。其关于案涉合同及补充协议无效的上诉理由均不能成立，一审法院认定双方签订的涉发展公司股权转让合同及补充协议有效，并无不当，判决驳回其上诉请求。

案例评析

本案的争议焦点是双方实际转让的是公司股权还是土地使用权，案涉合同及补充协议的效力问题。

1. 股权转让与土地使用权转让的区别

土地使用权转移是企业之间经常发生的行为，以土地使用权转让的形式实施土地开发利用，和以项目公司股权转让的方式实现土地开发利用，对加快土地开发利用、提高土地利用效率都是有利的。但很多人将股权转让和土地使用权转让混为一谈，简单认为股权转让等同于土地使用权转让。

股权转让与土地使用权转让的根本区别在于，股权转让是虚拟资本的转让，受《公司法》调整，不能认定为任何特定实体资产的转让。股东取得股权，意味着取得了对公司一定程度的财产支配参与权与收益分配权，而不是某个特定财产的拥有权,只有在公司财产分割时才能确认具体财产的权益。即使在极端的情况下(如公司仅有土地使用权),也不能理解为特定财产的转让。土地使用权的转让,则是实体资产的转让,也是特定资产的转让。在我国,土地使用权的转让受《土地管理法》《城市房地产管理法》《民法典》等调整。土地使用权转让,是一种特定实体资产支配权的转让,与股权转让有本质的不同。尽管股权转让中涵盖了包括土地使用权等资产在内的支配权的转移,但不能说股权转让就是土地使用权转让。

股权转让与土地使用权转让特质的不同,使二者在实际操作中存在一系列差异。

区别一:构成要件不同

转让主体、转让标的和转让条件均不同。在土地使用权转让中,转让的标的是实体资产,即土地使用权,转让的主体是土地使用权人,即公司法人或自然人,而不是股东。因此,构成土地使用权转让行为应具备两个条件:一是土地使用权发生了转移,即在原来合法使用基础上的再次转移;二是土地使用权转移行为存在于两个民事主体、土地使用权人之间,即转让方、受让方必须在同一时点同时存在。在这种方式下,转让双方直接以合同方式约定土地使用权买断性转移的权利和义务,转移后转让方不再享有土地使用权。

在股权转让中,转让标的是虚拟资本,即股东登记依法所享有的公司股份、股东权利和股东责任,而不仅仅是公司出资人的出资额,更不是其曾拥有的包括土地使用权在内的公司某项现实财产。股权转让主体是拥有公司股权的股东或出资人,而不是公司本身。股权转让主体之间的关系表现为公司股东之间与股东和其他第三人之间的关系。因此,构成股权转让行为应具备两个条件:一是公司股权发生了转移,在股权转移中股东构成发生变动;二是股权转移行为发生在一个民事主体即公司法人内部。就土地使用权而言,公司依法取得土地使用权后,土地使用权作为法人财产时已表现为货币化或股份化的形式,是公司法人财产的一部分。股东依法转让股权时,只是股东发生变动,拥有土地使用权的公司法人并未发生改变,土地使用权的公司法人财产性质也未发生改变,因此,不属于土地使用权转让的范畴。

区别二:转让条件不同

以出让土地使用权为例,《城市房地产管理法》第三十九条规定,以出让方式取得土地使用权的，转让房地产时，应当符合下列条件：（1）按照出让合同约定已经支付全部土地使用权出让金，并取得土地使用权证书；（2）按照出让合同约定进行投资开发，属于房屋建设工程的，完成开发投资总额的百分之二十五以上，属于成片开发土地的，形成工业用地或者其他建设用地条件。转让房地产时房屋已经建成的，还应当持有房屋所有权证书。因此，对于土地使用权转让而言，有三项限制条件：已支付全部土地出让金；已取得土地使用权证；开发已完成一定的工作量。

根据受让人的不同，股权转让分为内部转让和外部转让，内部转让即股东之间的转让，外部转让是指股东将自己的股份全部或部分转让给股东以外的第三人。就内部转让而言，因为股东之间股权的转让只会影响内部股东出资比例即权利的大小，对重视人合因素的有限责任公司来讲，其存在基础即股东之间的相互信任没有发生变化。所以，对内部转让的实质要件的规定不太严格，通常可以自由转让，或由公司章程对股东之间转让股权附加其他条件。但对外部转让来说，由于有限责任公司具有人合属性，股东的个人信用及相互关系直接影响到公司的风格甚至信誉，所以我国《公司法》对有限责任公司股东向公司外第三人转让股权作了严格规定。

区别三：适用法律不同

股权转让与土地使用权转让由不同的法律所调整。土地使用权转让受《土地管理法》《城市房地产管理法》《土地管理法实施条例》等一系列与土地使用权转让有关的法律法规所调整。这些法律法规明确规定了土地使用权转让的概念、转让方式及转让条件。而股权转让则适用《公司法》《证券法》等一系列有关法规。

2. 通过股权转让方式实现土地使用权转让合同的效力认定

本案中投资公司上诉称《约务更替及转让契据》与原合同结合起来的价格才是发展公司的股权转让价格，表明交易从开始就具有逃税故意，是以合法形式掩盖非法目的，原合同应被认定无效。本案适用的《合同法》第五十二条第三项规定的"以合法形式掩盖非法目的"是关于通谋虚伪意思表示的规定，《民法典》第一百四十六条第一款规定："行为人与相对人以虚假的意思表示实施的民事法律行为无效。"股权转让合同相对人即使存在通过股权转让的方式转让土地使用权，但是股权转让是双方的真实意思表示，不能认定为虚假的意思表示导致合同无效。本案中，土地使用权的主体未发生变更，不属于土地使用权转让的情况，不违反法律的强制性规定，涉案的股权转让合同及补充协议合法有效，各方应当继续履行。

典型案例 5　谢某等与 J 投资公司、X 投资企业（有限合伙）、陶瓷公司股权转让合同纠纷案[①]

案例要旨

案涉《项目合作协议》的性质是股权转让合同还是合资、合作开发房地产合同，关键在于双方是否约定共同投资、共享利润、共担风险合作开发房地产。本案中从合同约定的内容来看，双方交易的标的是陶瓷公司全部股权，合同内容并没有体现出双方之间的权利义务中具有共享利润、共担风险的约定。案涉《项目合作协议》的性质是以转让陶瓷公司名下目标土地为目的的股权转让合同，现行法律并未禁止以收购公司股权的方式获取公司名下资产的控制权。案涉《项目合作协议》系当事人的真实意思表示，内容没有违反法律和行政法规的强制性规定，应认定合同有效。

基本案情

2016 年 6 月 26 日，谢某等 6 人作为甲方，J 投资公司作为乙方，陶瓷公司作为丙方，三方签订《项目合作协议》。第四条"合作方式"第 1 款、第 2 款约定：谢某等 6 人将其持有的陶瓷公司 100% 股权转让至 J 投资公司或 J 投资公司指定第三方名下，由 J 投资公司负责陶瓷公司名下目标土地的转型升级改造及开发建设并取得全部开发建设权益，项目的合作对价款为 21.8 亿元。第五条"合作安排及流程"第 5.2 款约定：谢某等 6 人将陶瓷公司的公章、财务章、印鉴以及与本项目相关的资料原件等移交给 J 投资公司，其他资料仍由谢某等 6 人负责保管。第 7.1 款约定：甲乙双方确认，本项目申报工作以丙方名义进行，其中涉及与香洲区政府签订投资协议及获取珠海市政府书面批复文件的相关事宜由甲方负责，乙方积极配合。第 7.2 款约定：自

---

① 最高人民法院（2020）最高法民终 938 号。

土地使用权出让合同或者补充协议签订后，乙方支付人民币9.68亿元，该款项包括补交地价款。上述合同签订后，J投资公司通过X投资企业向谢某等6人支付款项共计人民币599458665元。

2016年8月8日，谢某等6人（甲方）、J投资公司（乙方）、陶瓷公司（丙方）、X投资企业（丁方）签订《继续经营的补充协议》。第一条约定：在丙方现有用地红线范围内房地产项目正式开工之前，乙方、丙方、丁方不得干涉或影响甲方对原陶瓷公司的一切正常生产经营活动，并保持丙方现有用地红线范围内的地上物的现状。甲方有权在丙方原有用地红线范围内延续原陶瓷公司生产经营管理业务活动。第二条约定：丙方企业公章由乙方和丁方保管，甲方有权根据正当需要随时使用丙方企业公章。乙方和丁方须确保丙方公章长期存放在丙方原有用地红线范围内，乙方和丁方允许甲方随时正当合理使用公章。第八条约定：乙方和丁方无权干涉或更改甲方制定的原有的丙方组织构架和经营模式，一直维持到甲方新创立的公司正式运营为止。

J投资公司、X投资企业向一审法院起诉请求：1.确认《项目合作协议》《继续经营的补充协议》于2017年8月5日解除；2.谢某等6人向J投资公司、X投资企业返还已支付的款项人民币599458665元及利息。

法院裁判

一审法院认为：根据本案诉辩双方的意见，本案争议焦点为案涉《项目合作协议》的性质是股权转让合同还是合资、合作开发房地产合同。

关于案涉《项目合作协议》的性质是股权转让合同还是合资、合作开发房地产合同的问题。经查明，《项目合作协议》第四条"合作方式"约定，谢某等6人将其持有的陶瓷公司100%股权以21.8亿元的价格转让至J投资公司或J投资公司指定第三方名下，由J投资公司负责陶瓷公司名下目标土地的转型升级改造及开发建设并取得全部开发建设权益。从合同约定的内容来看，双方交易的标的是陶瓷公司全部股权，合同内容并没有体现出双方之间的权利义务中具有共享利润、共担风险的约定。根据《最高人民法院关于审理涉及国有土地使用权合同纠纷案件适用法律问题的解释》第十四条的规定："本解释所称的合作开发房地产合同，是指当事人订立的以提供出让土地使用权、资金等作为共同投资，共享利润、共担风险合作开发房地产为基本内容的协议。"案涉《项目合作协议》不符合上述司法解释规定的合作开发房地产合同的基本要件。J投资公司、X投资企业主张案涉《项目合作协议》的性质为合资、合作开发房地产合同，依据不足。谢某等6人主张案涉《项目合作协议》的性质是以转让陶瓷公司名下目标土地为目的的股权转让合同，有相应的事实依据，一审法院予以支持。因案涉合同为股权转让合同，案涉目标土地作为陶瓷公司资产，现行法律并未禁止以收购公司股权的方式获取公司名下资产的控制权，案涉股权转让合同并未违反法律禁止性规定。案涉《项目合作协议》系当事人的真实意思表示，内容没有违反法律和行政法规的强制性规定，应认定合同有效。而双方为履行《项目合作协议》而签订的《补充协议（一）》《继续经营的补充协议》《谅解备忘录》《股权转让协议》亦系当事人的真实意思表示，内容没有违反法律和行政法规的强制性规定，均为有效合同。

一审法院判决如下：一、确认案涉《项目合作协议》《继续经营的补充协议》《谅解备忘录》《股权转让协议》于2017年8月5日解除。二、谢某等6人于本判决发生法律效力之日起10日内向J投资公司、X投资企业返还款项人民币599458665元以及利息。谢某等6人不服一审判决，向最高人民法院提起上诉。二审判决驳回上诉，维持原判。

案例评析

土地是房地产开发过程中的核心资源，合资、合作开发房地产合同纠纷大多涉及土地使用权的问题。《最高人民法院关于审理涉及国有土地使用权合同纠纷案件适用法律问题的解释》对合作开发房地产合同的定义作出了清晰的定义，关键点在于合作双方是否共担风险。该司法解释明确合作开发房地产合同中提供土地使用权的当事人不承担经营风险，只收取固定利益的，应当认定为土地使用权转让合同；提供资金的当事人一方不承担经营风险：只分配固定数量房屋的，应当认定为房屋买卖合同；只收取固定数额货币的，应当认定为借款合同；只以租赁或者其他形式使用房屋的，应当认定为房屋租赁合同。

本案中主要争议焦点为《项目合作协议》的性质是股权转让合同还是合

资、合作开发房地产合同。从合同约定的内容来看，双方交易的标的是陶瓷公司全部股权，合同内容并没有体现出双方之间的权利义务中具有共享利润、共担风险的约定，故《项目合作协议》的性质是以转让陶瓷公司名下目标土地为目的的股权转让合同，现行法律并未禁止以收购公司股权的方式获取公司名下资产的控制权。因此，《项目合作协议》合法有效。

典型案例6　企业管理公司与置业投资公司股权转让纠纷案[①]

案例要旨

区分转让合同的法律性质是股权转让还是土地使用权转让，关键是看合同标的，如土地使用权人是否更换、合同中是否约定土地使用权转让等，股东仅对公司股权的出让行为，不涉及对公司享有的土地使用权的无权处分，不影响合同效力。

基本案情

2010年6月24日，置业投资公司与企业管理公司、第三人实业公司签订一份《合作协议》，约定：一、实业公司将拟换入面积22194.8平方米土地使用权，按楼面地价1180元/平方米，作价65474660元，转让给企业管理公司开发，最终以海口市规划局批准的容积率计算实际可建设面积，多退少补；二、企业管理公司支付实业公司65474660元作为享有该宗土地的开发权；三、置业投资公司转让的土地为净地，该宗土地有任何拆迁、补偿、赔偿均由置业投资公司承担……五、股权转让：置业投资公司应向企业管理公司提交实业公司章程、验资报告等公司经营情况。

2011年11月，置业投资公司与企业管理公司签订一份《补充协议》，约定：按《合作协议》第四条第二款规定，已部分达到企业管理公司支付第二笔土地款给置业投资公司的条件。在企业管理公司已支付的土地款项基础上，置业投资公司希望企业管理公司能再提前支付1000万元，企业管理公司同意支付，置业投资公司同意在完全满足《合作协议》第四条第二款规定的条件

[①] 最高人民法院（2018）最高法民再169号。

之前，多付部分按年利率30%支付利息，由于征地环节迟缓的问题而不能按时交地，置业投资公司愿意在原建筑面积1180元/平方米的基础上，降低30元/平方米，最终的结算价为1150元/平方米，企业管理公司应在《补充协议》签订后当天支付1000万元给置业投资公司。

企业管理公司向一审法院起诉请求：1. 判决置业投资公司向企业管理公司退还土地款项10849185.56元；2. 判决置业投资公司向企业管理公司支付违约金6567393.39元。

法院裁判

一审法院认为：根据本案诉辩双方的意见，本案争议焦点为案涉《合作协议》的性质及效力问题。

一审法院认为：关于置业投资公司与企业管理公司签订的《合作协议》《补充协议》《补充协议（二）》是否有效的问题。置业投资公司以其与企业管理公司之间系土地使用权转让合同关系，而其无权转让其子公司名下的土地，涉案土地在转让时未取得土地使用权证，且没有开发为由，主张上述协议无效。置业投资公司与企业管理公司签订的《合作协议》约定置业投资公司的全资公司实业公司将面积22194.8平方米的土地使用权的土地权益转让给企业管理公司，由企业管理公司向置业投资公司支付65474660元，同时约定置业投资公司应将其股权过户给企业管理公司。由此可见，双方的上述约定并不会导致土地使用权人发生变化，即土地使用权人始终是实业公司，仅是实业公司的股东发生变化。而从本案双方履行合同的情况来看，上述协议所约定的土地已经被政府置换为16799.93平方米的土地，该土地证的土地使用权人仍然是实业公司，仅是实业公司的股东于2011年1月由置业投资公司、王某（置业投资公司法定代表人）变更为企业管理公司、李某（企业管理公司法定代表人），据此，置业投资公司与企业管理公司实际系股权转让的关系，而非土地使用权转让的关系。因此，双方签订的《合作协议》《补充协议》《补充协议（二）》并未违反法律、行政法规的禁止性规定，属合法有效的合同。因此，置业投资公司抗辩主张其与企业管理公司签订的《合作协议》《补充协议》《补充协议（二）》无效理由不成立，不予支持。

二审法院和再审法院均认定置业投资公司与企业管理公司实际系股权转让关系，而非土地使用权转让关系，协议合法有效。

案例评析

本案中虽然签订《合作协议》时涉案土地未取得土地使用权证，且没有开发，约定的也是涉案的土地收益权，但从本案双方履行合同的情况来看，该土地证的土地使用权人仍然是实业公司，主体未发生变更，同时约定置业投资公司应将其股权过户给企业管理公司。由此可见，双方的上述约定并不会导致土地使用权人发生变化，即土地使用权人始终是实业公司，仅是实业公司的股东发生变化，故本案的合同关系是股权转让关系，协议及补充协议合法有效。

四、股权转让与矿业权转让

股权转让与矿业权转让属于不同性质的转让合同，二者在转让标的、交易主体及适用法律等方面都存在不同。但在实践中存在利用股权转让的方式实际取得采矿权，客观上产生了与矿业权转让相同的效果，由此引发了这种股权转让行为的合法性及正当性的争议。

在股权转让中，转让标的是虚拟资本，即股东登记依法所享有的公司股份、股东权利和股东责任，而不仅仅是公司出资人的出资额，更不是其曾拥有的包括土地使用权在内的公司某项现实财产。股权转让主体是拥有公司股权的股东或出资人，而不是公司本身。股权转让主体之间的关系表现为公司股东之间与股东和其他第三人之间的关系。因此，构成股权转让行为应具备两个条件：一是公司股权发生了转移，在股权转移中股东构成发生变动；二是股权转移行为发生在一个民事主体即公司法人内部。就矿业权而言，公司依法取得采矿权后，采矿权作为法人财产时已表现为货币化或股份化的形式，是公司法人财产的一部分。股东依法转让股权时，只是股东发生变动，拥有采矿权的公司法人并未改变，采矿权的公司法人财产性质也未发生改变，因此，不属于采矿权转让的范畴。

典型案例7　S 矿业公司、S 房地产公司、涡阳 S 房地产公司与 D 公司、宗某股权转让纠纷案[①]

案例要旨

区分探矿权转让合同与股权转让合同，主要看探矿权人是否更名、合同是否约定探矿权转让等因素。不涉及直接转让探矿权的涉矿企业股权转让合同，并不属于法律、行政法规规定应当办理批准、登记等手续生效的情形，合同成立时即生效。

基本案情

2013 年 3 月 24 日，D 公司、宗某为甲方，S 矿业公司为乙方签订《股权转让协议》，约定甲方同意将其持有的宿州 Z 矿业公司和淮北 Z 矿业公司各 44% 的股权转让给乙方，转让价款为人民币 6.5 亿元。双方约定了股权转让款的支付方式，并约定股权转让款支付完毕后 5 个工作日内完成工商变更登记。协议签订后，S 矿业公司未能支付第一期股权转让款 1 亿元，S 矿业公司于 2014 年 7 月 31 日向 D 公司出具 2000 万元的违约金欠条。S 矿业公司分四笔共计支付 D 公司违约金 1000 万元，之后再未支付款项。2007 年 7 月 28 日，S 矿业公司与 D 公司签订《合作经营合同》，约定双方共同注册成立淮北 Z 矿业公司，S 矿业公司将三处煤炭资源的探矿权转让给淮北 Z 矿业公司，享有公司 56% 的股权；D 公司按合作项目的建矿设计承担建矿投资，享有公司 44% 的股权。2014 年 10 月 12 日《国家能源局关于调控煤炭总量优化产业布局的指导意见》优化新建项目布局要求：按照 "控制东部、稳定中部、发展西部" 的总体要求，依据煤炭资源禀赋、市场区位、环境容量等因素确定煤炭产业发展格局。今后一段时间，东部地区原则上不再新建煤矿项目。

2014 年 10 月 31 日，S 房地产公司、涡阳 S 房地产公司出具承诺书，载明："2013 年 3 月 24 日 D 公司与 S 矿业公司签订的股权转让协议所欠款项，具体内容和金额按原合同的约定履行。S 房地产公司和涡阳 S 房地产公司承

[①] 最高人民法院（2015）民二终字第 236 号。

诺：房产销售款首先按合同约定偿还 D 公司的到期债权。特此承诺。"

因 S 矿业公司未按约定支付股权转让款，D 公司、宗某向法院起诉，请求判令 S 矿业公司支付股权转让款 1 亿元及违约金 1000 万元；S 房地产公司、涡阳 S 房地产公司对上述债务承担连带清偿责任。

法院裁判

一审法院认为，本案的争议焦点为：1. 本案是否符合情势变更原则，协议应否解除；2. 涉案《股权转让协议》的效力，协议能否继续履行；3. 协议继续履行时，S 房地产公司、涡阳 S 房地产公司的责任承担问题。

1. 本案是否属于情势变更

法院认为，《最高人民法院关于适用〈中华人民共和国合同法〉若干问题的解释（二）》第二十六条规定："合同成立以后客观情况发生了当事人在订立合同时无法预见的、非不可抗力造成的不属于商业风险的重大变化，继续履行合同对于一方当事人明显不公平或者不能实现合同目的，当事人请求人民法院变更或者解除合同的，人民法院应当根据公平原则，并结合案件的实际情况确定是否变更或者解除。"所谓情势，是指客观情况，具体泛指一切与合同有关的客观事实。变更，是指合同赖以成立的环境或基础发生异常之变动。在确认时，应当注意正确判断是情势变更还是商业风险，需要依案情从可预见性、归责性以及产生后果等方面进行分析。本案中，淮北 Z 矿业公司成立于 2007 年，涉案三处煤炭资源一直申请办理采矿权手续或立项核准，直到 2014 年 10 月 12 日《国家能源局关于调控煤炭总量优化产业布局的指导意见》出台之前，也未获得批准，并且该意见规定，只是在今后一段时间内东部地区原则上不再新建煤矿项目。因此，政策原因并不是造成合作开发项目得不到核准的唯一原因。另，作为双方合作成立的公司，双方应共享收益、共担风险，公司股权转让后，转让款应按股东持股比例分配。本案中，S 矿业公司先行受让了 D 公司、宗某持有的合作公司股权，该做法本身存在将来转让不能的商业风险，该风险 S 矿业公司应当能够预见。同时，双方于 2013 年 3 月签订的《股权转让协议》第四条也约定，无论与两个公司拥有的煤炭资源相关的探矿许可证或采矿许可证是否作废、到期或失效，S 矿业公司均应无条件地履行本协议约定的所有条款。综上，可以认定 S 矿业公司可能存在的风险能够预见。

2. 《股权转让协议》是否有效、协议是否应继续履行

2013年3月24日，D公司、宗某与S矿业公司签订的《股权转让协议》，系双方真实意思表示，且不违反法律、行政法规的禁止性规定。双方在协议中约定，D公司、宗某将合法持有的宿州Z矿业公司和淮北Z矿业公司各44%的股权全部转让给S矿业公司，S矿业公司支付转让款项。三处煤炭资源的探矿权许可证和采矿权许可证始终在两个目标公司名下，不存在变更、审批的问题。《股权转让协议》签订后，S矿业公司也实际控制了两个目标公司，实现了合同目的。因此，双方系股权转让的法律关系，S矿业公司主张本案系转让探矿权，因未经审批合同未生效，对该主张，法院不予支持。

3. S房地产公司、涡阳S房地产公司应承担何种责任

本案中，S房地产公司和涡阳S房地产公司向D公司出具承诺书，承诺以房产销售款首先按合同约定偿还D公司的到期债权，并在保证人处盖有公章。法院认为，该承诺书系S房地产公司、涡阳S房地产公司的真实意思表示，其承诺并不违反法律、行政法规的禁止性规定，理应按承诺履行其相应义务。D公司要求S房地产公司、涡阳S房地产公司承担连带责任没有法律依据，但S房地产公司、涡阳S房地产公司应在其公司的房产销售款中对S矿业公司的债务承担共同还款责任。

一审法院判决S矿业公司自本判决生效之日起10日内向D公司、宗某支付股权转让款1亿元及违约金1000万元；S房地产公司、涡阳S房地产公司在其公司的房产销售款范围内对上述债务承担共同还款责任。

S矿业公司、S房地产公司、涡阳S房地产公司不服一审判决，提起上诉，二审法院判决驳回上诉，维持原判。

案例评析

本案确定的裁判规则是：不涉及直接转让探矿权的涉矿企业股权转让合同，并不属于法律、行政法规规定应当办理批准、登记等手续生效的情形，合同成立时即生效。

1. 本案是股权转让而非矿业权转让

矿业权转让是企业之间经常发生的行为，以矿业权转让的形式实施和以

项目公司股权转让的方式都可以实现矿产资源的开发利用。但很多人将股权转让和矿业权转让混为一谈，简单认为股权转让等同于矿业权转让。股权转让与矿业权转让的根本区别在于，股权转让是虚拟资本的转让，受《公司法》调整，不能认定为任何特定实体资产的转让。股东取得股权，意味着取得了对公司一定程度的财产支配参与权与收益分配权，而不是某个特定财产的拥有权，只有在公司财产分割时才能确认具体财产的权益。即使在极端的情况下（如公司仅有土地使用权），也不能理解为特定财产的转让。矿业权的转让，则既是实体资产的转让，也是特定资产的转让。《探矿权采矿权转让管理办法》对采矿权的转让条件、审批程序等作出了明确的规定，其中第十条第一款规定，"申请转让探矿权、采矿权的，审批管理机关应当自收到转让申请之日起40日内，作出准予转让或者不准转让的决定，并通知转让人和受让人"，而股权转让合同并不需要经过行政机关的审批，合同自成立时生效。

本案中，D公司、宗某将其合法持有的其他公司各44%的股权全部转让给S矿业公司，S矿业公司支付转让款项。三处煤炭资源的探矿权许可证和采矿权许可证始终在两个目标公司名下，不存在矿业权变更的问题。因此，双方系股权转让关系。

2. 通过股权转让方式实现采矿权转让合同的效力认定

司法实践中之所以会就股权转让和矿业权转让的合同性质产生争议，是因为存在通过转让公司股权而间接转让矿业权的情况。在发生争议时，合同双方往往会产生是否存在名为股权转让实为矿业权转让的争论。

本案中S矿业公司就主张本案系名为股权转让实为矿业权转让，因未经审批，合同未生效。但本案中三处煤炭资源的探矿权许可证和采矿权许可证始终在两个目标公司名下，不存在矿业权变更的问题，无须行政机关审批。S矿业公司关于本案系矿业权转让，因未经审批合同未生效的主张没有事实和法律依据，法院不予支持。

典型案例 8　石某与能源投资公司、F 置业公司股权转让纠纷案[①]

案例要旨

法律并不禁止股权受让人通过股权转让方式成为享有矿业权的公司的股东行为，《股权转让协议书》和《补充协议》系双方的真实意思表示，其内容未损害国家利益和他人利益，亦未违反法律、行政法规的强制性规定。一方主张"以股权转让的形式掩盖倒卖 F 置业公司采矿权的非法目的、规避法定强制审批程序、非法转让 F 置业公司的采矿权应当认定为无效"的理由不能成立。

基本案情

2010 年 12 月 10 日，石某（转让方）与能源投资公司（受让方）签订《股权转让协议书》，约定转让方将其占 F 置业公司 90% 的股份以 9000 万元转让给受让方。同日，双方签订《补充协议》，约定受让方保证在股权变更登记完毕三个工作日内支付债权人 1250 万元，股权变更登记完毕六十日内支付债权人 1000 万元，剩余借款 2750 万元，于债务期限届满之日前付清。如有逾期，视为受让方未按约定支付转让价款，应按《股权转让协议书》的约定承担违约责任。

2012 年 4 月 26 日，石某向能源投资公司、F 置业公司发出《函告（三）》载明：2010 年 12 月 10 日，股东石某与股东能源投资公司签订《补充协议》，以解决 F 置业公司的债权债务。受让方能源投资公司同意承担 F 置业公司的债务 5000 万元。协议生效后，能源投资公司已支付农村信用合作联社到期债务 2000 万元。其中第一期应支付的债务 1250 万元、第二期应支付的债务 1000 万元均已逾期，并构成违约。为避免纠纷，减少诉讼，正确处理股东之间的合作关系，敦促能源投资公司、F 置业公司就上述 2250 万元债务的清偿期限、清偿方式与石某协商。

因上述债务经催告未获清偿，石某向一审法院提起诉讼，请求判令能源

[①] 最高人民法院（2014）民二终字第 121 号。

投资公司、F置业公司支付欠款2150万元以及至本案开庭之日止的违约金8768750元，两项合计30268750元。

能源投资公司提起反诉，请求确认双方签订的《股权转让协议书》及《补充协议》无效，判令石某立即返还已经收取能源投资公司的股权转让款11100万元，赔偿损失2000万元（占用资金的利息）。

法院裁判

一审法院判决：一、能源投资公司于判决生效之日起15日内给付石某欠款2150万元；二、能源投资公司于判决生效之日起15日内给付石某违约金1138027.40元；三、驳回石某的其他诉讼请求；四、驳回能源投资公司的反诉请求。石某、能源投资公司均不服，提起上诉，能源投资公司提起上诉的理由是双方之间的股权转让实际是石某以股权转让的形式掩盖倒卖F置业公司采矿权的非法目的、规避法定强制审批程序、非法转让F置业公司的采矿权应当认定为无效。二审法院判决驳回上诉。

生效裁判认为，本案的焦点问题是：1.《股权转让协议书》及《补充协议》的效力；2.F置业公司应否对石某主张的2150万元债务以及违约金承担责任。关于《股权转让协议书》及《补充协议》的效力问题。本案系石某因与能源投资公司就F置业公司股权转让过程中对《补充协议》的履行问题出现纠纷而提起的股权转让纠纷之诉，能源投资公司主张的石某虚假出资问题属于股东出资纠纷，与本案并非同一法律关系，不属于本案的审理范围。即便能源投资公司主张的石某虚假出资的事实属实，也不必然导致双方签订的《股权转让协议书》无效。股东股权的取得具有相对独立性，只要被载入公司章程、股东名册或者经过工商注册登记的股东，非经合法的除权程序，即具有股东资格并享有股东权利，因而亦有权处分股权。《股权转让协议书》系双方当事人的真实意思表示，其内容未损害国家利益及他人利益，亦未违反法律、行政法规的强制性规定，应为有效合同。

关于F置业公司应否对石某主张的2150万元债务以及违约金承担责任问题，《补充协议》虽约定能源投资公司承担F置业公司债务5000万元，但对于是否因此免除F置业公司的偿债责任，《补充协议》未作明确约定。而对于石某承担的F置业公司部分债务，《补充协议》则明确约定："转让方（石某）应承担 F 置业公司的债务，于股权变更登记后六十日内处理完毕，若因此造成 F 置业公司承担责任而减少 F 置业公司的净资产额，致使受让方（能源投资公司）成为公司股东后遭受损失，转让方负责按照受让方及 F 置业公司要求及时补足，否则受让方有权向转让方追偿。"上述合同条款应理解为，对于石某承担的 F 置业公司部分债务，F 置业公司不再承担偿还责任。合同条款并非孤立存在，对于个别约定不明确的条款应当结合其他条款并根据前后文进行整体解释。因此，对于能源投资公司承担的 5000 万元债务，亦应如石某承担部分，免除 F 置业公司的偿债责任。该合同解释与《补充协议》的实际履行情况也是相符的。从上述《补充协议》的约定以及履行情况综合考虑，认定本案属于 F 置业公司免责的债务承担符合当事人的真实意思表示。因此，石某上诉所提 F 置业公司应当对 2150 万元债务及违约金承担责任的主张，缺乏合同、事实及法律依据，本院不予支持。

案例评析

本案确定的裁判规则是法律并不禁止股权受让人通过股权转让方式成为享有矿业权的公司的股东行为。根据《公司法》的规定，股东所享有的股权在符合法律规定的条件下可以自由转让，享有矿业权的公司的股权也不例外，目前并没有法律、行政法规禁止享有矿业权的公司的股东转让其股权。《矿产资源法》与《探矿权采矿权转让管理办法》均不禁止股权受让人通过股权转让方式成为享有矿业权的公司的股东行为。

本案中受让方能源投资公司成为持有 F 置业公司 90% 股权的股东，实际经营管理 F 置业公司，F 置业公司股权的转让并未改变 F 置业公司的名称和性质，亦未改变采矿权的归属。本案系石某因与能源投资公司就 F 置业公司股权转让过程中对《补充协议》的履行问题出现纠纷而提起的股权转让纠纷之诉，能源投资公司主张的石某虚假出资问题属于股东出资纠纷，与本案并非同一法律关系，其主张的双方之间的股权转让实际是石某以股权转让的形式掩盖倒卖 F 置业公司采矿权的非法目的、规避法定强制审批程序、非法转让 F 置业公司的采矿权不成立，也不必然导致双方签订的《股权转让协议书》无效。《股权转让协议书》及《补充协议》系双方当事人的真实意思表示，其内容未损害国家利益及他人利益，亦未违反法律、行政法规的强制性规定，应为有效合同。

五、国有股权转让合同效力

《企业国有资产法》第五十三条规定，国有资产转让由履行出资人职责的机构决定。履行出资人职责的机构决定转让全部国有资产的，或者转让部分国有资产致使国家对该企业不再具有控股地位的，应当报请本级人民政府批准。第五十四条规定，国有资产转让应当遵循等价有偿和公开、公平、公正的原则。除按照国家规定可以直接协议转让的以外，国有资产转让应当在依法设立的产权交易场所公开进行……第五十五条规定，国有资产转让应当以依法评估的、经履行出资人职责的机构认可或者由履行出资人职责的机构报经本级人民政府核准的价格为依据，合理确定最低转让价格。即国有股权转让应当经履行出资人职责的机构（国资委或财政部门）或本级人民政府批准，进行评估备案或核准并进场交易。

就国有股权转让而言，法律、行政法规规定应当办理批准、登记等手续生效而未办理批准手续的，应当认定该合同未生效。对于未经评估或者未"进场交易"的国有股权转让合同的效力，主要争议集中于《国有资产评估管理办法》等相关规定属于"管理性强制性规范"还是"效力性强制性规范"。根据《民法典》关于合同无效的规定，违反法律、行政法规中的效力性强制性规定才会导致合同无效。而判断法律、行政法规的强制性规定是否属于效力性强制性规定就显得非常关键。

根据司法实践，对于如何识别效力性强制性规定，应当采取正反两个标准。在肯定性识别上，首先，判断标准是该强制性规定是否明确规定了违反的后果是合同无效，如果规定了违反的后果是导致合同无效，该规定属于强制性规定。其次，法律、行政法规虽然没有规定违反将导致合同无效，但违反该规定如果合同继续有效将损害国家利益和社会公共利益的，也应当认定该规定属于效力性强制性规定。在否定性识别上，应当从以下两个方面考虑。首先，可以从强制性规定的立法目的进行判断，倘若其目的是实现管理的需要而设置，并非针对行为内容本身，则可认为并不属于效力性强制性规定。其次，也可从强制性规定的调整对象来判断该规定是否属于效力性强制性规定。一般而言，效力性强制性规定针对的都是行为内容，而管理性强制性规定很多时候单纯限制的是主体的行为资格。当然，上述两个方面的判断不能以偏概全，还要结合合同无效的其他因素考虑。

根据上述判断标准，首先，并无法律、行政法规规定未经评估或者未进场交易，国有股权转让合同无效；其次，规定国有股权转让应当经过评估或者在依法设立的产权交易所公开进行，其立法目的在于加强对国有资产的保护，尽可能实现国有资产转让价格最大化、防止国有资产低价转让。上述立法的目的涉及国家利益和社会公共利益，针对的是行为内容，并不仅仅是为了管理的需要或单纯限制合同主体的资格，应当认定为效力性强制性规定。违反该强制性规定而不存在法律规定的例外的情形的，法院可以据此认定为转让合同无效。

典型案例 9　沈某与 G 公司股权转让纠纷案①

案例要旨

投资管理公司于 2001 年即持有 990 万股的股权，2005 年评估资产中亦包含该股，投资管理公司 70% 的股权转让必然导致国有股性质变化，应当按照法律法规的规定对案涉的《股权转让合同》履行办理审批手续。案涉《股权转让合同》未经财政部批准，应认定合同未生效。《民法典》对合同生效的要求，是合同的法定生效条件，属于强制性规定，不允许当事人通过约定的方式予以变更。

基本案情

2005 年 12 月 28 日，G 公司与沈某签订《股权转让合同》，约定 G 公司通过产权交易所将所持投资管理公司 70% 股权转让给沈某，转让价格为 737.17 万元。沈某向江苏省产权交易所交纳 2237170 元。江苏省产权交易所出具《股权转让成交确认函》，确认转让双方已签订《股权转让合同》，受让方已支付 223.717 万元，受让方付清成交价款中剩余部分 513.453 万元后，可凭本确认申请办理变更登记手续。2006 年 7 月 4 日，江苏省国资委向 G 公司下发

---

① 最高人民法院（2020）最高法民申 1680 号。

《关于规范转让投资管理公司股权的函》，要求其重新确定基准日，对投资管理公司的股权价值（含上市公司法人股价值）进行评估，并按规定履行相关程序，办理有关手续，否则，应当依法中止投资管理公司股权转让行为。2006年7月11日，沈某向G公司出具《承诺书》，主要内容为："根据64号文要求，需对沈某受让的70%投资管理公司股权予以重新审计、评估，并完善报批手续，本人承诺愿意对此项交易予以配合。"

2016年1月4日，沈某委托律师事务所向G公司发函，主张应继续履行《股权转让合同》，并配合办理工商变更登记手续。2017年5月2日，沈某将投资管理公司、G公司诉至南京市鼓楼区人民法院，主张确认沈某为投资管理公司股东，持股比例为70%，投资管理公司到工商行政管理部门办理股权变更手续。该院作出民事判决，驳回沈某的诉讼请求。后沈某不服该判决，提起上诉，二审法院判决驳回上诉，维持原判。

沈某向一审法院起诉请求判令：1. 解除《股权转让合同》；2. G公司返还沈某已支付的股权转让款2237170元。

一、二审法院均认定《股权转让合同》于2018年8月23日解除；G公司于判决生效之日起10日内返还沈某股权转让款2237170元及支付利息。沈某不服，提起再审。

法院裁判

再审法院认为，沈某主张的案涉《股权转让合同》已经成立并生效无事实和法律依据。《最高人民法院关于适用〈中华人民共和国合同法〉若干问题的解释（二）》第八条规定，法律、行政法规规定合同应当办理批准手续，或者办理批准、登记等手续才生效，在一审法庭辩论终结前当事人仍未办理批准手续的，或者仍未办理批准、登记等手续的，人民法院应当认定该合同未生效。根据本案事实，江苏省国资委经核查发现投资管理公司的资产中含有上市公司国有法人股后，下发了《关于规范转让投资管理公司股权的函》，明确要求投资管理公司股权转让应当经江苏省人民政府同意后报国务院国有资产监督管理委员会审批，而沈某亦同意完善相关审批手续。但因此后上述审批手续并未办理，故原审判决认定《股权转让合同》未生效，符合法律规定。关于原审判决对沈某要求G公司赔偿损失的诉讼请求不予支持是否错误的问题。本案中，沈某在请求解除《股权转让合同》的前提下，提出G公司应赔偿的损失100465680.48元，应属可得利益损失，系违约后应承担的责任。但原审法院经审理后认定《股权转让合同》属未生效合同，在此情形下G公司承担的责任属缔约过失责任，而非违约责任，原审判决基于此对沈某关于G公司应承担违约责任的诉请未予支持，不违反法律规定，并无不当。综上，再审法院驳回沈某的再审申请。

案例评析

本案的争议焦点为未经审批的国有股权转让合同的效力问题。

1. 未经审批的国有股权转让合同未生效

《民法典》第五百零二条规定，依法成立的合同，自成立时生效，但是法律另有规定或者当事人另有约定的除外。依照法律、行政法规的规定，合同应当办理批准等手续的，依照其规定……上述对合同生效的要求，是合同的法定生效条件，属于强制性规定，不允许当事人通过约定的方式予以变更。国务院《企业国有资产监督管理暂行条例》第二十三条规定，国有资产监督管理机构决定其所出资企业的国有股权转让……第二十四条规定，所出资企业投资设立的重要子企业的重大事项，需由所出资企业报国有资产监督管理机构批准的，管理办法由国务院国有资产监督管理机构另行制定，报国务院批准。《企业国有产权转让管理暂行办法》第二十五条规定，国有资产监督管理机构决定所出资企业的国有产权转让。其中，转让企业国有产权致使国家不再拥有控股地位的，应当报本级人民政府批准。本案中，投资管理公司于2001年即持有990万相关国有法人股，2005年评估资产中亦包含该股，投资管理公司70%的股权转让必然导致国有股性质变化，应当按照上述规范性文件的要求办理审批手续，该审批程序系由国务院、相关监管部门规范性文件明确规定，并不以当事人的意志为转移，更不以案涉《股权转让合同》签订、取得交易所确认书而免除。江苏省国资委发现投资管理公司持有的国有法人股后亦作出纠正，明确要求转让投资管理公司股权应当按规定经江苏省人民政府同意后报国务院国资委审批；对投资管理公司持有国有法人股的处置，必须按规定手续办理。沈某在知晓要求后，亦书面承诺应重新评估、审计，完善相关手续。案涉《股权转让合同》因后续未报经批准，应认定为未生效合同。

2. 合同未生效后的责任承担

《民法典》第五百零二条第二款规定：……未办理批准等手续影响合同生效的，不影响合同中履行报批等义务条款以及相关条款的效力。应当办理申请批准等手续的当事人未履行义务的，对方可以请求其承担违反该义务的责任。《全国法院民商事审判工作会议纪要》第三十八条规定：须经行政机关批准生效的合同，对报批义务及未履行报批义务的违约责任等相关内容作出专门约定的，该约定独立生效。一方因另一方不履行报批义务，请求解除合同并请求其承担合同约定的相应违约责任的，人民法院依法予以支持。因此，如果出让人未履行报批义务导致股权转让合同未生效的，受让人有权根据合同约定要求出让人承担违约责任，而不仅仅是承担缔约过失责任。

本案中，江苏省国资委要求如继续履行股权转让工作，需要按规定重新审计、评估，并报请有权机关审批，沈某向 G 公司出具《承诺书》愿意配合，上述事实均可证明双方已就重新审计、评估以及办理相关审批手续达成合意，该合意对双方当事人具有拘束力。G 公司在江苏省人民政府批准股权转让后未再继续报请江苏省国资委、国务院国有资产监督管理委员会审批，违反了双方当事人达成的就股权转让事宜完善报批手续的约定，对沈某交纳的 2237170 元长期存放在交易所账户导致的利息损失，应予赔偿，利息损失计算至 2019 年 3 月 31 日。沈某主张的其他损失实质是可得利益损失，而案涉《股权转让合同》未生效，G 公司应当承担缔约过失责任，而非违约责任。沈某现主张 G 公司赔偿可得利益损失，缺乏法律依据，法院不予支持。

典型案例 10　置业发展公司与 A 投资公司、G 投资公司股权转让纠纷案[①]

案例要旨

即使出让国有股权未在产权交易场所公开进行、未办理股权资产评估备案，但在没有充足证据证明国有资产监督管理机关否定股权转让的情形下，不宜直接认定出让涉诉股权的行为无效。

---

① 最高人民法院（2015）民二终字第 399 号。本案例经过笔者加工改写。

基本案情

置业发展公司与A投资公司签订《交易框架安排协议》，约定置业发展公司将S公司100%股权转让给A投资公司，2011年8月10日，A投资公司向置业发展公司支付了第一笔交易价款34016.72万元，S公司51%股权同日过户登记于A投资公司名下。《交易框架安排协议》第5.2条"第二笔交易价款的支付安排"中约定置业发展公司应就涉诉49%股权完成资产评估的备案，而且约定置业发展公司与A投资公司签署涉诉相应股权的全部工商变更登记文件等材料后A投资公司才向置业发展公司支付后续交易价款。在协议履行过程中，置业发展公司、A投资公司、G投资公司及S公司共同签署了《四方协议》，就G投资公司受让置业发展公司持有的S公司49%股权部分进行了安排，内容主要包括：S公司49%股权转让款由G投资公司向置业发展公司支付，股权过户至G投资公司名下；股权转让相关过户手续由协议各方按《交易框架安排协议》的约定共同办理。

置业发展公司属A省国资委管理的地方国有企业投资的三级全资子公司。置业发展公司向一审法院起诉，请求判令：A投资公司、G投资公司继续履行合同，支付股权转让款562106478.6元及支付违约金3781074.72元。

A投资公司提出反诉，请求判令：置业发展公司向A投资公司支付违约金66724848元。

法院裁判

一审法院判决驳回置业发展公司的诉讼请求，驳回A投资公司的反诉请求，置业发展公司不服，提起上诉。

生效裁判认为，本案的争议焦点有以下几个方面：1.《交易框架安排协议》《四方协议》的效力问题；2.A投资公司未支付股权转让款是否构成违约。法院认为案涉协议是签约各方当事人真实意思表示，不违反法律、法规强制性规定，合法、有效，各方当事人均应依约履行义务。置业发展公司属地方国资委管理的地方国企下属三级全资子公司，其转让企业投资的资产的行为已经得到其上级主管企业的批准，亦未脱离地方国有资产监管机关的监管，但欠缺约定的资产评估备案环节。在置业发展公司、A投资公司未提出终止合同履行的情形下，如置业发展公司依约将相关资产评估备案手续补充完成后，S公司股权仍然可以继续转让。因此，该案涉及S公司49%股权转让的《交易框架安排协议》《四方协议》不属于《合同法》第五十二条规定的合同无效情形，G投资公司关于置业发展公司出让的涉诉股权系国有资产，该类资产转让应在依法设立的产权交易机构公开进行，并应进行审批和评估备案。置业发展公司并未履行上述程序，所以股权交易行为违反法律强制性规定，损害社会公共利益，转让合同均应无效的抗辩主张没有法律依据。《四方协议》是各方当事人就S公司49%股权的转让问题，在股权受让主体、股权转让价款、股权过户登记流程等事项上达成新的合意，是对《交易框架安排协议》的相关内容进行的变更。因置业发展公司尚未按照上述协议完成资产评估的备案，也未签署涉诉49%股权的工商变更登记文件，所以，置业发展公司主张A投资公司应继续履行支付后续股权转让款的义务，缺乏法律依据。

综上，二审法院判决：驳回上诉，维持原判。

案例评析

关于企业国有资产转让应在产权交易场所进行的规定，主要有《企业国有资产法》第五十四条第二款"除按照国家规定可以直接协议转让的以外，国有资产转让应当在依法设立的产权交易场所公开进行"、《企业国有资产交易监督管理办法》第十三条"产权转让原则上通过产权市场公开进行"。《企业国有资产交易监督管理办法》第三十一条对可以采取非公开协议方式转让产权的情形进行了具体的规定。由此可知，除法律法规另有规定外，国有资产转让应当在依法设立的产权交易场所公开进行。

对于未依法在产权交易场所内进行的企业国有资产转让是否有效的问题，法院在司法实践中的裁判观点并不统一，部分法院认为该种转让行为因违法而无效或者因未履行法定程序而未生效，但最高人民法院的判例倾向于认为该转让行为有效。理由在于规定交易需在产权交易场所进行的行政法规和地方性法规，是对国有资产管理者科以的义务，要求管理者审慎地履行自己的职责，属于管理性强制性规定。根据《民法典》第一百五十三条第一款规定，违反法律、行政法规的强制性规定的民事法律行为无效，但是该强制性规定不导致该民事法律行为无效的除外,进一步对违反效力性强制性规范和管理性强制性规范的民事法律行为的效力作出界定。

本案中置业发展公司将涉诉 S 公司 49% 股权转让给 A 投资公司,因该 49% 股权系国有资产,所以协议各方应当依照国有资产转让的法律法规完善相关程序和手续。置业发展公司提供的其控股股东及上级主管企业 J 集团《会议纪要》表明上级主管企业对置业发展公司出让涉诉股权并无异议,A 省国资委作出的《监督检查意见书》也可在一定程度上表明涉诉 49% 股权转让未脱离国有资产监督管理机关的监管,所以,即使置业发展公司出让上述股权未在产权交易场所公开进行、未办理股权资产评估备案,但在没有充足证据证明国有资产监督管理机关否定股权转让的情形下,不宜直接认定置业发展公司出让涉诉股权的行为无效。

六、股权转让纠纷中"对赌条款"的性质及法律效力

"对赌协议",也即估值调整机制,是股权投资及并购领域常用的交易模式。私募基金进行股权投资时,其作为财务投资人,通常不直接参与目标公司经营管理,通过"对赌协议"赋予投资方调整投资价格的权利,可以平衡投资方与管理者之间的关系。基于"对赌"主体的不同,可以分为投资方与目标公司"对赌"、投资方与股东(或创始人、实际控制人等)"对赌"两大类;从不同的"对赌"方式来看,常见的"对赌"形式主要包括业绩补偿(现金或股权补偿)和股权回购。

"对赌协议"引发的争议是投融资行业最常见的纠纷类型之一,一直以来,司法实践对于投资方与股东之间"对赌协议"的效力都持肯定态度,判断是否支持投资方诉请,主要是从是否触发"对赌"义务、有无履行障碍等角度进行论证。以往关于"对赌协议"的主要争议集中在投资方与目标公司"对赌协议"效力认定层面,司法实务中倾向"与股东对赌有效、与目标公司对赌无效"的裁判观点,《全国法院民商事审判工作会议纪要》第五条进一步明确,目标公司如仅以存在股权回购或金钱补偿约定为由,主张"对赌协议"无效的,人民法院不予支持。由此,最高人民法院肯定了投资方与目标公司"对赌"的效力,真正的争议被后置到"对赌协议"的履行问题上。

最高人民法院在《全国法院民商事审判工作会议纪要》中明确，"对赌"案件的处理应同时适用《合同法》和《公司法》的规定，针对"先减资还是先回购"这一问题，最高人民法院明确指出"必须先减资，必须优先保护债权人的利益"。基于此，《全国法院民商事审判工作会议纪要》第五条规定，投资方请求目标公司回购股权的，应先完成减资程序；投资方请求目标公司承担金钱补偿义务的，应以目标公司有利润且利润足以补偿投资方为前提。此规定一出，虽然消弭了"对赌协议"的效力之争，但一方面，在触发回购条件后，目标公司不太可能配合进行减资；另一方面，投资方因不掌握目标公司的财务情况，难以证明目标公司有无可供分配的利润，因此投资方请求目标公司履行"对赌"义务之路并没有变得更畅通。

典型案例 11　强某与曹某、生物技术公司股权转让纠纷案[①]

案例要旨

目标公司股东与投资方之间的回购约定合法有效，强某已对生物技术公司提供担保经过股东会决议尽到审慎注意和形式审查义务，增资扩股、股权回购、公司担保本身属于链条型的整体投资模式，生物技术公司提供担保有利于自身经营发展需要，并不损害公司及公司中小股东权益，应当认定案涉担保条款合法有效，生物技术公司应当对曹某支付股权转让款及违约金承担连带清偿责任。

基本案情

2011 年 4 月 26 日，生物技术公司作为甲方，强某等投资人作为乙方，曹某作为丙方，三方共同签订了《增资协议书》及《补充协议书》。主要约定乙方向甲方增资扩股及其他事宜。《增资协议书》主要约定：强某向生物技术公司增资 3000 万元，其中 400 万元作为生物技术公司的新增注册资本，其余 2600 万元作为生物技术公司的资本公积金，强某持有生物技术公司 0.86% 的股权。《补充协议书》第二条第一款约定：曹某承诺争取目标公司于 2013 年 6

[①] 最高人民法院（2016）最高法民再 128 号。

月30日前获准首次公开发行股票并在国内主板或创业板证券交易所上市；第二款约定：如果目标公司未能在2013年6月30日前上市，强某有权要求曹某以现金方式回购强某所持的目标公司股权，回购价格为强某实际投资额再加上每年8%的内部收益率溢价；第六款约定：生物技术公司为曹某的回购提供连带责任担保。

2012年5月31日，强某与曹某签订《股权转让协议》，约定：强某将持有的生物技术公司股权转让给曹某，按《补充协议书》约定的价格计算方式回购，曹某应在协议签订后30个工作日内全额付清转让款，逾期未付清应按欠款额每日千分之五支付违约金。《股权转让协议》签订后，曹某未履行支付义务。

强某向一审法院起诉请求：曹某支付强某股权转让款37791360元及违约金；生物技术公司对曹某的付款承担连带清偿责任。

法院裁判

一审法院认为：案涉《增资协议书》系股权投资合同，是对强某出资入股的相关约定，《股权转让协议》系对股权转让价款、支付方式等的约定，该两份协议未违反法律、行政法规的强制性规定，应属合法有效。《补充协议书》中生物技术公司为回购提供连带担保的约定，因强某与曹某均系生物技术公司股东，且曹某为公司法定代表人；结合强某与曹某的股东身份以及生物技术公司并非为经营发展向公司以外的第三人提供担保的事实，该约定损害了公司、公司其他股东以及公司债权人的利益，应认定为无效，遂判决曹某于判决生效之日起10日内向强某支付股权转让款37791360元及利息，驳回其他诉讼请求。强某不服，提起上诉，二审驳回上诉，维持原判。

生效裁判认为：案涉《补充协议书》所约定担保条款合法有效，生物技术公司应当依法承担担保责任。其一，强某已对生物技术公司提供担保经过股东会决议尽到审慎注意和形式审查义务；其二，强某投资全部用于公司经营发展，生物技术公司全体股东因而受益，故应当承担担保责任。《公司法》第十六条规定之立法目的，系防止公司大股东滥用控制地位，出于个人需要、为其个人债务而由公司提供担保，从而损害公司及公司中小股东权益。本案中，案涉担保条款虽系曹某代表生物技术公司与强某签订，但是3000万元款项并未供曹某个人投资或消费使用，亦并非完全出于曹某个人需要，而是全部投入生物技术公司资金账户，供生物技术公司经营发展使用，有利于生物技术公司提升持续盈利能力。这不仅符合公司新股东强某的个人利益，也符合公司全体股东的利益，生物技术公司本身是最终的受益者。即使确如生物技术公司所述并未对担保事项进行股东会决议，但是该担保行为有利于生物技术公司的自身经营发展需要，并未损害公司及公司中小股东权益，不违反《公司法》第十六条规定之立法目的。因此，认定生物技术公司承担担保责任，符合一般公平原则。综上，再审法院判决撤销一审、二审判决，曹某向强某支付股权转让款 37791360 元及利息，生物技术公司承担连带清偿责任。

案例评析

一直以来，司法实践对于投资方与股东之间"对赌协议"的效力都持肯定态度，判断是否支持投资方诉请，主要是从是否触发"对赌"义务、有无履行障碍等角度进行论证。关于目标公司为"对赌协议"下股东回购义务、业绩补偿义务提供担保的效力，过往实践中存在不同裁判观点。在本案中，最高人民法院明确目标公司为"对赌"提供担保这一事实本身不是无效因素，在目标公司履行了内部决议程序或投资方为善意相对人的情况下，担保有效。但最高人民法院和其他法院也有裁判认为，目标公司为"对赌"提供担保可能构成股东抽逃出资，损害目标公司、其他股东及债权人利益，故担保无效。法院之所以否定目标公司为"对赌"提供担保的合法性，主要理由之一是目标公司承担担保责任，可能构成变相抽逃出资，违反资本维持原则。《最高人民法院关于适用〈中华人民共和国公司法〉若干问题的规定（三）》第十二条规定利用关联交易将出资转出，构成抽逃出资。在投资方与股东"对赌"的情况下，考虑到股东与目标公司之间的关联关系，不排除股东转移自有资产、做空偿债能力，以目标公司承担担保责任的方式将债务实质转嫁给目标公司。目标公司承担担保责任后，虽然对股东享有追偿权，但可能因股东没有偿债能力而难以实现，最终导致公司偿债能力下降，损害其他债权人利益。

对此笔者认为，最高人民法院在"本案"中确立的裁判观点更为合理，理由在于：

第一，不应将目标公司为"对赌"提供担保这一事实本身作为无效因素。首先，"对赌"义务人并非将投资方的投资用于自用或消费，而是投入目标公司供经营使用，目标公司为此提供担保并未损害公司及公司中小股东权益。其次，法律并不禁止公司为股东提供担保，如目标公司合法作出公司决议同意担保，自然应承担担保责任。由目标公司承担担保责任并不当然损害公司或其他债权人利益。最后，参照《全国法院民商事审判工作会议纪要》将投资方与目标公司"对赌协议"效力及履行进行两分的处理方式，对于目标公司提供担保可能违反资本维持原则导致的争议，不应通过否定担保效力加以解决，而应判断是否因此导致履行不能，也即在担保可能违反资本维持原则的情况下，目标公司应否承担担保责任。但在效力认定上，只要符合公司对外担保的法定要求，目标公司为"对赌"提供的担保应为有效。

第二，目标公司为"对赌"提供担保与一般的公司对外担保无异，应适用《公司法》第十五条的规定进行规制。具体来说，一方面，如"对赌"方为目标公司股东或实际控制人，投资方应当在订立合同时对股东会决议进行审查，对关联担保的表决应由出席会议的其他股东所持表决权的过半数通过，签字人员也应符合公司章程的规定；如"对赌"方为其他非关联方，投资方应审查目标公司的董事会决议或者股东会决议，审查同意决议的人数及签字人员是否符合公司章程的规定。另一方面，如投资方未尽审查义务，则在目标公司为"对赌"提供担保事实上属于越权代表或无权代理之时，投资方无权请求公司承担担保责任。如投资方已对公司决议进行了必要的形式审查，即使股东会或董事会决议系法定代表人伪造或者变造，或者存在决议程序违法、签章不实、担保金额超过法定限额等情形，目标公司亦不得对抗投资方，除非有证据证明投资方明知决议系伪造或者变造。

典型案例 12　投资中心与 X 材料公司、K 材料公司股权转让纠纷案[①]

案例要旨

投资方与目标公司之间的"对赌协议"合法有效，"对赌"失败后，投资方请求目标公司回购股份，不得违反"股东抽逃出资"的强制性规定。目标公司为股份有限公司，其回购股份属减少公司注册资本的情形，须经股东

---

① 最高人民法院（2020）最高法民申 2957 号。

大会决议,并依据《公司法》第一百六十二条的规定完成减资程序。现目标公司未完成前述程序,不得回购投资方的股权。

基本案情

2011年8月,投资中心与X材料公司签订《增资扩股协议》,X材料公司在原股东基础上增加投资中心为公司新股东,投资中心认购300万股,投资款总额为900万元,占增资后总股本的3.05%。同日,投资中心与X材料公司及K材料公司签订《补充协议》,约定:如果截至2012年9月30日X材料公司仍未实现在国内证券交易所公开发行股票并上市,则投资中心有权要求X材料公司回购其持有的股份,回购价格为投资中心为取得该股份而向X材料公司增资的投资款总额900万元加上15%的年息。K材料公司同意,如X材料公司不能履行上述回购义务,则K材料公司同意按照上述条款的约定收购投资中心持有的股份,以保障投资中心的投资退出。X材料公司至今未公开发行股票并上市。K材料公司系X材料公司的全资子公司。

法院裁判

一审法院判决:X材料公司于本判决生效之日起30日内一次性支付投资中心股权回购价款13275000元。二审法院认为:一、《补充协议》中的股权回购条款有效。二、X材料公司为股份有限公司,其回购股份属减少公司注册资本的情形,须经股东大会决议,履行法定减资程序后方可履行回购约定。投资中心并无证据证明X材料公司相应减资程序已经完成,X材料公司亦确认其减资程序尚未启动,故本院对投资中心要求X材料公司履行股权回购义务的诉讼请求不予支持。K材料公司系X材料公司的全资子公司,其对母公司股份的持有,在实质效果上与母公司持有自己的股份相同。因此,投资中心在X材料公司未完成减资程序的情况下,要求K材料公司在X材料公司不能履行上述回购义务的情况下承担支付股权回购款的责任于法无据,对投资中心的该项诉讼请求本院亦不予支持。二审判决:撤销一审判决;驳回投资中心的诉讼请求。投资中心不服,提起再审。

生效裁判认为:根据《公司法》的规定,投资方投资中心与目标公司X材料公司"对赌"失败,请求X材料公司回购股份,不得违反"股东抽逃出资"的强制性规定。X 材料公司为股份有限公司，其回购股份属减少公司注册资本的情形，须经股东大会决议，并依据《公司法》第一百六十二条的规定完成减资程序。现 X 材料公司未完成前述程序，故原判决驳回投资中心的诉讼请求并无不当，投资中心的该再审申请理由不成立。

关于原判决未判令 K 材料公司承担责任有无不当的问题。投资中心针对 K 材料公司的诉讼请求为"在 X 材料公司不能履行回购义务时向投资中心支付股权回购价款 13275000 元"，其诉求的该义务属于担保合同义务，而担保合同义务具有从属性，即履行担保合同义务的前提条件是主合同义务履行条件已成就。现 X 材料公司的减资程序尚未完成，股份回购的主合同义务尚未成就，故 K 材料公司的担保义务并未成就，投资中心要求判令 K 材料公司承担责任的再审申请理由不成立。综上，再审法院驳回投资中心的再审申请。

案例评析

《全国法院民商事审判工作会议纪要》第五条规定，投资方与目标公司订立的"对赌协议"在不存在法定无效事由的情况下，目标公司仅以存在股权回购或者金钱补偿约定为由，主张"对赌协议"无效的，人民法院不予支持，但投资方主张实际履行的，人民法院应当审查是否符合公司法关于"股东不得抽逃出资"及股份回购的强制性规定，判决是否支持其诉讼请求。"投资方请求目标公司回购股权的，人民法院应当依据《公司法》第 35 条关于'股东不得抽逃出资'或者第 142 条关于股份回购的强制性规定进行审查。经审查，目标公司未完成减资程序的，人民法院应当驳回其诉讼请求……"

《全国法院民商事审判工作会议纪要》明确了投资方与目标公司"对赌协议"有效，但目标公司回购股权需要以其完成减资程序为前提条件。

七、外资审批制度对外资企业股权转让合同效力认定的影响

一般而言，股东之间或对外转让股权，属于普通的商事行为，股权转让合同自双方签字或盖章之日起生效。但对于外资企业的股权转让，当事人之间签订股权转让合同并不能立即生效。

对于外资企业的股权转让，当事人之间签订的股权转让协议并不一定有效。《外商投资法》第四条规定"国家对外商投资实行准入前国民待遇加负面清单管理制度，所称负面清单，是指国家规定在特定领域对外商投资实施的准入特别管理措施"，第二十八条规定"外商投资准入负面清单规定禁止投资的领域，外国投资者不得投资"。从上述规定可以看出，对外商投资实行准入前国民待遇加负面清单管理制度，是《外商投资法》确立的一项重要制度，是对我国外资管理制度的重大改革。根据《外商投资法》的规定，负面清单规定禁止投资的领域，外国投资者不得投资；负面清单规定限制投资的领域，外国投资者进行投资应当符合负面清单规定的条件。

典型案例 13　李某、洪某与 H 控股公司股权转让纠纷案[①]

案例要旨

本案收购的是义务教育机构的股权，属于禁止外商投资项目，某中学的办学内容包括全日制义务教育，H 控股公司受让案涉股权主体不适格，其合同目的不能实现，双方签订的《收购协议书》违反了国家法律法规的强制性规定，应确认为无效。

基本案情

H 控股公司于 2015 年 8 月 12 日在英属维尔京群岛注册成立，公司的股东和股权构成为：洪某占有 34% 的股份，陈某占有 15% 的股份，张某占有 51% 的股份。李某拥有某中学 100% 的股权，某中学的办学许可范围包括全日制高中、初中教育。李某、洪某系夫妻关系。2015 年 9 月 11 日，李某与 H 控股公司达成的《收购协议书》约定，李某将其持有的某中学 100% 的股权及相关资产全部转让给 H 控股公司，转让价款为 1.6 亿元，股权及资产转让价款之支付分为 8 期，每期 2000 万元。2016 年 6 月 16 日，双方签订《补充协议书》对争议解决的管辖法院和法律适用作出约定。

H 控股公司向一审法院起诉请求：确认 H 控股公司与李某签订的《收购

---

① 最高人民法院（2021）最高法民终 332 号。

协议书》《补充协议书》无效；判令李某、洪某立即向 H 控股公司返还股权转让款 2000 万元。

法院裁判

一审法院判决被告李某、洪某自判决生效之日起 10 日内向原告 H 控股公司返还人民币 2000 万元及利息。李某、洪某不服，提起上诉，其主要理由是《指导外商投资方向暂行规定》等限制外商投资产业的规定均为商务部等部门出台的规范性文件，属于部门规章、管理性规定，而非法律和行政法规，根据《合同法》第五十二条以及《最高人民法院关于适用〈中华人民共和国合同法〉若干问题的解释（二）》第四条规定，不能作为认定合同效力的依据。因此，案涉股权转让合同未违反法律、行政法规的禁止性规定，不应认定为无效。

生效裁判认为，《民办教育促进法》第十条第一款规定："举办民办学校的社会组织，应当具有法人资格。" H 控股公司属境外注册设立的公司，并不具备该条规定的法人资格。《指导外商投资方向规定》第四条规定，外商投资项目分为鼓励、允许、限制和禁止四类。鼓励类、限制类和禁止类的外商投资项目，列入《外商投资产业指导目录》。义务教育机构属于禁止外商投资项目，某中学的办学内容包括全日制义务教育，H 控股公司受让案涉股权主体不适格，其合同目的不能实现，双方签订的《收购协议书》违反了国家法律法规的强制性规定，应确认为无效。据此，二审判决驳回上诉，维持原判。

案例评析

《民法典》规定违反法律法规的行为无效，《最高人民法院关于适用〈中华人民共和国民法典〉合同编通则若干问题的解释》将"强制性规定"限定在"效力性强制性规定"范围内，明确了管理性的强制性规定不影响合同效力。《最高人民法院关于当前形势下审理民商事合同纠纷案件若干问题的指导意见》（法发〔2009〕40 号）以司法解释的形式进一步明确了识别效力性强制性规定的标准。该意见第十六条规定："人民法院应当综合法律法规的意旨，权衡相互冲突的权益，诸如权益的种类、交易安全以及其所规制的对象等，综合认定强制性规定的类型。如果强制性规范规制的是合同行为本身即只要该合同行为发生即绝对地损害国家利益或者社会公共利益的，人民法院应当认定合同无效。如果强制性规定规制的是当事人的'市场准入'资格而非某种类型的合同行为,或者规制的是某种合同的履行行为而非某类合同行为,人民法院对于此类合同效力的认定,应当慎重把握,必要时应当征求相关立法部门的意见或者请示上级人民法院。"

我国对外商投资项目分为鼓励、允许、限制和禁止四类,《外商投资法》第二十八条第一款规定:"外商投资准入负面清单规定禁止投资的领域,外国投资者不得投资。"义务教育机构属于禁止外商投资项目,本案中某中学的办学内容包括全日制义务教育,属于禁止外商投资的项目,案涉《收购协议书》因违反法律法规的强制性规定,应属无效。

八、转让民办非企业法人股权的协议效力

典型案例 14 王某、李某股权转让纠纷案[①]

案例要旨

《股权转让协议书》及《补充条款》虽然名为股权转让,但确定双方转让标的不能仅依据合同名称,还应结合合同的内容。《股权转让协议书》中约定的转让标的包含医院现使用的房屋、土地使用权及医院的全部股权等,并不违反《民办非企业单位登记管理暂行条例》《医疗机构管理条例》等法律法规的相关规定,应为有效。

基本案情

某医院于 2010 年 3 月 2 日经市卫生局批准核发《医疗机构申请执业注册许可证》,经营性质为非营利性,医院所使用的房屋所有权人为王某。2016 年,甲方(转让方)王某,乙方(受让方)李某,签订《股权转让协议书》,约定:1. 转让标的:医院现使用人王某名下的房屋、土地产权及医院的全部股权;2. 标的概况:医院为非营利性医疗机构,是在市民政局登记注册的具有独立法人资格的民办非企业单位;3. 转让标的、费用交付方式及时间:甲

---

① 最高人民法院(2020)最高法民申 6072 号。

方将其持有的目标医院 100% 的股权转让给乙方（包括现使用王某名下所有房产、土地及设施设备），甲乙双方确立的转让价格为 6516.2 万元人民币。后双方签订《股权转让协议补充条款》，约定将原标的资产价格 6516.2 万元变更为实际支付金额 2800 万元，除此之外不再支付其他任何款项。

2017 年 4 月 28 日，经卫生和计划生育局核准，某耳鼻喉医院变更名称为 M 医院，变更医疗机构类别为综合医院，负责人为文某，因文某在办理医院变更过程中涉嫌伪造国家机关公文罪，2017 年 6 月 29 日，市卫生和计划生育局撤回对医院变更的核准。

王某向原审法院提出诉讼请求：1. 确认《股权转让协议书》及《股权转让补充条款》无效，或依法解除《股权转让协议书》及《股权转让补充条款》；2. 判令李某立即返还占用的房屋；3. 判令李某支付房屋占用使用费。李某反诉请求：1. 判令王某履行约定义务，配合办理股权、房屋产权、土地使用权转移变更登记手续；2. 判令王某支付因逾期办理过户手续所应当承担的违约赔偿金 9072 万元。

一审法院判决：一、《股权转让协议书》《股权转让补充条款》无效；二、王某返还李某 1300 万元；三、李某返还占用的登记在王某名下房屋。

二审法院判决：撤销一审判决，驳回王某的诉讼请求，驳回李某的反诉请求。王某、李某均不服，提起再审。

法院裁判

一审法院认为：医院不享有公司性质，不存在股权，双方在明知没有股权的情况下仍签订《股权转让协议书》，其真正的目的并非转让股权，双方签订《股权转让协议书》系通谋虚伪的意思表示，双方假借签订《股权转让协议书》的形式，转让医疗机构及房屋所有权的行为违反了法律及行政法规的强制性规定，因此双方签订的以合法形式掩盖非法目的的协议无效。合同无效或者被撤销后，因该合同取得的财产，应当予以返还；不能返还或者没有必要返还的，应当折价补偿，遂作出上述判决。

生效裁判认为：《股权转让协议书》约定转让标的为耳鼻喉医院使用人王某名下的房屋、土地产权及医院的全部股权，因耳鼻喉医院为民办非企业法人，不存在股权架构，故上述合同虽名为股权转让协议，但双方当事人真实意思应为转让王某名下的房屋、土地、医院资质及经营管理权等整体权益。《医疗机构管理条例》虽禁止单独转让《医疗机构执业许可证》，但并未禁止医院整体投资权益的转让。现行法律、行政法规中并无民办非企业法人不得转让的效力性强制性规定，故双方当事人签订的《股权转让协议书》有效。上述合同约定的转让价款为2800万元，低于王某举办耳鼻喉医院的注册资本，故耳鼻喉医院的转让不违反民办非企业法人非营利性的特征。民办非企业法人变更登记是否经行政机关审批同意，系合同履行中的事宜，并非《股权转让协议书》无效的原因。

因《股权转让协议书》约定的转让标的不仅为耳鼻喉医院的股权，还包括王某名下的房屋、土地使用权、耳鼻喉医院的资质及经营管理权等整体权益。虽然耳鼻喉医院作为民办非企业单位不存在股权架构，但是不影响《股权转让协议书》约定内容的履行。耳鼻喉医院目前合法有效存续，双方当事人已经部分履行股权转让协议，虽然耳鼻喉医院的《医疗机构执业许可证》已被注销，但转让王某名下的房屋、土地使用权的约定内容仍能继续履行，李某也表示仍然愿意继续履行《股权转让协议书》的约定内容。王某提出《股权转让协议书》履行不能、应予解除的申请再审理由，依据不足，本院不予采信。综上，再审法院驳回王某、李某的再审申请。

案例评析

协议的效力对当事人的权益影响巨大，如果认定协议无效，因该合同取得的财产，应当予以返还，不能返还或者没有必要返还的，应当折价补偿；如果认定协议有效，在协议被解除之前，双方只能请求继续履行合同。本案一审、二审、再审的争议焦点问题都是协议是否有效。

本案中，《股权转让协议书》虽然名为股权转让，但确定双方转让标的不能仅依据合同名称，还应结合合同的内容。第一条约定转让标的为医院现使用人王某名下的房屋、土地产权及医院的全部股权。第三条约定有转让标的、费用交付方式及时间，王某将其持有的目标医院100%的股权转让给李某（包括现使用王某名下所有房产、土地及设施设备）等内容。上述内容虽然包含"股权"字样，但双方在签订合同时均知晓医院系"民办非企业单位"，非营利性企业法人，并不具有公司性质，亦不存在股权，因此目标医院100%股权的表述应当理解为双方目的为转让房屋、土地及医院资质、管理权等权利。《股权转让协议书》中并未明确将《医疗机构执业许可证》作为转让对象。转让的三处房产面积达8000余平方米，且另有设备等，转让价格亦高达2800万元，即使认为《医疗机构执业许可证》系医院经营资质成为转让对象，双方之间也并非单纯的买卖或出让《医疗机构执业许可证》，双方转让标的是整个眼耳鼻咽喉医院的转让，包括资产的所有权、医院的经营权等整体权益。作为民办非企业的医疗机构的场所、主要负责人等并非不能发生变更，只需要依法履行必要的审批手续，未进行变更登记，并不直接导致合同无效。因此，双方签订的协议不违反法律、行政法规之规定，应为有效。

九、股权转让与股权让与担保

让与担保，是指债务人或者第三人，将担保物的所有权转让给债权人，债务清偿后，担保物应返还于债务人或第三人，债务不获清偿时，债权人可就该担保物优先受偿的一种担保形式[1]。股权让与担保是让与担保的一种，指的是债务人或者第三人为担保债务的履行，将其股权转移至债权人名下并完成变更登记，在债务人不履行到期债务时，债权人可就股权折价后的价款受偿的一种担保。

（一）股权让与担保的概念及构成

股权让与担保主要由三部分构成：1. 债务人或第三人与债权人签订协议约定，将债务人或第三人在目标公司的股权转让给债权人，以作为债务人与债权人主债权的担保。一般情形下，该股权转让行为不会有对价的支付。2. 担保人协助债权人履行变更登记义务，完成变更登记。这里的变更登记包括目标公司股东名册的变更和市场监管部门中股东信息的变更等。3. 股权让与担保的后果可以分为两部分：一是债务人履行了主债务时，债权人依据

---

[1] 费安玲：《比较担保法——以德国、法国、瑞士、意大利、英国和中国担保法为研究对象》，中国政法大学出版社2004年版，第241页。

协议约定将目标公司股权转回给原股东（债务人或第三人），或是原股东将股权进行无偿或有偿回购，此时的债权人应当履行股权变更的协助义务。二是如债务人没有依约履行主债务，此时债权人可就股权折价款进行优先受偿。

(二) 股权让与担保的效力

股权让与担保合同的效力主要存在两类观点，观点一：认为股权让与担保合同无效；观点二：认为股权让与担保合同有效，并且上述两相反观点在法院判决中均能看到。

股权让与担保合同无效，主要理由在于股权让与担保构成虚假意思表示、违反物权法定原则、违反禁止流质的相关规定，因此无效。

关于股权让与担保是否构成虚假意思表示，主张无效者认为股权转让属于虚假的意思表示，其真实意图是为主债权提供担保，因此股权让与担保合同无效。但是，股权让与担保的主要目的就是通过转让并控制股权，实现担保主债权的目的，该制度的手段行为是转让股权，制度的整体目的就是担保债权，股权转让并不属于虚假的意思表示，是担保人真实的意思表示，应当认可整体股权让与担保的效力。

关于是否违反物权法定原则，根据物权法定原则，物权的内容和种类只能由法律规定，当事人自由创设的物权都属于无效的行为。但是股权让与担保并非创设一种新的物权类型，而是当事人依据双方意思自由设置的担保债权实现的债权担保关系，并没有违反法律的效力性强制性规定，应当认可该合同的效力。

关于是否违反禁止流质的规定，法律中之所以规定禁止流质，就在于防止债权人滥用强势地位侵害债务人的财产权以及其他债权人的利益。但是在股权让与担保中，由于采取清算的方式来实现担保物权，即将股权进行评估作价并多退少补，并不会影响债务人财产以及其他债权人的权利，故股权让与担保并没有违反禁止流质的规定。所以，无论是从理论上，还是从司法案例中，都已经认可了股权让与担保的效力，股权让与担保的效力不再属于存在争议的问题。

典型案例 15　T 房地产公司、X 房地产公司与矿业公司、H 控股公司股权转让合同纠纷案[①]

案例要旨

协议双方不仅将案涉标的公司的股权登记在矿业公司、H 控股公司名下，而且矿业公司、H 控股公司实际控制、经营管理标的公司多年，且对置业公司的工程项目进行投资开发，这与股权让与担保中股权虽"形式转让"但该转让以担保债权实现为目的有所不同，在股权让与担保中债权人只作为名义上的股权受让人。故应当认定案涉《协议书》的真实意思是以股抵债，双方之间为股权转让关系，而非股权质押担保关系。

基本案情

T 房地产公司与矿业公司于 2013 年 6 月 16 日签订《合同开发协议书》约定共同开发某房地产项目。T 房地产公司、矿业公司、置业公司于 2015 年 7 月 21 日签订《〈合同开发协议书〉之补充协议》，T 房地产公司与矿业公司之间由股权合作开发关系转变为债权债务关系。

矿业公司、T 房地产公司、置业公司、商业管理公司、X 房地产公司于 2015 年 10 月 21 日签订《协议书》，其中第五条约定"如在 2016 年 9 月 30 日前乙（T 房地产公司）、丙方（置业公司、商业管理公司）清偿了本协议约定的债务的，则在债务清偿之日，甲方（矿业公司）将持有的丙方的全部股权转让给乙方和丁方（X 房地产公司），但不再收取股权转让价款""如乙、丙方未在 2016 年 9 月 30 日前清偿本协议约定的债务的，甲方有权不将持有的丙方的股权转让给乙方和丁方，以未清偿的债务抵偿股权转让价款，乙方和丁方对此无异议并同意甲方无须因此对乙方和丁方作出补偿或赔偿"。

T 房地产公司、X 房地产公司通过《协议书》安排，将第三人置业公司的全部股权变更至 H 控股公司名下。各方在 2015 年 10 月办理股权转让期间，将第三人置业公司的经营管理权（包括印章、文件、财务资料等），全面移交

[①] 最高人民法院（2021）最高法民申 3592 号。

给新股东 H 控股公司。H 控股公司对置业公司的工程项目进行投资开发，并偿还置业公司 1.8 亿元贷款。

T 房地产公司、X 房地产公司向一审法院起诉，请求确认矿业公司、H 控股公司的股权归其所有。一、二审法院均认定双方签订的《协议书》的性质为股权转让协议，判决驳回 T 房地产公司、X 房地产公司的诉讼请求。T 房地产公司、X 房地产公司，提起再审。

法院裁判

再审法院认为，T 房地产公司、X 房地产公司主张置业公司全部股权归属其所有的主张不能成立。本案中，需根据 2015 年 10 月 21 日《协议书》的约定内容，并结合实际履行情况，确定案涉《协议书》中各方当事人的权利义务关系及合同目的。根据原审法院查明的事实，案涉《协议书》第五条约定"如在 2016 年 9 月 30 日前乙方（T 房地产公司）、丙方（置业公司、商业管理公司）清偿了本协议约定的债务的，则在债务清偿之日，甲方（矿业公司）将持有的丙方的全部股权转让给乙方和丁方（X 房地产公司），但不再收取股权转让价款""如乙方、丙方未在 2016 年 9 月 30 日前清偿本协议约定的债务的，甲方有权不将持有的丙方的股权转让给乙方和丁方，以未清偿的债务抵偿股权转让价款，乙方和丁方对此无异议并同意甲方无须因此对乙方和丁方作出补偿或赔偿"。因此，原审法院结合《协议书》第三条、第四条、第五条的约定及履行情况以及矿业公司、H 控股公司不仅取得置业公司股权而且实际控制、经营管理公司多年等全部案件事实后认为，《协议书》签订后，案涉股权已经登记在 H 控股公司名下，矿业公司、H 控股公司已经实际取得置业公司经营管理权，且对置业公司的工程项目进行投资开发，这与股权让与担保中股权系"形式转让"且该转让以担保债权实现为目的有所不同；遂在认定双方为股权转让的前提下，将案涉《协议书》第五条的约定理解为股权抵债权中对股权价值的进一步明确，而非股权质押担保中的流质条款，理据充分，符合本案实际情况，处理意见亦较为公允。

因案涉合同中并未明确约定"以经营收入抵偿合同债务"的规定，T 房地产公司、X 房地产公司并未向本院提供新的证据材料等，故原审法院综合全案事实后认为 T 房地产公司、X 房地产公司无权主张置业公司全部股权归属其所有，并告知T房地产公司、X房地产公司如认为在双方股权转让中没有获得应有的权益，可在法律规定范围内另行主张。综上，再审法院驳回T房地产公司、X房地产公司的再审申请。

案例评析

本案涉及股权转让与担保纠纷的处理规则。

股权让与担保是指债务人或者第三人为担保债务的履行，将其股权转移至债权人名下并完成变更登记，在债务人不履行到期债务时，债权人可就股权折价后的价款受偿的一种担保。而股权让与担保与其他担保形式相比，因股权的特性和公司这一主体的加入，导致其更为复杂，既需要充分知悉让与担保的理论，又需要考虑股权兼具财产权和人身权属性的特点。根据《全国法院民商事审判工作会议纪要》第七十一条关于"债务人或者第三人与债权人订立合同，约定将财产形式上转让至债权人名下，债务人到期清偿债务，债权人将该财产返还给债务人或第三人，债务人到期没有清偿债务，债权人可以对财产拍卖、变卖、折价偿还债权的，人民法院应当认定合同有效"的规定，通常让与担保强调债务人或第三人与债权人订立合同，约定将财产形式上转让至债权人名下。而在债务人到期没有清偿债务时，债权人可以请求人民法院对财产拍卖、变卖、折价偿还债权。

判定当事人之间的是转让还是担保，可以从以下几个方面综合判断：首先，应当考虑各方当事人是否存在主债权债务，担保权利系依附于主债权的附属权利，如果没有主债权，则担保并无存在的客观条件。其次，要进一步考究当事人之间的真实意思表示，如果当事人基于转让财产的目的签署协议，则当事人一方负有交付财产的义务，另一方负有支付对价的义务；如果转让财产系以担保债权实现为目的，通常是指债务人或第三人为担保债务人的债务，将担保标的物的所有权等权利转移于担保权人，而使担保权人在不超过担保之目的范围内，于债务清偿后，担保标的物应返还于债务人或第三人，债务不履行时，担保权人得就该标的物优先受偿，则买受方仅为名义上的所有人，买受方不需要向转让方支付对价，买受方的权利范围不同于完整意义上的所有者。再次，查看是否存有转让标的物的外观，如股权是否办理了工商变更登记。最后，要考虑受让方是否参与公司经营，行使股东才享有的权利。

本案中，法院结合《协议书》第三条、第四条、第五条的约定及履行情况以及矿业公司、H 控股公司不仅取得置业公司股权而且实际控制、经营管理公司多年等全部案件事实后认为，《协议书》签订后，案涉股权已经登记在 H 控股公司名下，矿业公司、H 控股公司已经实际取得置业公司经营管理权，且对置业公司的工程项目进行投资开发，这与股权让与担保中股权系"形式转让"且该转让以担保债权实现为目的有所不同；遂认定双方为股权转让关系，T 房地产公司、X 房地产公司如认为在双方股权转让中没有获得应有的权益，可在法律规定范围内另行主张。

典型案例 16　Y 公司与房地产公司股权转让纠纷案[①]

案例要旨

《股权转让框架协议》约定房地产公司和进出口公司分别以 1 元钱的价格将持有的置业公司 70% 和 30% 的股权及对应的全部权益转让给 Y 公司和开发公司，其实质是通过让与股权的形式，解决融资需求，并担保了债务的履行，具有了股权让与担保的性质。同时约定房地产公司和进出口公司超过了 2012 年 9 月 28 日即不得再向 Y 公司、开发公司要求回购股权，其实质就是以全部股权直接抵债，构成流质，相应条款应当认定为无效。

基本案情

2012 年 6 月 21 日，房地产公司作为甲方，进出口公司作为乙方，Y 公司作为丙方，开发公司作为丁方，置业公司作为戊方，共同签订《股权转让框架协议》，涉及几个方面约定：1. 转让标的，即将房地产公司持有的置业公司 70% 股权及对应的全部权益转让给 Y 公司，进出口公司持有的置业公司 30% 股权及对应的全部权益转让给开发公司。2. 虽存在本协议第六条回购约定，Y 公司、开发公司仍有权将所持的标的公司全部股权质押给任意第三方，置业公司应依 Y 公司、开发公司的要求将其名下国有土地使用权抵押给 Y 公

[①] 最高人民法院（2021）最高法民申 7209 号。

司、开发公司指定的第三方。房地产公司、进出口公司对此不持任何异议。3. 股权转让价款各对应为人民币1元。本协议签订完毕，Y公司、开发公司即履行完毕股权转让款支付义务，房地产公司、进出口公司不得以任何理由向Y公司、开发公司主张、请求、追索任何款项，不得以显失公平等任何理由撤销本次股权转让行为、主张本次股权转让无效。另约定，工商登记变更手续，另行签署股权转让协议，关于股权转让价款的约定与本协议不一致的，以本协议为准。房地产公司与进出口公司之间的债权债务关系、Y公司与开发公司之间的债权债务关系，分别由房地产公司与进出口公司、Y公司与开发公司另行协商解决，且不影响本协议的履行。4. 股权回购选择权。2012年9月28日前，房地产公司、进出口公司享有标的股权回购选择权，须一次性支付标的股权回购价款，回购全部标的股权，不得要求部分回购或分期回购。标的股权回购价款金额按以下公式计算，全部由房地产公司直接支付：标的股权回购价款=113703333.33元×（1+资金占用天数×36%/360）。其中，资金占用天数自2012年6月28日（含当日）起计算，至全部股权回购价款支付完毕并归Y公司、开发公司所有并支配之日（不含当日）止。在2012年9月28日前，房地产公司应将股权回购价款支付至房地产公司、Y公司共同指定的账户并归Y公司、开发公司所有支配，股权权益转由房地产公司、进出口公司完全享有，届时房地产公司持有置业公司70%股权，进出口公司持有置业公司30%股权。第四款约定，如甲方即房地产公司未能于2012年9月28日前一次性支付完毕全部标的股权回购价款，则自2012年9月28日起，甲方、乙方即房地产公司、进出口公司不得再向丙方、丁方即Y公司、开发公司要求回购标的股权，甲方、乙方不得就标的股权主张任何权利，不得以任何理由主张甲方向丙方、乙方向丁方的股权转让无效。

房地产公司向一审法院起诉请求：1. 确认《股权转让框架协议》无效。2. 判令进出口公司、Y公司共同赔偿房地产公司损失共计7371万元。

法院裁判

一、二审法院均判决：确认《股权转让框架协议》第四条第二款、第六条第四款中涉及流质内容的约定无效。Y公司不服，提起再审。

生效裁判认为：原审关于《股权转让框架协议》的实质是通过让与股权

的形式，解决融资需求，并担保了债务的履行，具有了股权让与担保的性质的认定，并非缺乏证据证明，而恰恰是综合认定了全案的在案证据，没有局限于《股权转让框架协议》股权转让的表面形式。《股权转让框架协议》约定房地产公司和进出口公司分别以1元钱的价格将持有的置业公司70%和30%的股权及对应的全部权益转让给Y公司和开发公司，该共计2元的股权转让价格明显与2011年5月14日房地产公司与进出口公司签订股权转让合同约定房地产公司以18900万元受让置业公司70%股份相悖，没有证据表明一年时间置业公司的股权价值就发生了巨大的贬损。相反，在订立协议半年后的H公司拟收购置业公司股权的过程中，2012年11月28日公告披露显示，截至评估基准日2012年10月31日，置业公司的股东全部权益审计后账面值为人民币186.04万元，评估值为人民币32939.35万元。由此可见，无论是在2012年6月21日订立《股权转让框架协议》之前或是之后，2元的股权转让价格均明显背离了置业公司股份的实际价值，故将《股权转让框架协议》仅仅视作股权转让不合常理。结合《股权转让框架协议》所约定的房地产公司等有权在2012年9月28日前以113703333.33元×（1+资金占用天数×36%/360）的价格回购股权，足以认定《股权转让框架协议》的实质就是要实现2012年9月28日前完成还款的融资，用以解除置业公司所持土地资产上的抵押负担，故《股权转让框架协议》系以象征性价格转让股权的让与担保。《股权转让框架协议》第四条第二款和第六条第四款共同设计了房地产公司、进出口公司以象征性价格转让股权，同时超过了2012年9月28日即不得再向Y公司要求回购股权，其实质就是以全部股权直接抵债，所以构成流质，原审认定相应条款无效，该认定正确。

综上，再审法院驳回Y公司的再审申请。

案例评析

本案争议的焦点问题是案涉《股权转让框架协议》的性质和效力。《股权转让框架协议》反映了签约各方当事人的真实意思，本质上是股权让与担保合同，合法有效，但协议第四条第二款、第六条第四款因违反《民法典》禁止约定流质内容条款的法律规定而无效。因此本质上，房地产公司是债务人、股权让与担保人；Y公司、开发公司是债权人、股权让与担保权人。

Y公司、开发公司、能源投资公司主张《股权转让框架协议》是股权转让协议，不符合合同约定和本案事实。首先，从协议签订的背景、目的来看，在房地产公司与进出口公司签订《514合同》后，房地产公司、Y公司、进出口公司都负有偿还1.1亿元特定信托贷款债务的义务和愿望，也只有如此，才能解除置业公司土地使用权的抵押，实现房地产公司收购股权的目标。由于房地产公司没有能力偿还1.1亿元特定信托贷款，履行其交付股权转让款的义务，才产生了让与股权、由受让方筹措资金偿还1.1亿元特定贷款的《股权转让框架协议》。Y公司、开发公司在偿还1.1亿元特定贷款后，既解除了置业公司土地使用权的抵押，又顺理成章地成为房地产公司的担保权人。其次，从《股权转让框架协议》签订后Y公司、开发公司的行为来看，也都是为了偿付1.1亿元特定贷款。《股权转让框架协议》签订后，6月27日，能源投资公司与W公司签订《合作协议书》、Y公司与W公司签订借款合同以及股权质押（70%股权）合同，置业公司与W公司签订土地使用权抵押合同，作为合作协议附件。Y公司还办理了股权出质设立登记。6月28日，经Y公司及开发公司的关联公司的筹措，案涉1.1亿元贷款本息偿还完毕，信托公司出具了还款手续。最后，从股权转让的价格来看，1元人民币的股权转让价款不符合置业公司股权的实际价值，也明显有别于正常的市场交易对价。2012年6月30日置业公司资产负债表显示所有者权益为72298112.50元，负债合计68787300.36元，净资产也远大于1元。Y公司、开发公司、能源投资公司主张，《股权转让框架协议》签订时，置业公司经营不景气，1元人民币反映了公司股权的实际情况没有事实依据。但置业公司仅有的主要资产是土地，土地价值一直是大幅上升趋势。置业公司没有大的经营亏损，不存在巨大股权贬值的问题。Y公司所提交的拨付员工工资申请、欠款等材料不能证明置业公司存在巨大亏损。反言之，如果按Y公司等所言1元钱为股权转让价格，则《股权转让框架协议》中关于股权回购价款的约定将无合理性解释；Y公司取得股权后马上质押给W公司，用70%的股权质押借款9000万元也无合理性解释。所以，实际上股权回购价格就是1.1亿元贷款的本息合计，其中利息部分就是开发公司、Y公司的借贷收益。《股权转让框架协议》本质上是房地产公司以让渡股权的方式赢得3个月筹措款项的缓冲期，以最终实现成为置业公司控股股东的目的，但该目的没有实现。所以,《股权转让框架协议》从根本上讲不是股权转让,而是股权让与担保。

十、股权转让与增资扩股

典型案例 17　常某、温某与能源科技公司股权转让纠纷案[①]

> **案例要旨**

增资扩股不同于股权转让,两者最明显的区别在于公司注册资本是否发生变化上。此外,增资扩股中的资金受让方为标的公司,资金的性质属于标的公司的资本金;而股权转让中的资金由股东受领,资金的性质属于股权转让的对价。案涉《股权收购协议》双方对投资款金额及所占股权比例进行了约定,并未就公司增资后的注册资本金额、办理注册资本及公司章程的变更登记时间等内容进行约定,欠缺增资扩股法律关系的基本要件,应当认定为股权转让关系。

> **基本案情**

2012年6月1日,常某及指定关联方作为甲方与温某作为乙方及能源科技公司作为目标公司签订了《股权收购协议》,主要约定:双方确认目标公司交易估值36亿元,甲方出资18亿元以增资等方式获得标的公司49%股权,本合同签订后,甲方向乙方和目标公司支付1.8亿元作为定金。2012年8月29日,温某与常某就股权过户价款支付时间的确定,形成《会议纪要》,主要载明,常某及其指定第三方在2012年9月25日之前向能源科技公司支付8000万元股权过户定金,同时改组能源科技公司董事会,并建立组织构架。2014年7月2日,温某在《凉山日报》上向常某致《解除合同通知函》,主要载明:各方于2012年6月1日签订《股权收购协议》后至今已逾两年之久,你方未根据协议约定向乙方及标的公司支付1.8亿元定金,也未支付约定的增资款。经多次催告,截至公告之日,你方仅支付了定金共计1.2206亿元,现通知解除双方《股权收购协议》。

[①] 最高人民法院(2020)最高法民申1322号。

常某向一审法院提出诉讼请求：确认常某及其关联方支付能源科技公司款项中 1.8 亿元为 49%股权转让款的定金；判令温某将其持有的能源科技公司合计 49%的股权过户给常某。

温某向一审法院提出反诉请求：确认《股权收购协议》已经解除；温某按照定金罚则无须返还已收的定金 1.2 亿元。

一审法院判决驳回常某的诉讼请求，驳回温某的反诉请求。二审法院判决撤销一审判决，温某于本判决生效之日起 10 日内，返还常某 1.2206 亿元本金、利息及资金占用损失。常某、温某均不服，提起再审。

法院裁判

再审法院认为，本案的争议焦点为：1. 案涉《股权收购协议》是增资协议还是股权转让协议；2. 二审程序是否合法。

1. 关于《股权收购协议》的性质

关于案涉《股权收购协议》的性质，应综合协议的名称、主体、内容及实际履行等情况，考察合同双方的真实意思表示分析认定。第一，案涉协议名称为"《股权收购协议》"。第二，协议签约主体是甲方："常某及指定关联方"，乙方："温某"。温某以能源科技公司股东的身份签订该协议，符合股权转让合同的主体特征。在增资扩股法律关系中，应由公司而非股东作为合同的主体。第三，合同内容仅表明双方对投资款金额及所占股权比例进行了约定，并未就公司增资后的注册资本金额、办理注册资本及公司章程的变更登记时间等内容进行约定，欠缺增资扩股法律关系的基本合同要件。第四，结合常某一审中要求温某等人将能源科技公司 49%股权向其过户的诉讼请求，可以认定当事人缔约的主要目的是股权转让。综上，案涉《股权收购协议》的性质应认定为股权转让合同。本案诉争股权受让方常某与转让方温某就股权转让合同无效后股权转让款返还问题，根据合同相对性原则，常某只能向合同的相对方温某主张权利，其请求能源科技公司与温某共同承担还款责任的主张没有法律依据或约定依据，法院不予支持。

2. 关于二审程序是否合法

《最高人民法院关于适用〈中华人民共和国民事诉讼法〉的解释》第三百二十八条规定，二审程序中，一审原告增加独立诉讼请求的，经双方当事人同意，二审法院可以一并审理。本案中，常某一审诉讼请求为要求温某等人向其过户能源科技公司49%的股权，温某反诉请求为解除案涉《股权收购协议》并不予退还所收取的定金1.2亿元。二审法院根据双方提供的有关证据，认为案涉《股权收购协议》已解除。为减轻当事人诉累，向双方进行释明。经二审法院释明，常某增加诉讼请求如案涉《股权收购协议》解除，则请求返还1.2206亿元本金，利息按照人民银行同期贷款利率四倍计算。温某对此亦未提出异议，二审据此判决案涉《股权收购协议》解除，温某返还常某1.2206亿元本金、利息及资金占用损失符合上述司法解释的规定，并未超出诉讼请求，应予维持。

综上，再审法院驳回常某、温某的再审申请。

案例评析

增资扩股，是指企业向社会募集股份、发行股票、新股东投资入股或原股东增加投资扩大股权，从而增加企业的资本金。对于有限责任公司来说，增资扩股一般是指企业增加注册资本，增加的部分由新股东认购或新股东与老股东共同认购，企业的经济实力增强，并可以用增加的注册资本，投资于必要的项目。股权转让，是指公司股东依法将自己的股份让渡给他人，使他人成为公司股东的民事法律行为。两者都是股权取得的方式，但是存在显著区别[①]。

1. 股权转让与增资扩股的区别

（1）出资完成后，公司的注册资本的变化不同：股权转让后，公司的注册资本并不发生改变；而增资扩股后，公司的注册资本必然发生变化。

（2）资金的受让方不同：股权转让的资金由被转让公司的股东受领，资金的性质是股权转让的对价；增资扩股中获得资金的是公司，而非某一特定股东，资金的性质是公司的资本金。

（3）投资人对公司的权利义务不同：股权转让后，投资人取得公司股东地位的同时，不但继承了原股东在公司的权利，也应当承担原股东相应的义务，其承担义务是无条件的；增资扩股中的投资人是否与原始股东一样，承

---

① 禹海波：《股权转让案件裁判精要》，法律出版社2020年版，第206页。

担投资之前的义务，需由协议各方进行约定。

（4）表决程序采取的规则不同：股权对外转让系股东处分期个人的财产权，因此《公司法》第八十四条规定，股东对外转让股权，应当将股权转让的数量、价格、支付方式和期限等事项书面通知其他股东，而无须召开股东会表决；增资扩股是公司资本运营过程中的内部决策问题，因此《公司法》第五十九条明确规定，增资扩股必须经股东会作出决议，除非全体股东以书面形式一致表示同意。《公司法》第六十六条进一步规定，股东会作出增加注册资本的决议必须经代表三分之二以上表决权的股东通过，采用的是"资本多数决"，而非"股东多数决"。

2. 本案系股权转让关系，而非增资扩股法律关系

本案中，协议名称为《股权收购协议》，协议双方中温某以能源科技公司股东的身份签订该协议，符合股权转让合同的主体特征，而增资扩股法律关系中，应由公司而非股东作为合同的主体，此外，协议签订后公司的注册资本未发生变化，因此本案属于股权转让关系。根据合同的相对性，常某只能向合同的相对方温某主张权利，其请求能源科技公司与温某共同承担还款责任的主张没有法律依据或约定依据。

十一、约定股权转让对价是冲减债务的股权转让合同性质

根据《公司法》第四十八条的规定，股东可以用货币出资，也可以用实物、知识产权、土地使用权、股权、债权等可以用货币估价并可以依法转让的非货币财产作价出资；但是，法律、行政法规规定不得作为出资的财产除外。对作为出资的非货币财产应当评估作价，核实财产，不得高估或者低估作价。《市场主体登记管理条例实施细则》第十三条第一款的规定，"申请人申请登记的市场主体注册资本（出资额）应当符合章程或者协议约定"；以及第十三条第三款的规定，"依法以境内公司股权或者债权出资的，应当权属清楚、权能完整，依法可以评估、转让，符合公司章程规定"。综上，从法律规范层面来看，依法可以评估、转让的债权可以作为非货币财产作价出资。

债转股，是指债权人以其依法享有的对有限责任公司或股份有限公司的债权转为公司股权，即股东以债权对公司出资，其本质是股东非货币出资的

一种形式。债转股的实施，对于降低企业杠杆率、化解债务风险、履行股东实缴出资义务具有重要作用。与货币出资方式相比，债转股作为特殊的非货币财产出资方式，应对其实施步骤予以重点关注并根据相关法律的要求进行规范操作。

（一）履行相应的评估程序

《最高人民法院关于适用〈中华人民共和国公司法〉若干问题的规定（三）》第九条的规定："出资人以非货币财产出资，未依法评估作价，公司、其他股东或者公司债权人请求认定出资人未履行出资义务的，人民法院应当委托具有合法资格的评估机构对该财产评估作价。评估确定的价额显著低于公司章程所定价额的，人民法院应当认定出资人未依法全面履行出资义务。"根据《市场主体登记管理条例实施细则》第十三条第三款的规定："依法以境内公司股权或者债权出资的，应当权属清楚、权能完整，依法可以评估、转让，符合公司章程规定。"因此，股东以债权出资时，在经核实债权系真实、合法的情况下，还应注意履行相应的评估程序，核实该债权的价值。若股东以债权作价出资未能进行评估，那么不利后果将由股东承担。

（二）依法办理财产权转移手续

债转股本质上是股东非货币出资的一种形式，债权权属的转移主要表现为债权人（股东）免除标的公司的债务，标的公司需调整相关会计处理，将股东对公司的债权调整为股权。

（三）履行相应的决议或审批程序

根据《公司法》第五十九条第一款第五项的规定，"对公司增加或者减少注册资本作出决议"，故对于债权人通过债转股方式增资入股的，标的公司还需召开股东会就增资事项形成决议。对于国家出资企业如涉及通过实施债转股方式增资，除需履行的内部程序包括一般的标的公司及债权人的董事会决议、股东会决议外，债转股方案还应取得集团公司或者国资监管机构审批。

（四）及时就变更事项办理工商登记

债转股完成后，由于标的公司的注册资本、股东及持股比例发生了变化，标的公司应相应修改公司章程并及时向公司登记机关依法办理工商变更登记，以便其他债权人或交易相对方了解公司注册资本、股东及持股比例变化情况。

典型案例 18　L 公司与柴油机公司股权转让纠纷案[①]

案例要旨

L 公司依据其与柴油机公司签订的《股权转让协议书》请求确认股权转让协议无效，进而请求确认柴油机公司与房地产公司签订的以股抵债协议无效。两份协议的本质是转让股权用以抵偿债务，因此，其实质为股权转让行为，本案协议书的性质应为股权转让纠纷。

基本案情

2000 年 8 月 26 日，L 公司与柴油机公司签订关于合资组建车辆公司的《项目协议书》，其中第一条约定：双方同意联合柴油机公司、L 公司职工及西北六省区十二家农机经销商，以多种形式共同出资，在兰州设立车辆公司。

2000 年 9 月 25 日，L 公司（甲方）与柴油机公司（乙方）签订《股权转让协议书》一份，约定：一、在车辆公司注册登记后，经公司股东会同意，甲方将其持有车辆公司的 5700 万元股权以同价转让给乙方。二、乙方受让上述股权后，凭车辆公司签发的出资证明书，同价冲减其对甲方的债权。同日，L 公司向柴油机公司出具一份《承诺函》，载明：本公司承诺在车辆公司注册登记完成后 60 天内，经车辆公司股东会同意后，将本公司持有车辆公司的 5700 万元股权转让给贵公司，同价抵偿本公司对贵公司的债务。特此承诺。柴油机公司亦向 L 公司出具一份《承诺函》，载明：本公司承诺在车辆公司注册登记完成后，经车辆公司股东会同意，受让贵公司持有车辆公司的 5700 万

[①] 最高人民法院（2016）最高法民终 295 号。

元股权，并凭车辆公司签发给本公司的出资证明书，同价冲减本公司在贵公司的债权。特此承诺。2000年11月7日，车辆公司注册成立，注册资金为1亿元。2000年12月28日，车辆公司召开股东会议，决议：同意L公司向柴油机公司转让在本公司的5700万元出资额，公司的其他股东表示愿意放弃优先受让权。

柴油机公司因未偿还房地产公司借款，宁夏回族自治区高级人民法院根据双方之间的和解协议将柴油机公司持有的车辆公司57%股权作价5700万元抵偿房地产公司。

L公司向一审法院诉请判令：一、《股权转让协议书》无效；二、柴油机公司向L公司返还车辆公司57%的股权；三、柴油机公司与房地产公司转让车辆公司57%股权的行为无效；四、房地产公司将持有的车辆公司57%的股权变更登记给L公司；五、车辆公司恢复其成立时L公司所持有的股权数量。

法院裁判

一审法院认为：《股权转让协议书》约定股权转让对价是冲减债务，实质是将L公司拖欠柴油机公司的债务转化成将来柴油机公司对合资公司的股权，故本案法律性质应为债权转股权关系。柴油机公司通过债转股已成为车辆公司合法的股东，因柴油机公司未支付房地产公司借款，双方基于和解协议执行案涉股权符合法律规定，L公司主张柴油机公司应当返还股权的诉请没有事实和法律依据，判决驳回L公司全部诉讼请求。L公司不服一审判决，提起上诉。二审法院判决：一、撤销一审判决；二、确认《股权转让协议书》生效，柴油机公司享有车辆公司57%股权；三、确认柴油机公司与房地产公司转让车辆公司57%股权的行为无效；四、房地产公司于本判决生效后30日内将其持有的车辆公司57%股权变更登记给L公司。

生效裁判认为，本案的争议焦点为：1. 本案法律性质是"股权转让纠纷"还是"债转股纠纷"；2.《股权转让协议书》的效力问题；3. 房地产公司是否享有案涉车辆公司57%股权。

1. 关于《股权转让协议书》的法律性质：L公司是依据其与柴油机公司签订的《股权转让协议书》请求确认股权转让协议无效，进而请求确认柴油机公司与房地产公司签订的以股抵债协议无效。两份协议的本质是转让股权用以抵偿债务，因此，其实质为股权转让行为，本案案由应为股权转让纠纷。

2. 关于《股权转让协议书》的效力问题：L公司与柴油机公司签订《股权转让协议书》之时，当事人并无甘肃省国有资产管理局批准的证据。在本案所涉房地产公司与柴油机公司借款质押纠纷强制执行过程中，甘肃省国资委向宁夏高院提交的《关于兰州柴油机公司股权拍卖有关问题的商榷函》载明，其建议不要以拍卖方式处置柴油机公司持有的车辆公司股权，最好采取在股东之间协商转让的方式，该委将积极配合，L公司也给宁夏高院发去《关于车辆公司股权转让事宜的函》表明了该公司不同意以拍卖方式转让该项股权，建议在股东之间协商转让的意见。上述函表明，甘肃省国资委并没有否定柴油机公司持有车辆公司股权的事实，L公司亦没有否定。事实上，在签订案涉《股权转让协议书》之后，L公司再没有向柴油机公司偿还过案涉5700万元债务，柴油机公司已经作为车辆公司的股东行使了股东权利。因此，L公司关于案涉《股权转让协议书》因未经国有资产管理部门批准而无效的理由不能成立，二审法院不予支持。原审法院关于合同有效，柴油机公司取得案涉57%的股权的认定正确。

3. 房地产公司是否享有案涉车辆公司57%股权：本院认为，法院《执行裁定书》明确载明0.5%的股权抵债50万元的事实，远低于询问L公司是否行使优先购买权时《征询函》载明的价格，故载明案涉0.5%的股权的转让款为500万元的《征询函》并不构成有效通知。在本院二审期间，L公司仍明确表示，其行使上述权利的优先购买权。该股权抵债行为侵犯了L公司的优先购买权，房地产公司与柴油机公司没有有效转让案涉0.5%的股权。由于房地产公司未合法取得车辆公司0.5%的股权，故其以股东身份受让剩余56.5%股权抵债，未通知车辆公司股东行使优先购买权的行为也侵害了车辆公司其他股东的优先购买权，亦不发生有效转让股权的效力。综上，不能认定房地产公司合法取得案涉57%的股权。

案例评析

债权转股权，是指债权人以其依法享有的对在中国境内设立的有限责任公司或者股份有限公司的债权，转为公司股权。这里所指的可以进行债转股的债权人的范围非常广泛，包括个人或企业甚至可以包括公司内部的股东或职工。如果债转股执行完毕，则债权人的债权消灭，享有的是持有了债务人公司的股权。此时，债权人就无权再要求债务人公司归还欠款本金及利息。债权转股权分为三类：1. 不改变公司原来的注册资本，只发生股东的变更。这种情况只能在公司股东不能清偿债务的情况下，将其持有的公司股权转让给债权人，从而折抵债务，这种转让可能在股东之间，也可能在股东与股东以外。2. 根据债权数额增加公司注册资本。即增加股东或股东股权，也就是债权人对公司（债务人）所享有的合法债权转变为对公司的投资，从而增加公司的注册资本。3. 企业改制时的债权出资。债务人为非公司企业法人时，利用其转制为公司的机会，债权人作为出资人，将债权作为拟设公司的投资，待公司成立后取得相应股权。

1. 本案的法律关系应该为股权转让纠纷

本案中 L 公司是依据其与柴油机公司签订的《股权转让协议书》请求确认股权转让协议无效，进而请求确认柴油机公司与房地产公司签订的以股抵债协议无效。两份协议的本质是转让股权用以抵偿债务，因此，其实质为股权转让行为，本案案由应为股权转让纠纷，而非《企业改制规定》规范的与企业改制相关的债权转股权民事纠纷。

2. 柴油机公司与房地产公司签订的以股抵债协议侵犯了 L 公司的优先购买权

《公司法》第八十五条规定："人民法院依照法律规定的强制执行程序转让股东的股权时，应当通知公司及全体股东，其他股东在同等条件下有优先购买权。其他股东自人民法院通知之日起满二十日不行使优先购买权的，视为放弃优先购买权。"车辆公司为有限责任公司，案涉该公司 57% 的股权在执行程序中以拍卖方式进行转让，应根据上述法条规定，保护作为车辆公司股东的 L 公司等股东的优先购买权。

由于房地产公司与柴油机公司签订的《执行和解协议书》明确载明 0.5% 的股权抵债 50 万元的事实，且该事实被法院裁定书认定，故该 0.5% 股权的对价款应为 50 万元而非 500 万元。鉴于 0.5% 的股权的转让款为 50 万元，远低于询问 L 公司是否行使优先购买权时《征询函》载明的价格，故载明案涉 0.5% 的股权的转让款为 500 万元的《征询函》并不构成有效通知。柴油机公司与房地产公司签订的以股抵债协议侵犯了 L 公司的优先购买权，应为无效。

十二、以非法处分公司财产为目的的股权转让协议无效

股权转让与资产转让是两个不同的概念，但在司法实践中确实是比较容易混淆，因此常常引发很多争议。股权转让与资产转让主要有如下区别：

首先，双方的转让主体不同：股权的拥有者是股东并非公司，所以股权转让的主体势必为股东。而公司的资产是属于公司的，若要转让该资产，主体则一定是公司。公司只能转让公司的资产，对于股东所拥有的股权是无权进行处分的，否则就构成了无权处分且侵害了股东的合法权益。同样地，股东只能转让自己所拥有的公司的股权，对于公司的资产是没有转让权利的，否则构成对公司合法权益的侵害。

其次，双方的转让客体不同：股权转让的客体是股权，资产转让的客体是资产。而资产主要是指企业拥有或控制的能以货币计量的经济资源，包括机器设备、现金、土地使用权等。资产的来源包括股东对于公司的出资和公司运营过程中通过借贷等方式获得的财产。而股权则完全依附于公司的存在，即没有公司则没有股权的存在。

股权转让实践中，如果约定目标公司的固定资产、流动资产、债权等公司资产归受让方所有，因其违反了《公司法》的禁止性规定，损害了目标公司的利益而无效。

典型案例 19　张某与腾某股权转让纠纷案[①]

案例要旨

棕业公司的两个股东在明知公司资不抵债的情况下签订《股权转让协议》，以公司资产支付股权转让对价，对外部债权人而言，系名为股权转让实

---

① 最高人民法院（2019）最高法民申 4343 号。

为转移公司资产、逃避债务,属于恶意串通损害第三人利益,按照《民法典》的规定应认定为无效。

基本案情

棕业公司共有两名股东,分别是张某和腾某,各占50%股份。2015年3月12日,张某为甲方,与乙方腾某签订了两份内容不完全一致的《股权转让协议》,其中一份有十条内容(以下简称十条内容协议),另一份有八条内容(以下简称八条内容协议),两份协议内容一致的部分主要是:甲方将持有棕业公司50%的股权全部一次性转让给乙方;转让股权价值由甲乙双方商定,不再委托评估机构作出评估;乙方支付甲方股权转让费以等额实物资产及生产经营权承兑,不再交付货币现金,实物资产如下:(1)公路以东现有的全部土地使用权;(2)公路以东现有的厂房、机器设备、设施等地上构筑物;(3)公路以东现有的生产库存货物;(4)装载机一台、农用车一辆、拖拉机二台,摩托车一辆;(5)S公司的生产经营所有权。本协议签订之前和之后,棕业公司的全部债权债务均由乙方自行享有和承担,甲方不承担连带责任;违约责任,甲乙双方若有一方违约,则需支付对方违约金500000元,违约金不足以弥补对方经济损失,据实赔偿经济损失等。十条内容协议还约定:承兑给甲方实物资产中的4吨锅炉尚未支付购买余款,该余款乙方须在一个月内支付完毕;乙方承兑给甲方公路以东的土地使用权证,因贷款抵押在银行,乙方须于本期还贷届满时负责还清贷款,索回证书并配合甲方办理过户于甲方名下,并于2016年12月31日交付甲方证件等。上述两份协议签订后,2015年3月30日棕业公司完成了公司变更登记,腾某持有棕业公司100%股权。庭审中,张某、腾某双方确认:签订八条内容协议的目的是变更工商登记,十条内容协议才是双方真实意思表示;两份协议第三条"实物资产如下:……"中第一项至第四项资产所有权属于棕业公司,以第五项"S公司的生产经营所有权"支付股权转让对价,未经S公司股东会作出决定;两份《股权转让协议》签订后,针对股权转让对价,双方没有再签订补充协议。

一二审法院均认定双方签订的《股权转让协议》无效,判决驳回张某的诉讼请求。张某不服,提起再审。

法院裁判

再审法院认为，张某与腾某之间的《股权转让协议》合法有效的申请再审理由不能成立。案涉《股权转让协议》约定张某将其持有自然棕业公司50%的股份转让给另一股东腾某（亦持有50%股份），转让股权价值由双方商定，不再委托评估机构作出评估，股权转让费以自然棕业公司的土地、生产设备、生产产品等实物资产支付，不再交付货币现金。由此涉及股东之间用公司资产作为股权转让价款是否影响《股权转让协议》效力的问题。对此，在审判中一般应坚持内外有别的原则，不轻易否定股东内部股权转让合同的效力，但该合同的效力仅对合同当事人有约束力，不能对抗外部债权人等第三人。但是，当股东内部股权转让合同不具备《民法总则》第一百四十三条规定的有效要件或符合《合同法》第五十二条规定的无效情形时，亦应依法否定其合同效力，进而对合同当事人的权利义务进行调整。本案中，经本院询问双方当事人确认，2015年3月12日签订《股权转让协议》时，自然棕业公司已资不抵债，涉及包括银行贷款在内的诸多诉讼，协议中用于支付股权对价的公司土地已用于抵押贷款。棕业公司的两个股东在明知公司资不抵债的情况下签订《股权转让协议》，以公司资产支付股权转让对价，对外部债权人而言，系名为股权转让实为转移公司资产、逃避债务，属于恶意串通损害第三人利益，按照《合同法》第五十二条第二项的规定应认定为无效；对股东内部而言，一方股权通过转让获得巨额回报，另一方留在公司背负巨额债务，其股权价值落空，明显不合理，从实质上看签订《股权转让协议》显非腾某的真实意思表示，亦不符合《民法总则》第一百四十三条第二项的规定。因此，原审认定案涉《股权转让协议》无效并无不当，张某以股权转让意思表示真实、未非法处分公司资产等为由对本案申请再审，本院不予支持。

综上，再审法院驳回张某的再审申请。

案例评析

协议有效与否的基础是当事人签订协议的意思表示应当真实。庭审中，张某明确表示转让股权是双方的真实意思，腾某则认为双方的真实意思不是转让股权,而是拆分棕业公司资产,否则真实合法的股权转让应当以其他财产支付股权转让对价,而不是以公司资产支付股权转让对价。股权受让人所支付的对价应当以合法为前提,即股权受让人向股权转让人所支付的对价应当是股权受让人有权支配的合法财产。本案中,腾某与张某约定股权对价以《股权转让协议》第三条记载的资产和权利来支付,其中第一项至第四项资产的所有权均属于棕业公司而不是腾某,腾某无权处置棕业公司资产,以第五项"S公司的生产经营所有权"支付股权转让对价,未经S公司股东会作出决定,腾某同样无权以该公司的生产经营所有权来支付股权转让对价。除此以外,针对股权转让对价,张某与腾某没有再签订补充协议,正如张某在其《民事起诉状》中所讲,《股权转让协议》以棕业公司资产作为股权价款支付的约定,违反了公司法的强制性规定,应属无效条款,庭审中腾某也主张协议无效,说明张某与腾某是明知的,但双方为何不再另行协商约定合法有效的股权转让对价?对此张某与腾某均没有作出合理解释。因此,合法有效的股权转让不是张某与腾某的真实意思,双方签订两份《股权转让协议》,是以合法形式掩盖非法目的,其目的在于拆分棕业公司资产,是为了变相抽逃出资,双方的行为损害了棕业公司的利益,已经违反《公司法》第二十一条第一款"公司股东应当遵守法律、行政法规和公司章程,依法行使股东权利,不得滥用股东权利损害公司或者其他股东的利益"和第五十三条第一款"公司成立后,股东不得抽逃出资"的规定,根据《民法典》的规定,两份《股权转让协议》均无效。

十三、瑕疵出资股权转让行为的效力

《公司法》第四十九条第一款、第二款规定:"股东应当按期足额缴纳公司章程规定的各自所认缴的出资额。股东以货币出资的,应当将货币出资足额存入有限责任公司在银行开设的账户;以非货币财产出资的,应当依法办理其财产权的转移手续。"

瑕疵股权,是指股东享有的股权存在出资缺陷,股东在公司设立、认缴期限内未出资或出资不实,或出资后抽逃出资等。在司法实务中通常表现为:1. 未出资。2. 股东在公司设立或认缴期限内将公司注册资本设置较高,未实

际出资到位。3. 出资不实，抽逃出资，股东完成出资，随后又将出资转出，其与出资不实仅仅是在瑕疵表现上有所不同，且抽逃出资股东主观恶意更大。

《公司法》明确瑕疵出资股东应履行出资义务并补足出资，同时承担因出资瑕疵产生的违约责任，但未直接否定其股东资格，瑕疵股权仍然可转让。瑕疵股权转让合同是否有效，应根据具体情况予以认定。

典型案例 20　曾某与数字科技公司股权转让纠纷案[①]

案例要旨

1. 股东出资不实或者抽逃资金等瑕疵出资情形不影响《股权转让协议》的效力。目标公司股权已经实际变更，股权受让人虽以终止合同提出抗辩，但并不符合法定合同解除条件，其依据股权转让之外的法律关系拒付股权转让价款缺乏法律依据。

2. 股东转让股权时所认缴股权的出资期限尚未届满，不构成《最高人民法院关于适用〈中华人民共和国公司法〉若干问题的规定（三）》第十三条第二款、第十八条规定的"未履行或者未全面履行出资义务即转让股权"的情形，不应对公司的债务承担责任。

基本案情

2015 年 10 月 27 日，曾某与数字科技公司签订《股权转让协议》，约定：曾某将其所持有的 H 公司 70% 股权转让给数字科技公司，股权转让价款 3500 万元；协议生效后 1 个工作日内，数字科技公司委托有资质的中介机构对公司进行实地财务尽职调查，若《财务尽职调查报告》显示公司资产负债、内部控制、经营管理等的真实状况与曾某事前所介绍的相差在合理范围以内，本协议下述条款双方继续履行。否则，数字科技公司有权单方面终止本协议。协议签订后，H 公司向工商管理部门申请变更登记，将 70% 股权变更到数字科技公司名下，并修改了公司章程。数字科技公司原股东冯某 1、冯某 2 分别于 2017 年 1 月 19 日、2017 年 4 月 26 日受让公司股权后，又分别于 2017 年

[①] 最高人民法院（2019）最高法民终 230 号。本案例经过笔者加工改写。

12月12日、2018年11月6日将二人持有的数字科技公司股权变更登记在张某、魏某名下,二人认缴出资期限均为2025年12月31日。曾某提交了会计师事务所2015年8月31日出具的审计报告,其中会计报表附注13载明:H公司投资者曾某约定出资额5000万元,实际出资额5000万元。2015年10月31日,会计师事务所出具《财务尽职调查报告》,其中第二项公司基本情况载明:注册资本5000万元,实收资本1601万元(为公司实际出资额)。

曾某主张数字科技公司仅支付了1200万元股权转让款,剩余2300万元至今未支付,向一审法院起诉:判令数字科技公司向曾某支付股权转让款2300万元及逾期支付违约金;冯某1、冯某2承担补充赔偿责任。

法院裁判

一审法院认为:曾某与数字科技公司签订的《股权转让协议》系当事人真实意思表示,内容不违反法律禁止性规定,协议合法有效。协议签订后,曾某已依约将自己所持H公司70%的股权变更登记至数字科技公司名下,数字科技公司已付1200万元股权转让款,剩余2300万元未付。《财务尽职调查报告》发现了重大股权瑕疵,根据《股权转让协议》中"有权单方面终止本协议"的约定,数字科技公司暂停支付剩余股权转让款具有合同基础。数字科技公司依据《股权转让协议》的约定,主张暂停支付剩余股权转让款的抗辩理由成立。曾某主张冯某1、冯某2应承担补充赔偿责任的法律依据是《最高人民法院关于适用〈中华人民共和国公司法〉若干问题的规定(三)》第十三条第二款规定,由于曾某作为债权人要求数字科技公司继续支付剩余2300万元股权转让款的请求不能成立,故冯某1、冯某2对于数字科技公司的债务向曾某承担补充赔偿责任的事实条件尚不具备。一审法院判决驳回曾某的诉讼请求。

生效裁判认为:在《财务尽职调查报告》作出后,数字科技公司若认定目标公司资产不实、股东瑕疵出资可通过终止合同来保护自己的权利。但数字科技公司并未实际行使该项合同权利,其在《财务尽职调查报告》作出后,明知目标公司实收资本与注册资本不符,仍选择继续支付股权转让款,应视为其对合同权利的处分。数字科技公司虽然认为在曾某出资不实的情况下,其有权选择何时终止合同,其拒付剩余股权转让款是以实际行动终止合同,但鉴于本案目标公司股权已经实际变更，数字科技公司虽然以终止合同提出抗辩，但并不符合法定合同解除条件，对其主张本院不予支持。

关于冯某1、冯某2应否承担补充责任问题，本案中，数字科技公司原股东冯某1、冯某2的认缴出资期限截至2025年12月31日。根据《公司法》第二十八条第一款规定，股东应当按期足额缴纳公司章程中规定的各自所认缴的出资额。股东享有出资的"期限利益"，公司债权人在与公司进行交易时有机会在审查公司股东出资时间等信用信息的基础上综合考察是否与公司进行交易，债权人决定交易即应受股东出资时间的约束。《最高人民法院关于适用〈中华人民共和国公司法〉若干问题的规定（三）》第十三条第二款规定的"未履行或者未全面履行出资义务"应当理解为"未缴纳或未足额缴纳出资"，出资期限未届满的股东尚未完全缴纳其出资份额不应认定为"未履行或者未全面履行出资义务"。本案中，冯某1、冯某2二人转让全部股权时，所认缴股权的出资期限尚未届满，不构成《最高人民法院关于适用〈中华人民共和国公司法〉若干问题的规定（三）》第十三条第二款、第十八条规定的"未履行或者未全面履行出资义务即转让股权"的情形。

综上，二审法院判决撤销一审判决，数字科技公司于10日内向曾某支付股权转让款2300万元及逾期支付股权转让款利息。

案例评析

本案确定的裁判规则是瑕疵出资股东股权转让合同有效，不影响股权的取得。

1. 出资瑕疵本身对瑕疵股权转让合同效力的影响

首先，股权的取得未必以出资作为唯一条件。股权的形成必须来源于出资的观点是值得商榷的。第一，这一观点并不适用于股权继受取得的情形。因为股东资格在继受取得（如继承、赠与及受让）的情形下，根本不存在继受取得人向公司出资的情形。第二，从公司股东资格的原始取得进行分析，对于缴纳出资与公司股权取得之关系，各国立法大多未作明确规定，但一般而言，采法定资本制的国家对此有较为严格的规定，而采授权资本制的国家对此要求较为宽松。但是，不在股东出资和股权之间建立一一对应关系，是多数国家的立法通例。其次，授权资本制的立法使瑕疵出资人取得股权成为可能。坚持以出资取得股东资格，实际上是严格法定资本制下的产物。在严格法定资本制下，立法者要求股东向公司出资的目的在于确保公司资本的确定真实，从而尽可能地维护交易安全。但越来越多的立法者发现，公司本身的财产始终处于难以监控的恒变之中，所谓公司资本对交易安全的维护只是法学家虚构的神话。严格坚持出资取得股权的原则，反而会带来极大的不便。因此，有些公司法专家主张，应当淡化出资对股权的影响。最后，也应注意到，我国公司法确实有关于股东应当足额缴纳所认缴的出资额等股东应当适当履行出资义务的规定，而投资者的瑕疵出资行为本身确实有违这些规定，故应承担相应的法律责任。但就所涉法律条款的属性而言，我国公司法的上述规定仍属于管理性规范，而非具有强制性要求的效力性规范，因此，结合不轻易认定合同无效的商事审判理念，笔者认为，股东出资瑕疵不构成《民法典》第一百五十三条规定的导致合同无效的"违反法律、行政法规的强制性规定"之无效情形，仅以出资瑕疵为由不能当然否定瑕疵股权转让合同的效力①。

2. 股东转让瑕疵股权的处理原则

认定出资瑕疵股东转让股权的效力时，除了当事人适格、股权可以依法转让等法定条件以外，尤其应当根据受让人的意思表示是否真实来处理。当转让人隐瞒出资瑕疵事实，受让人对此不知亦不应当知道时，股权转让合同属于可变更、可撤销的合同。股权转让合同是否变更或者撤销取决于受让人的意志，受让人可在法定期间内以欺诈为由主张变更合同转让价款或者撤销合同；如果受让人明知或者应知转让股东出资瑕疵事实的，那么股权转让合同应当认定为有效合同。

（1）受让人不知的处理原则

如果转让人与受让人签订股权转让合同时，隐瞒了出资瑕疵的事实，受让人并不知道也不应当知道出资瑕疵的事实，并因此而受让股权，则受让人有权以欺诈为由请求撤销或者变更股权转让合同；如果受让人考虑到公司经营前景较好，不愿撤销股权转让协议，法院应当确认转让合同的效力。当然，对于是否构成隐瞒出资瑕疵的欺诈行为，在现实中应当具体分析，同时要看

---

① 杜万华：《商事法律文件解读》2016年第8辑（总第140辑），人民法院出版社2016年版，第61~62页。

受让人的受让股权行为是否受到出资瑕疵的重大影响。

(2) 受让人明知或应知的处理原则

转让人与受让人签订股权转让合同时,将出资瑕疵的事实告知受让人,或者受让人知道或者应当知道出资瑕疵的事实,仍然受让转让人转让的股权,则股权转让合同有效。因为,股权受让人知道或应当知道转让人出资存在瑕疵仍然受让股权,不再适用《民法典》第一百四十七条至第一百五十一条的规定,股权转让合同有效,不能撤销。受让人应当就出资瑕疵承担补足出资的责任。至于对"应知"的理解,则需要根据受让人的具体情况进行判定。

(3) 不得对抗第三人

股权转让合同存在瑕疵出资的,受让人不能以自身不知并不应知出资瑕疵为由对抗公司债权人、主张不承担相应责任。当公司的债权人能够举证证明公司的注册资本没有实际到位时,即有权将工商登记在册的股东(包括受让人)与公司一同列为被告,追究其相应的连带责任。受让人向公司债权人承担清偿责任后,有权向转让人追偿。这也是遵循商事外观主义的需要。在商事外观主义下,瑕疵股权转让后的出资责任承担者中应当包括受让人,即受让人与转让人共同承担连带责任,这有利于在最大限度上保护公司债权人和交易相对人的利益,对维护交易安全具有重要的积极意义,是符合商法的精神的[①]。

十四、母公司股东处分子公司股权的协议效力

典型案例21　产品公司、蒋某与贸易公司、矿业公司股权转让纠纷案[②]

案例要旨

母公司的股东在没有得到母公司授权情况下,出让对子公司的股权,应属无权处分行为,但是不影响合同的效力。本案中蒋某缔约时是否持有或控制三家矿业公司股权的事实,不影响《收购协议》的效力。本案所涉《收购

[①] 最高人民法院民事审判第二庭编著:《最高人民法院关于公司法解释(三)、清算纪要理解与适用(注释版)》,人民法院出版社2016年版,第297~298页。

[②] 最高人民法院(2014)民四终字第51号。

协议》是蒋某和产品公司的真实意思表示,不违反我国法律和行政法规的强制性规定,具备了合同的全部生效要件,是合法有效的,对蒋某和产品公司具有法律约束力。

基本案情

贸易公司成立于 2009 年 7 月,截至 2010 年 7 月 28 日的工商查询,贸易公司股东情况为唐某持股 51%,孟某持股 49%,法定代表人为唐某。Z 矿业公司成立于 2006 年 5 月,经过系列股权变动,自 2009 年 9 月 10 日起贸易公司 100% 持股 Z 矿业公司至今。

蒋某与产品公司于 2010 年 1 月 4 日签订《股东出资转让协议》,将蒋某所持有的 G 矿业公司的 50% 股权转让给产品公司,并办理了工商变更登记。蒋某与产品公司于 2010 年 2 月 5 日签订《股东出资转让协议》,约定蒋某将其持有的铜业公司 50% 股权即 2825 万元的出资转让给产品公司,并办理了工商变更登记。《收购协议》约定:乙方蒋某同意并承诺将乙方实际拥有的铜业公司、Z 矿业公司和 G 矿业公司的 50% 的股权转让给甲方产品公司,股权转让总价款总额为 15000 万元,其中铜业公司 3000 万元,G 矿业公司 500 万元,Z 矿业公司 11500 万元。收购总价款中 1 亿元以现金或转账形式支付到乙方账户或者乙方指定账户,剩余 5000 万元以价值相当的股票或其他等价物形式支付。甲方产品公司盖公章,乙方蒋某签字并捺手印,签订日期 2009 年 12 月 28 日。

2009 年 3 月 31 日,铜业公司、Z 矿业公司、G 矿业公司三家矿业公司的股东、蒋某 4 人与另一矿业公司就三家矿业公司股权的转让进行了商洽,转让对价是 13.2 亿港元和 7000 万元定金。该另一矿业公司在香港交易所关于收购上述三家矿业公司先后发布了以下公告:(1)2009 年 4 月 16 日,就收购铜业公司、Z 矿业公司、G 矿业公司非常重大收购涉及发行代价股份及恢复买卖进行公告。(2)2009 年 8 月 18 日,因收购事项不一定会落实,将按上市规则规定作进一步公布。(3)2009 年 12 月 3 日,公告终止收购铜业公司、Z 矿业公司、G 矿业公司,卖方须按约定退回 7000 万元定金。

产品公司向一审法院起诉,请求:1. 确认《收购协议》有效,贸易公司、蒋某立即向产品公司支付违约金 15295000 元;2. 贸易公司、蒋某将贸易公司持有的 Z 矿业公司 50%股权变更到产品公司名下。

蒋某提出反诉，请求：确认蒋某与产品公司之间的收购合同关系已解除，产品公司将铜业公司和 G 矿业公司各 50%股权返还给蒋某。

法院裁判

一审法院认为：首先，《收购协议》载明的签署时间 2009 年 12 月 28 日，贸易公司为持有 Z 矿业公司 100%股权的股东，而蒋某并非 Z 矿业公司的股东，亦非 Z 矿业公司的法定代表人；再从贸易公司的股东构成及法定代表人的登记情况来看，蒋某亦始终未成为贸易公司的股东或法定代表人，在没有贸易公司的授权或事后追认的情况下，其无权直接与产品公司签订转让 Z 矿业公司股权的协议。其次，从涉案款项的支付情况看，现有证据不足以认定为股权转让款的支付。在没有证据表明蒋某得到贸易公司授权的情况下，蒋某在无权处分情况下处置 Z 矿业公司股权并签署转让 Z 矿业公司股权的《收购协议》，且事后未得到贸易公司的追认，《收购协议》对贸易公司、Z 矿业公司并无法律拘束力。判决驳回产品公司的诉讼请求，驳回蒋某的反诉请求。产品公司及蒋某均不服一审判决，提起上诉。二审法院判决：一、撤销一审判决；二、确认《收购协议》有效并约束该两方当事人，解除其中已无法实际履行的矿业公司 50%股权转让合同法律关系。

生效裁判认为，本案的争议焦点为：1.《收购协议》是否真实有效；2. 蒋某和产品公司之间履行的是《收购协议》还是重组协议，是否存在《借款协议》替代重组协议的情况；3. 本案具体如何处理，是否应由蒋某、贸易公司办理 Z 矿业公司股权变更登记及支付违约金，产品公司应否将已经取得的股权返还蒋某。

1. 关于《收购协议》的效力

本案有争议的问题在于，Z 矿业公司的全资股东是贸易公司，蒋某并不是 Z 矿业公司的登记股东，《收购协议》是否因蒋某无权处分贸易公司的财产而归于无效。本院认为，蒋某在签订《收购协议》时是否实际控制贸易公司、Z 矿业公司的事实，不构成《收购协议》无效的事由。第一，缔约时出让人不具有标的物处分权的事实，并不意味着出让人将来不能取得处分权，亦不妨碍出让人在履约过程中取得处分权并交付标的物。第二，《合同法》第五十一条"无处分权的人处分他人财产，经权利人追认或者无处分权的人订立合同后取得处分权的，该合同有效"的规定，意在保护财产的真实权利人不会因无处分权人的无权处分行为而受到侵害。第三，根据《最高人民法院关于审理买卖合同纠纷案件适用法律问题的解释》第三条规定，出让人对标的物没有处分权的，其订立的合同仍然有效，但标的物所有权是否发生转移，则处于效力待定状态。因此，本案中蒋某缔约时是否持有或控制三家矿业公司股权的事实，不影响《收购协议》的效力。本案所涉《收购协议》是蒋某和产品公司的真实意思表示，未违反我国法律和行政法规的强制性规定，具备了合同的全部生效要件，是合法有效的，对蒋某和产品公司具有法律约束力。

关于《收购协议》能否约束Z矿业公司和贸易公司的问题。本案中，蒋某是以个人名义签订的《收购协议》，而不是以包括贸易公司在内的三家矿业公司股东的法定代表人或代理人身份签订的协议，因此本案不涉及表见代表或表见代理的问题。《合同法》第八条规定，"依法成立的合同，对当事人具有法律约束力"。贸易公司、Z矿业公司均没有被列为《收购协议》的当事人，根据合同相对性原则，合同不能约束合同以外的当事人，故产品公司仅与合同相对人蒋某之间存在合同债权债务关系。

2. 关于蒋某和产品公司之间履行的是《收购协议》还是重组协议

本案蒋某提供的重组协议不仅没有当事人签字盖章，而且未记载当事人名称，缺乏合同的基本要素，不能构成蒋某与产品公司之间已经达成重组协议的有效证据，故本院对重组协议的真实性不予确认。据此，蒋某主张双方前期履行的是重组协议的上诉理由不能成立。

3. 关于本案的处理

虽然《收购协议》对股权变更和转让款支付没有约定履行顺序和期限，但蒋某在《收购协议》之外与第三方进行交易并导致《收购协议》无法继续履行的行为，已经构成在履行期限届满之前以行为表明不履行主要债务，属重大违约。产品公司请求蒋某过户Z矿业公司股权，系要求其继续履行非金钱债务，鉴于贸易公司的股东及贸易公司均不同意出让Z矿业公司股权，蒋某事实上无法再通过获取Z矿业公司股权而完成股权变更登记的合同义务。考虑到Z矿业公司股权转让关系已无法实际履行的事实，该股权转让法律关系应予解除，产品公司和蒋某可以另循法律途径清结相关债权债务。

案例评析

本案涉及的是母公司的股东在没有得到母公司授权情况下，出让对子公司的股权行为的效力问题。《最高人民法院关于审理买卖合同纠纷案件适用法律问题的解释》（法释〔2012〕8号）第三条规定："当事人一方以出卖人在缔约时对标的物没有所有权或者处分权为由主张合同无效的，人民法院不予支持。出卖人因未取得所有权或者处分权致使标的物所有权不能转移，买受人要求出卖人承担违约责任或者要求解除合同并主张损害赔偿的，人民法院应予支持。"上述规定表明司法实践中，出让人对标的物没有处分权的，其订立的合同仍然有效，但标的物所有权是否发生转移，则处于效力待定状态。该司法解释第四十五条第一款进一步规定："法律或者行政法规对债权转让、股权转让等权利转让合同有规定的，依照其规定；没有规定的，人民法院可以根据合同法第一百二十四条和第一百七十四条的规定，参照适用买卖合同的有关规定。"本案中《股权收购协议》实质是买卖公司的股权，可以适用上述司法解释的规定，《股权收购协议》是蒋某和产品公司的真实意思表示，不违反我国法律和行政法规的强制性规定，具备了合同的全部生效要件，是合法有效的，对蒋某和产品公司具有法律约束力。

至于收购方是否能够根据《股权收购协议》的约定获得目标公司的股权则需要根据案件情况综合判断。本案中贸易公司、Z矿业公司均没有被列为《收购协议》的当事人，根据合同相对性原则，合同不能约束合同以外的当事人，故产品公司仅与合同相对人蒋某之间存在合同债权债务关系。Z矿业公司的全资股东贸易公司于2010年7月前已变更为唐某持股51%，孟某持股49%，蒋某事实上无法再通过获取Z矿业公司股权而完成股权变更登记的合同义务。

十五、夫妻一方转让夫妻共有股权的问题

在婚姻关系存续期间，夫妻一方或双方通过出资设立、增资、受让取得有限公司股权并成为股东，若取得的股权是以夫妻共同财产作为对价，该股权一般可称为"夫妻股权"。对于登记在夫妻一方名下的"夫妻股权"，该方

未经配偶同意擅自将股权转让此行为是否合法有效？对于该问题，需要综合考虑股权转让合同、股权处分行为的效力等因素。

出于保护善意第三人及交易安全之考虑，对于股东擅自转让"夫妻股权"的合同效力问题，法院倾向于认定有效，除非出现《民法典》第一百四十四条、第一百四十六条、第一百五十三条、第一百五十四条等条款所载明的无民事行为能力实施民事法律行为、以虚假的意思表示实施民事法律行为、违反法律行政法规强制性规定、违背公序良俗、恶意串通损害他人利益的情形。

在股权转让合同有效的前提下，股权转让是否发生效力取决于处分行为是否有效，该问题在学界及实务界存在较大争议，本质是对于夫妻一方取得股权的对价为夫妻共同财产时的股权归属以及处分行为性质之争议，即股权属于夫妻共同财产还是一方个人财产，股东擅自处分股权的行为属于有权处分还是无权处分。

若擅自转让"夫妻股权"被认定为有权处分，其法律效果是无须考虑受让方受让股权时是善意还是恶意，在合同有效取得前提下，处分行为即有效。但若适用无权处分相关规则，则受让人是否取得股权还需考虑其是否能"善意取得"股权，参照《民法典》第三百一十一条、《最高人民法院关于适用〈中华人民共和国公司法〉若干问题的规定（三）》第二十五条等规定，需要结合受让人是否善意（如有无尽到谨慎审核义务）、有无支付合理对价、有无合法有效的合同等多方面考虑。

典型案例 22　彭某与梁某、王某 1、房地产公司股权转让纠纷案[①]

> 案例要旨

夫妻双方出资设立公司时未进行财产分割的，应当认定为夫妻双方以共同共有财产出资设立公司，在夫妻关系存续期间，夫或妻名下的公司股份属于夫妻双方共同共有的财产，作为共同共有人，夫妻双方对该项财产享有平等的占有、使用、收益和处分的权利。夫或妻一方与他人订立股权转让协议

[①] 《最高人民法院公报》2009 年第 5 期。

的效力问题，应当根据案件事实，结合另一方对股权转让是否明知、受让人是否为善意等因素进行综合分析。如果能够认定另一方明知股权转让，且受让人是基于善意，则股权转让协议对于另一方具有约束力。

基本案情

梁某和彭某是夫妻，房地产公司于2005年1月27日成立，梁某和彭某分别出资640万元和160万元，各自持股80%和20%。2005年11月7日，彭某和梁某作为甲方，与作为乙方的王某1和王某2签订了一份合同书，就转让房地产公司股权及其相关事宜达成协议。约定，梁某将其持有的房地产公司的80%股权转让给乙方王某1，其转让金折合人民币为4896万元，甲方彭某将持有的房地产公司的20%的股权转让给乙方王某2，其转让金折合人民币为1224万元。彭某参与了合同的谈判，但是未在合同上签名，在执行合同过程中的一系列文件，包括股东会决议及办理工商变更登记的资料等，彭某的签名都是由梁某代签。

股权转让合同签订后，2005年11月23日，双方变更了公司工商登记，将原股东梁某变更为王某1，占公司80%的股权，原告彭某仍持有公司20%的股权。王某1先后支付了股权转让款4944万元。彭某以梁某、王某1、王某2共同伪造了她的签名为由向一审法院起诉，请求：1.确认股权转让合同书侵犯了原告的合法权益，对原告没有法律约束力。2.确认股权转让合同书侵犯了原告的优先购买权等合法权益，属无效约定。

法院裁判

一审法院认为，梁某有表见代理权，股权转让合同有效，判决驳回彭某的诉讼请求，彭某不服，提起上诉，二审驳回上诉，维持原判。

生效裁判认为：彭某与被告梁某系夫妻关系，房地产公司是其夫妻二人共同开办的，梁某占80%的股份，彭某占20%的股份。夫妻二人共同出资设立公司，应当以各自所有的财产作为注册资本，并各自承担相应的责任。因此，夫妻二人登记注册公司时应当提交财产分割证明。但是，本案当事人夫妻二人在设立公司时并未进行财产分割，应当认定是以夫妻共同共有财产出资设立公司。彭某和梁某用夫妻共同共有财产出资成立公司，在夫妻关系存续期间，丈夫或者妻子的公司股份是双方共同共有的财产，夫妻作为共同共有人，对共有财产享有平等的占有、使用、收益和处分的权利。根据《最高人民法院关于适用〈中华人民共和国婚姻法〉若干问题的解释（一）》第十七条第二项规定："夫或妻非因日常生活需要对夫妻共同财产做重要处理决定，夫妻双方应当平等协商，取得一致意见。他人有理由相信其为夫妻双方共同意思表示的，另一方不得以不同意或不知道为由对抗善意第三人。"彭某与梁某转让房地产公司股权的行为属于对夫妻共同财产做重要处理，二人均应在股权转让合同、股东会决议、公司章程修正案上签名。但是，对于梁某代彭某订约、签名的效力问题应当综合本案事实，根据彭某对于股权转让是否明知、王某1是否为善意等因素予以分析认定。本案查明的事实是，彭某与梁某二人由中间人尹某介绍认识了王某1，协商股权转让事宜；王某1在签订股权转让协议前，以房地产公司的名义向预备役师支付土地出让金200万元；在股权转让协议签订后，向夫妇共同开办的远大公司和河北海岸公司交付股权转让款；王某1持有彭某的身份证复印件，办理股权变更的工商登记；王某1持有房地产公司的全部证照、印章、资料原件，房地产公司的住所地进行变更；王某1已经支付了4944万元的股权转让款，变更了房地产公司的股东手续，股权转让合同履行后实际控制了房地产公司。上述事实证明彭某参与股权转让的签订和履行，转让股权是夫妻二人的真实意思表示。王某1有理由相信梁某能够代表妻子彭某签订股权转让合同、股东会决议、公司章程修正案。梁某陈述彭某曾中途停止谈判，股权不再转让。但是，彭某不能举证证明其是否通知王某1终止股权转让。彭某知道股权转让的事实，并未提出异议和阻止其丈夫梁某转让其股份，应当视为同意转让，梁某代彭某订约、签名转让股权，对于彭某有约束力。彭某上诉主张股权转让合同的当事人梁某和王某1恶意串通，侵犯了其优先购买权，但是，彭某并没有提供证据证明王某1与梁某恶意串通构成侵权的事实。因此，彭某以其没有在股权转让合同、股东会决议上签名，请求确认转让合同无效，梁某和王某1恶意串通侵犯其优先购买权，没有事实和法律依据，其上诉理由不能成立，本院不予支持。

案例评析

本案确定的裁判规则是，夫妻双方共同共有公司股权的，一方与他人签订股权转让协议，如果能够认定另一方明知股权转让，且受让人是基于善意，则股权转让协议对于另一方具有约束力。

本案中，关于被告梁某是否有权代理彭某的问题。由于彭某与梁某均否认存在授权委托的事实，也无其他直接证据证明双方存在代理关系。但本案的特殊之处在于，彭某与梁某系夫妻关系，而房地产公司又是由其夫妇二人开办的，这种特殊的、特定的身份关系导致房地产公司的内部治理不同于一般的有限责任公司。梁某、彭某夫妇二人的关系相对于第三人而言是非常密切的，无论是对家庭事务还是对其个人事务，但是仅凭这一层特殊关系来径行认定被告梁某必然具有代理权是不够的，尤其在处理非日常性事务时。《最高人民法院关于适用〈中华人民共和国婚姻法〉若干问题的解释（一）》第十七条第二项规定："夫或妻非因日常生活需要对夫妻共同财产做重要处理决定，夫妻双方应当平等协商，取得一致意见。他人有理由相信其为夫妻双方共同意思表示的，另一方不得以不同意或不知道为由对抗善意第三人。"由上可知，梁某代原告彭某签字订立的股权转让协议是否对彭某产生拘束力，关键在于王某1是否有理由相信这一处分家庭共同共有财产的行为，属于夫妻双方共同意思的表示，同时王某1是否属于善意，即王某1作为相对人，当时是否明确知道被告梁某的行为属于无权代理的行为。一、二审法院结合案件的事实，均认定本案股权转让合同的内容和形式并不违反法律法规的强制性规定，股权转让已经实际履行，并办理了公司变更登记手续，应当认定股权转让合同合法有效。

典型案例23　郑某与投资管理企业、许某股权转让纠纷案[①]

案例要旨

夫妻双方共有并共同经营的公司股权，无论夫妻任何一方与他人订立的

---

① 最高人民法院（2021）最高法民申4323号。

股权转让协议，对另一方都具有约束力。基于股权转让协议而产生的债务应当认定为夫妻共同债务，由夫妻双方共同偿还。

基本案情

2017年4月17日，许某与投资管理企业、科技公司签订一份《转让协议》，约定许某将其持有的科技公司860000股股份以每股29.86元转让给投资管理企业，股权转让价款为25679600元。同日，许某与投资管理企业签订一份《补充协议》，该协议主要内容如下：如科技公司未能在2017年12月31日前完成中国A股IPO上市申报或未能在2020年12月31日前完成中国A股IPO上市，则投资管理企业有权向许某转让其在本次转让取得的科技公司全部或部分股份，许某必须予以购入，回购或转让价款的支付时间应为在收到投资管理企业回购或转让通知后1个月内；回购或转让价格＝投资管理企业实际投资额×（1+10%×实际缴纳出资日至相关方实际支付回购价款之天数÷360）－投资管理企业已经获得的补偿款及分红。投资管理企业支付了全部股权转让价款25679600元。

2003年12月25日，许某与郑某在晋江市民政局办理结婚登记，至今系夫妻关系。《科技公司招股说明书》的"历史沿革"章节、内资企业登记基本情况表、股东决定、《科技公司现有职工履历表》、科技公司2017年半年度报告，科技公司第一届监事会第三、四次会议决议载明郑某长期任职于科技公司，并出任监事会主席一职。

投资管理企业以科技公司未完成IPO为由要求许某、郑某履行股权回购义务，向一审法院起诉请求：判决许某、郑某共同向投资管理企业支付股权回购款，即投资本金25679600元加上每年10%的投资回报收益，回报收益计算至许某、郑某将所有款项支付完毕之日。

法院裁判

一、二审法院均认定，因科技公司未在2017年12月31日前完成中国A股IPO上市申报，许某依约应向投资管理企业承担支付上述股权回购款及相应违约金的民事责任。而因本案诉争债务系用于许某、郑某夫妻的共同生活、共同生产经营，故应依法认定为许某、郑某的夫妻共同债务。判决支持投资管理企业的诉讼请求。郑某不服,提起再审。

生效裁判认为,本案争议的焦点问题为:案涉债务是否属于夫妻共同债务。《最高人民法院关于审理涉及夫妻债务纠纷案件适用法律有关问题的解释》第三条规定:"夫妻一方在婚姻关系存续期间以个人名义超出家庭日常生活需要所负的债务,债权人以属于夫妻共同债务为由主张权利的,人民法院不予支持,但债权人能够证明该债务用于夫妻共同生活、共同生产经营或者基于夫妻双方共同意思表示的除外。"根据该规定,夫妻一方以个人名义超出家庭日常生活需要所负的债务认定为夫妻共同债务,须有证据足以证明该债务用于夫妻共同生活、共同生产经营或者具有夫妻共同意思表示。首先,在本案中,许某取得科技公司股权时处于与郑某的婚姻关系存续期间,该股权应认定为夫妻共同财产。原审认定案涉科技公司股份属于夫妻共同财产,并无不当。其次,郑某在婚姻关系存续期间亦曾任科技公司股东,后虽将股权转让至许某一人投资的投资公司,但陆续担任科技公司监事、监事会主席及财务副总等核心要职。许某则陆续为科技公司的唯一股东、控股股东,作为公司的法定代表人,任公司董事及经理。据此,科技公司系许某、郑某二人分工协作,共同经营的企业,因经营或任职科技公司所获得的收入亦应属于夫妻共同财产。最后,许某、科技公司与投资管理企业签订的《转让协议》、许某与投资管理企业签订的《补充协议》中明确约定,许某将案涉股权转让给投资管理企业,如科技公司未能在2017年12月31日前完成中国A股IPO上市申报或未能在2020年12月31日前完成中国A股IPO上市,则投资管理企业有权向许某转让其在本次转让取得的科技公司全部或部分股份,许某必须予以购入,回购或转让的价款的支付时间为收到投资管理企业通知后1个月内。案涉协议约定许某负有回购股权的义务,这同时也是投资管理企业购买股权投资科技公司的条件,可见案涉协议的签订系出于经营科技公司的商业目的,因此产生的回购股权债务应属于公司生产经营所负债务。

案涉债务用于许某、郑某二人共同生产经营,且有证据证明具有二人共同意思表示,应认定为夫妻共同债务。科技公司股权属于夫妻共同财产,科技公司亦系许某、郑某共同经营,无论商业经营行为的最终结果系盈利或亏损,后果均应及于郑某。原审认定郑某长期与许某共同经营科技公司,案涉债务应当认定为夫妻共同债务，并无不当。综上，法院驳回郑某的再审申请。

案例评析

本案确定的裁判规则是，夫妻双方共有并共同经营的公司股权，无论夫妻任何一方与他人订立的股权转让协议，对另一方都具有约束力。基于股权转让协议而产生的债务应当认定为夫妻共同债务，由夫妻双方共同偿还。

《最高人民法院关于审理涉及夫妻债务纠纷案件适用法律有关问题的解释》（现已失效）第三条规定："夫妻一方在婚姻关系存续期间以个人名义超出家庭日常生活需要所负的债务，债权人以属于夫妻共同债务为由主张权利的，人民法院不予支持，但债权人能够证明该债务用于夫妻共同生活、共同生产经营或者基于夫妻双方共同意思表示的除外。"《最高人民法院关于适用〈中华人民共和国婚姻法〉若干问题的解释（一）》第十七条第二项规定："夫或妻非因日常生活需要对夫妻共同财产做重要处理决定，夫妻双方应当平等协商，取得一致意见。他人有理由相信其为夫妻双方共同意思表示的，另一方不得以不同意或不知道为由对抗善意第三人。"根据上述规定，本案中，许某取得科技公司股权时处于与郑某的婚姻关系存续期间，该股权应认定为夫妻共同财产。郑某在婚姻关系存续期间亦曾任科技公司股东，后虽将股权转让至许某一人投资的投资公司，但陆续担任科技公司监事、监事会主席及财务副总等核心要职。许某则陆续为科技公司的唯一股东、控股股东，作为公司的法定代表人，任公司董事及经理。据此，科技公司系许某、郑某二人分工协作，共同经营的企业，因经营或任职科技公司所获得的收入亦应属于夫妻共同财产。

本案中案涉债务源于交易行为，有相应的对价。因此，对许某与郑某夫妻共有的并共同经营的公司股权，无论许某或郑某任何一方与他人订立股权转让协议，对另一方都具有约束力。故一审、二审、再审法院均认定案涉债务系夫妻共同债务。

十六、所附条件不可能实现的股权转让协议效力

条件，是指将来发生的决定法律行为效力的不确定的事实，在意思表示当中附有决定该行为效力发生或者消灭条件的民事行为，称为附条件的民事法律行为。与条件是不确定事实不同，期限是影响合同效力发生或者消灭的未来确定会发生的事实。条件与期限二者虽均为将来之事，但条件具有不确定性，条件指向的事实有可能发生，有可能不发生；而期限所指向的事实是必然发生的，不确定的只是该事实何时发生。

《民法典》第一百五十八条规定，民事法律行为可以附条件，但是根据其性质不得附条件的除外。附生效条件的民事法律行为，自条件成就时生效。附解除条件的民事法律行为，自条件成就时失效。所附条件，是指合同当事人自己约定的、未来有可能发生的、用来限定合同效力的某种合法事实。条件是将来可能发生的事实，过去的、现存的事实或者将来必定发生的事实或者必定不能发生的事实不能作为所附条件。根据该条规定，附解除条件的合同自条件成就时失效。此处的解除条件，是限制合同效力消灭的条件，即已经发生的合同在解除条件成就时当然且自动地失去效力，无须当事人再作出意思表示，在解除条件不成就时保持其效力。

典型案例 24 王某、工贸公司与农产品公司股权转让纠纷案[①]

案例要旨

当事人明知客观上不可能发生之事，却仍然以此作为《股权转让协议》解除条件进行约定。该约定不符合《民法典》第一百五十八条规定的合同所附条件须为将来可能发生的事实之含义，不属于该条规定的合同所附条件，《股权转让协议》并不因此而失效。

基本案情

市场公司于 2003 年 12 月 2 日在武汉市登记成立，注册资本为人民币

[①] 最高人民法院（2020）最高法民终 677 号。本案例经过笔者加工改写。

5000万元，至2007年4月27日，股东及持股比例为投资公司10%、工贸公司20%、王某70%；至2007年12月10日，股东及持股比例变更为投资公司10%，农产品公司90%，后再未发生变化。农产品公司于1995年1月25日在百慕大注册成立，1995年8月3日在境外A国登记。

2007年5月2日，农产品公司与王某签订《70%股权买卖协议》，协议约定：王某将其持有的市场公司70%权益以9亿外币转让给农产品公司，第4.1条双方就该目标权益的买卖约定了一系列先决条件，其中包括交易获得有关部门同意，第4.4条约定，如果在远期终止日或在各方书面约定的更晚的日期之前，第4.1条中所列的任何先决条件未能被满足，本协议不再有任何效力。协议签订后，双方自2007年5月10日至12月2日陆续签订了五份补充协议，最后的《补充协议五》将"远期终止日"的原释义修改为"指2007年12月5日"。农产品公司与工贸公司签订《20%股权买卖协议》除转让价款为2.56亿元外，其他内容类似。上述两协议统称《11.56亿股权买卖协议》。2007年5月2日，双方签订一份《0.89亿股权转让协议》，用以向商务部报批，转让总价款为8981.793万元。

2007年11月26日，商务部批复同意以8981.793万元的价格将王某、工贸公司的股权转让给农产品公司。2010年12月，王某、工贸公司以农产品公司为被告、市场公司为第三人向一审法院提起诉讼，请求宣告《0.89亿股权转让协议》无效，最高人民法院确认协议无效。2015年5月5日，王某、工贸公司提起行政诉讼，要求撤销上述批复，法院判决要求商务部重新作出处理。2016年5月19日，商务部作出《处理决定》，认为王某、工贸公司和农产品公司通过签订虚假的《0.89亿股权转让协议》向商务部报批构成以欺骗手段取得行政许可，但撤销《批复》有可能对公共利益造成重大损害，决定维持《批复》的效力，不予撤销。王某、工贸公司不服该《处理决定》，再次提起诉讼，一、二审法院驳回其诉讼请求。

王某、工贸公司向一审法院起诉，请求判令：《11.56亿股权买卖协议》已于2007年12月5日失效；农产品公司返还所持市场公司90%的股权给王某、工贸公司（其中王某占70%，工贸公司占20%）。

法院裁判

一审法院认为本案的争议焦点为：1.《11.56亿股权买卖协议》在2007年12月5日之前的效力状态；2.《11.56亿股权买卖协议》是否因约定的解除条件成就于2007年12月5日失效。

关于第一个争议焦点，案涉股权转让系外国投资者并购境内企业，农产品公司以发行可换股票据方式支付部分转让价款，实质上是外国投资者以股权作为支付手段并购境内企业。《商务部关于外国投资者并购境内企业的规定》第六条第一款规定，外国投资者并购境内企业设立外商投资企业，应依照本规定经审批机关批准，向登记管理机关办理变更登记。因此，案涉《11.56亿股权买卖协议》的生效要件除了要具备合同生效的一般要件以外，还必须具备经审批机关批准这一特殊要件。虽然案涉各方的股权转让实际依照《11.56亿股权买卖协议》履行，但为规避行政审批要求，当事人串通签订《0.89亿股权转让协议》用于报批，2007年11月26日，商务部审批通过以该《0.89亿股权转让协议》为基础的股权转让。因此，2007年12月5日之前，《11.56亿股权买卖协议》没有被报送至商务部并获得审批。由于缺乏经审批机关批准这一特殊要件，《11.56亿股权买卖协议》虽然已于2007年5月2日成立，但在2007年12月5日之前未生效。

关于第二个争议焦点，法院认为，在客观上，《11.56亿股权买卖协议》不可能于2007年12月5日之前取得商务部的审批，在主观上，当事人明知客观上不可能发生之事，却仍然以此作为解除条件进行约定。该约定不符合《合同法》第四十五条第一款规定的合同所附条件须为将来可能发生的事实之含义，不属于该条规定的合同所附条件。因此，王某、工贸公司无权依据该约定主张《11.56亿股权买卖协议》已于2007年12月5日失效，其基于《11.56亿股权买卖协议》失效主张农产品公司返还市场公司90%股权亦缺乏依据，法院不予支持。

综上，一审法院判决驳回王某、工贸公司的诉讼请求。王某、工贸公司不服一审判决，提起上诉，二审法院判决驳回上诉，维持原判。

案例评析

本案的争议焦点为《11.56 亿股权买卖协议》是否因约定的解除条件成就于 2007 年 12 月 5 日失效。

《民法典》第一百五十八条规定，民事法律行为可以附条件，但是根据其性质不得附条件的除外。附生效条件的民事法律行为，自条件成就时生效。附解除条件的民事法律行为，自条件成就时失效。所附条件，是指合同当事人自己约定的、未来有可能发生的、用来限定合同效力的某种合法事实。条件是将来可能发生的事实，过去的、现存的事实或者将来必定发生的事实或者必定不能发生的事实不能作为所附条件。根据该条规定，附解除条件的合同自条件成就时失效。此处的解除条件，是限制合同效力消灭的条件，即已经发生的合同在解除条件成就时当然且自动地失去效力，无须当事人再作出意思表示，在解除条件不成就时保持其效力。

本案中，王某、工贸公司与农产品公司虽签订《11.56 亿股权买卖协议》，但并未根据法律规定将该协议报送商务行政主管部门审批，而是于同日串通签订《0.89 亿股权转让协议》用于报送审批，以规避严格的审批要求。这表明，交易双方在签约时就没有将《11.56 亿股权买卖协议》报送审批之意向。从当事人履行协议的情况来看，双方在签订《补充协议五》确定远期终止日时，已明确知晓《11.56 亿股权买卖协议》不可能在 2007 年 12 月 5 日之前取得商务行政主管部门的批准，但并未因此影响当事人依据该协议进行的股权交易。另外，农产品公司成为市场公司股东后，委托王某、工贸公司继续经营管理市场公司，直至双方为市场公司的经营管理发生纠纷，而后引发系列诉讼，这说明，当事人从签订《11.56 亿股权买卖协议》时起到之后的履行过程中，并无适用协议约定的解除条件解除该协议之意。因此，上述合同解除条款并非当事人真实意思表示，双方当事人的实际履行行为也证明其无意按照该条款解除合同，或者证明其变更了上述关于合同解除的约定。

十七、不正当阻止协议生效条件成就的股权转让协议效力

典型案例 25　李某与张某股权转让纠纷案[①]

案例要旨

受让方作为《股权转让补充协议》的起草方，明知《股权转让协议》的签订是《股权转让补充协议》的生效要件，但在签订《股权转让补充协议》后未与转让方沟通，拒绝与转让方签订《股权转让协议》，具有主观过错。可以推定存在不正当阻止《股权转让补充协议》生效条件成就之行为，依法视为《股权转让补充协议》生效条件已经成就。

基本案情

李某系科技发展公司控股股东，2011年1月7日，包括张某在内的若干投资人与科技发展公司签订《增资协议》，其中约定张某以828万元出资，认缴科技发展公司新增注册资本752864元，其实际缴纳的增资款超过公司新增注册资本的部分计入公司资本公积，增资后张某在科技发展公司持股比例为4.6%。同日，双方签订《股权转让补充协议》，约定张某在增资款之外另行支付李某1159.2万元作为增资补偿，并约定了科技发展公司经营业绩承诺、张某退出机制等事项。

2014年，张某向科技发展公司以及李某提出退股要求。2015年8月31日，张某（合同甲方）与李某（合同乙方）签订《股权转让补充协议》，其中序言部分载明："甲方与乙方于2015年8月10日签署《股权转让协议》，甲方将其持有的科技发展公司993.6万元出资（2.3%的股权）转让给乙方，乙方按照《股权转让协议》的约定受让该等股权。"《股权转让补充协议》第一条约定，"……乙方于2015年10月31日前支付本次2.3%股权转让价款993.6万元。甲方同意将所持剩余2.3%股权于2016年6月30日前支付给乙方，乙方亦将于2016年6月30日前支付该等股权的相应价款（相应本金+利

[①] 最高人民法院（2020）最高法民申2970号。

息)。2011年1月18日至2015年10月31日总投资1987.2万元的利息为952.2万元,2015年10月31日至2016年6月30日剩余本金993.6万元的利息为66.24万元,总计利息1018.44万元";第六条约定:"本协议自《股权转让协议》生效之日起生效";第七条约定"本协议为2015年8月31日签署的《股权转让协议》之补充协议"。一审诉讼中张某与李某共同确认,上述《股权转让补充协议》中虽然表述双方已经签订《股权转让协议》,但并不属实,双方至今仍未实际签署《股权转让协议》。经询,李某承认《股权转让补充协议》由其起草,亦认可签署《股权转让补充协议》后未再与张某进行沟通。

张某向一审法院起诉:判令李某向张某支付股权转让款19872000元及股权转让款利息10839768元。

法院裁判

一审法院判决李某给付张某股权转让价款30056400元及利息,二审法院维持一审判决,李某不服,向最高人民法院申请再审。

生效裁判认为:根据李某申请再审的请求和理由,本案审查的重点为案涉《股权转让补充协议》是否生效。首先,《股权转让补充协议》已经约定受让方与转让方、拟转让的股权数额、转让价格、股权转让款的支付时间、保证责任、争议解决方式等,承诺股权转让事宜不存在任何其他争议或纠纷。关于股权转让的核心事项,李某与张某已经达成一致,股权转让合同的主要条款已具备。其次,《股权转让补充协议》系由李某起草,其亦在该协议中表明,相关股权转让事宜系双方真实、自愿的意思表示。李某主张其未实施阻止《股权转让补充协议》生效的行为,也未提交证据证明该协议的签订及生效有违其真实意思表示。张某提起本案诉讼,要求李某履行《股权转让补充协议》下的义务,该协议的生效与张某的诉讼利益一致,表明其期待并认可《股权转让补充协议》的生效。因此,本案股权转让是基于受让方与转让方自愿、合法、有效的要约承诺而确定。最后,从《股权转让补充协议》签订背景来看,在前期科技发展公司增资过程中,李某与张某签订的《增资补充协议(一)》,约定了科技发展公司经营业绩承诺、张某退出机制等事项。如未能达成预期业绩以及公司上市等目标,张某可要求李某返还增资款或由科技发展公司回购股权。李某与张某在《股权转让补充协议》中约定,《增资补充协议（一）》《增资补充协议（二）》及相关协议即行终止，双方确认以上协议不再执行。李某与张某在《股权转让补充协议》中约定转让张某持有的科技发展公司股权，符合双方在《增资补充协议（一）》《增资补充协议（二）》中关于增资款返还或股权回购的目标与安排。

综上所述，本案张某所转让的股权并非为法律所禁止的转让标的物；《股权转让补充协议》内容系转让方和受让方的真实意思表示，亦不为我国法律法规所禁止，双方对股权转让一事已经达成一致并签字确认。原判决关于《股权转让补充协议》已生效的认定，并无明显不当，李某再审申请理由不能成立。综上，再审法院驳回李某的再审申请。

案例评析

本案的争议焦点在于《股权转让补充协议》是否具备生效要件。《民法典》第一百五十九条第一款规定：附条件的民事法律行为，当事人为自己的利益不正当地阻止条件成就的，视为条件已经成就；不正当地促成条件成就的，视为条件不成就。

本案中，双方当事人约定《股权转让补充协议》自《股权转让协议》生效之日起生效，即属于对《股权转让补充协议》生效条件之约定，基于当事人意思自治原则，对双方上述约定法院应予尊重。虽然双方并未实际签订《股权转让协议》，可是单就《股权转让补充协议》文字表述内容而言，包括序言部分以及补充协议第七条，均显示双方已经签署《股权转让协议》（虽然上述两者表述的签署时间不一致，但已经签署《股权转让协议》的意思表示确凿无疑），案涉《股权转让补充协议》由李某起草，却就上述矛盾未能作出合理解释。在此情况下，李某作为《股权转让补充协议》起草方，对于协议文字中出现的歧义应当承担更多的法律责任。

事实上根据《股权转让补充协议》载明的内容，双方对于《股权转让协议》核心事项即转让股权数额及价款已经达成一致，对于付款时间在《股权转让补充协议》中亦有体现，因此，《股权转让协议》的主要内容已经具备，双方当事人所需完善的工作仅仅是起草一份文本并签字而已，并不需要额外进行其他磋商。在此情况下，李某却未积极与张某继续进行沟通并及时签署《股权转让协议》，反而不闻不问，因此法院推定李某存在不正当阻止《股权转让补充协议》生效条件成就之行为，故依法视为《股权转让补充协议》生效条件已经成就。

十八、约定协议自各方签字盖章时生效的股权转让协议效力

当事人协议中约定的"签字盖章生效"或"签字、盖章生效"条款，实质上属于各方当事人对合同生效条件的约定。在当事人各方对合同生效条件无约定的前提下，根据我国《民法典》第四百九十条规定，合同一般自当事人均签名、盖章或者按指印时成立，若法律无特殊生效要件要求，合同成立时即生效。

典型案例 26　H 公司与 F 公司股权转让纠纷案[①]

案例要旨

《补充协议》约定该协议自各方签字盖章后生效，并非签字"并且"盖章后生效，可以作签字或盖章生效的解释。案涉协议有 F 公司盖章，H 公司、置业公司虽未加盖公章，但有授权代表签字。授权代表取得 H 公司的合法授权后，其签字行为即代表 H 公司，已经符合约定的签字生效条件。因此，H 公司主张《补充协议》未加盖其公章协议不生效的理由不能成立。

基本案情

H 公司合法持有置业公司 100%股权，H 公司向 F 公司出具了《授权委托书》"委托李某作为我公司合法委托代理人，授权其代表我公司对置业公司的股权转让事宜进行洽商、签订相关协议及交易文件"。2015 年 7 月 9 日，F 公司（乙方）与 H 公司（甲方）、置业公司（丙方）签订了《股权转让协议》、《债务清偿协议》，H 公司向 F 公司转让其持有的置业公司 60%的股权，双方协商确定，置业公司 100%股权的交易价格为人民币 24000 万元，本次标的股权交易价格为人民币 14400 万元。另外，F 公司代置业公司清偿 2767672.5 元债务。上述合同签订后，F 公司与 H 公司、置业公司又签订了《补充协议》，

[①] 最高人民法院（2019）最高法民申 4898 号。

约定为推进开发进度之目的，H 公司将十宗土地的《国有土地使用证》原件及一切与土地使用权有关的全部资料原件交给 F 公司，F 公司开始着手办理房地产开发手续等前期工作。H 公司持有的置业公司剩余股权的转让价格按照《股权转让协议》第 2.2 项确定，H 公司将在 2016 年 12 月 31 日和 2017 年 12 月 31 日前，向 F 公司发出关于转让置业公司剩余股权的通知，F 公司在收到该通知 5 个工作日内，向 H 公司支付相应的股权款，并按照《公司法》的相关规定受让相应的股权。

在上述各协议中，《股权转让协议》《债务清偿协议》均有各方的法定（授权）代表人签字，公司盖章，李某作为 H 公司的授权代理人在相关协议上签字。《补充协议》中由各方的法定（授权）代表人签字，只有 F 公司盖章。上述协议签订后，F 公司支付了 14400 万元，受让了 H 公司持有的置业公司 60% 的股权并完成了工商变更登记。至 2017 年 12 月 31 日 H 公司未按《补充协议》约定时间向 F 公司发出剩余股权的转让通知，F 公司于 2018 年 1 月 17 日向 H 公司支付了剩余 40% 股权转让款 9600 万元。

一、二审法院均认定双方签订的《补充协议》成立并生效，H 公司应当按照协议约定将置业公司全部股权转让给 F 公司。H 公司不服，提起再审。

法院裁判

再审法院认为，本案再审审查涉及的主要问题是：H 公司、F 公司及置业公司签订的《补充协议》是否有效。

1. 原判决认定《补充协议》已生效并无不当

根据已查明事实，《补充协议》约定该协议自各方签字盖章后生效，并非签字"并且"盖章后生效，可以作签字或盖章生效的解释。该协议有 F 公司盖章，H 公司、置业公司虽未加盖公章，但有授权代表签字。《补充协议》签订前，H 公司已向 F 公司出具《授权委托书》，明确载明："委托李某作为我公司合法委托代理人，授权其代表我公司对置业公司的股权转让事宜进行洽商、签订相关协议及交易文件。"李某取得 H 公司的合法授权后，其签字行为即代表 H 公司，已经符合约定的签字生效条件。因此，H 公司主张《补充协议》未加盖其公章不生效的理由不能成立。H 公司还主张，《补充协议》应当与《股权转让协议》的生效条件一致，也需要经 H 公司股东大会以及董事会决议才能生效。本院认为,《股权转让协议》约定 H 公司董事会、股东大会同意才生效,但《补充协议》并未作此约定,H 公司以此为由主张《补充协议》未生效亦不能成立。

2. 原审认定《补充协议》有效不属于适用法律确有错误

第一,双方当事人自愿达成系列协议,从合同约定的价款情况以及合同签订后置业公司实际由 F 公司经营管理等事实来看,转让置业公司 100% 股权是双方的真实意思。本案中,F 公司与 H 公司签订的《股权转让协议》约定:双方协商确定置业公司 100% 股权的交易价格为 24000 万元,该约定明确了置业公司 100% 股权的交易价格,且《补充协议》针对 40% 股权转让价格也按照该价格相应确定,说明双方的真实意思系转让置业公司 100% 股权。《股权转让协议》签订后,H 公司撤回了派驻置业公司的全部管理人员,不再参与置业公司的任何经营决策,进一步说明转让置业公司 100% 股权是双方的真实意思。

第二,本案中,H 公司同一日签署《股权转让协议》《补充协议》,将置业公司 100% 股权拆分成两次转让,全部转让股份资产占 H 公司该年度期末资产总额的 71.85%。虽然转让的全部资产已经超过上市公司资产的 50%,但由于两份协议并非在同一年度履行,《补充协议》中所转让的置业公司 40% 股权,所占 H 公司资产比例为 28.74%,并未达到 H 公司章程规定的 30% 资产比例标准,也未达到《上市公司重大资产重组管理办法》第十二条规定的构成重大资产重组的 50% 资产比例标准,无须股东大会或者董事会决议。因此,原判决未支持 H 公司关于《补充协议》因未召开董事会及股东大会决议而无效的主张,不属于适用法律确有错误。

第三,F 公司已经履行全部合同义务,偿还了目标公司置业公司的巨额债务,H 公司在此情况下主张《补充协议》无效,有违诚实信用原则,且对 F 公司明显不公。因置业公司对外负有债务,在《股权转让协议》签订当日,F 公司还与置业公司的债务人签订两份《债务清偿协议》,约定置业公司的巨额债务由 F 公司承担。此后,F 公司不仅依约对外偿还了置业公司 17.6 亿元的全部巨额债务款,还将置业公司剩余 40% 股权转让款支付给 H 公司。在 F 公司已承担巨额债务且支付股权转让价款的情况下,H 公司主张《补充协议》无效,双方仅转让置业公司 60% 股权,显然违反诚实信用原则。综上再审法院驳回 H 公司的再审申请。

案例评析

《民法典》第一百六十二条规定:"代理人在代理权限内,以被代理人名义实施的民事法律行为,对被代理人发生效力。"第五百零二条规定"依法成立的合同,自成立时生效",从上述法律规定可以看出,协议自各方签字盖章后生效,并非签字"并且"盖章后生效,可以作签字或盖章生效的解释,协议双方如果未对合同的成立和生效作出特别约定的,协议应当自各方签字或者盖章之日起生效,而非必须签字和盖章才生效。

本案中《补充协议》有F公司盖章,H公司、置业公司虽未加盖公章,但有李某签字,李某为H公司、置业公司的合法代理人,有签订案涉协议的权限,并且李某担任H公司法定代表人,其签字行为就代表公司的行为。李某取得H公司的合法授权后,其签字行为即代表H公司,已经符合约定的签字生效条件。H公司主张《补充协议》未生效没有事实和法律依据,法院不予支持。

十九、股东会决议能否作为股权转让的依据

根据《公司法》第八十四条的规定,除公司章程另有规定外,有限责任公司的股东之间可以相互转让股权,且无须书面通知其他股东征求同意,其他股东亦不享有优先购买权。因此相较于股东对外转让股权存在的诸多限制,股权的内部转让更为简便。如股东会决议就股权内部转让的主体、比例和价格等因素约定得具体、明确,则即使转让方与受让方未签订正式的《股权转让协议》,法院仍可能基于双方在股东会决议上的签章与合意将其认定为股权转让的依据。

实践中,如股权转让的主体涉及国有企业,或者转让标的为国有股权资产,则通常需适用国有资产管理的相关规定,包括履行评估、挂牌和审批等必要手续。但对国有资产管理规定的违反,并非必然导致相关股东会决议归于无效,人民法院认定股东会决议无效的法律依据仍以全国人大及其常委会制定的法律和国务院制定的行政法规为原则。

此外,根据《民法典》第四百九十条第二款的规定,当事人未采用书面形式订立合同但一方已经履行主要义务,对方接受的,该合同成立。本案中,

各方当事人已履行了部分付款义务，办理了股权变更登记手续，双方已实际履行股东会决议，也会导致法院认定股东会决议作为股权转让的依据具备事实基础，也可以视为对履行治愈规则的适用。

典型案例 27　建设公司与房地产公司股权转让纠纷案[①]

案例要旨

《股东会决议》虽非股权转让协议，但讼争股权系在高速公司股东内部转让，案涉股权的出让方与受让方均在决议上签字盖章。从决议内容来看，各方当事人就股权出让及受让主体、股权比例和计价方式等约定明确，并且与之后案涉各方签署的相关备忘录内容一致，《股东会决议》系各方当事人的真实意思表示，可以作为本案股权转让款的计价依据。

基本案情

N 高速公司（甲方）与房地产公司及建设公司组成的联合体（乙方）签订《投资协议》成立高速公司，运营某高速公路项目。高速公司的股权结构为：N 高速公司持股 40%、建设公司持股 41%、房地产公司持股 19%。

2014 年 9 月 1 日，高速公司三股东召开股东会并形成《第二次股东会决议》，主要内容为：1. 房地产公司将其持有的高速公司 19% 的股权全部转让给建设公司和 N 高速公司，其中建设公司受让 10%，N 高速公司受让 9%。2. 同意以房地产公司投入高速公司的资本金（含注册资本）为基础，加上按月利率 1.4% 计算的利息为股权转让的价格；利息时间计算以资本金实际到账日为起息日，以股权转让款实际还款日为终息日，支付的利息由高速公司承担。

2014 年 11 月 4 日，建设公司、N 高速公司及房地产公司作出《第五次股东会决议》，其中第一条载明：经股东协议，同意房地产公司所持有的占高速公司 10% 的股权，以 500 万元的价格转让给股东建设公司；同意房地产公司所持有的占高速公司 9% 的股权，以 450 万元的价格转让给股东 N 高速公司。

---

① 最高人民法院（2021）最高法民申 7112 号。

当日，各方还签订《关于高速公司股权转让协议相关条款备忘录》一份，主要约定：1. 房地产公司与建设公司、N 高速公司达成的《股权转让协议》第一条及《第五次股东会决议》第一条的内容，仅作为公司变更登记之用；2.《股权转让协议》及《第五次股东会决议》第一条的内容，按照《第二次股东会决议》中的相关条款执行；3. 各方形成最终决算后，再签订股权转让协议，2014 年 11 月 4 日签订的股权转让协议仅作为工商变更登记之用。随后，各方办理了股权变更登记，高速公司股权结构变更为：建设公司持股 51%、N 高速公司持股 49%。

法院裁判

再审法院认为，本案再审审查涉及的主要问题是：1.《第二次股东会决议》能否作为股权转让的依据；2. 股权转让款中资本金利息的承担主体及计算。

1. 关于《第二次股东会决议》能否作为股权转让的依据的问题

法院认为，《第二次股东会决议》虽非股权转让协议，但讼争股权系在高速公司股东内部转让，案涉股权的出让方与受让方均在决议上签字盖章。从决议内容来看，各方当事人就股权出让及受让主体、股权比例和计价方式等约定明确，并且与之后案涉各方签署的相关备忘录内容一致，二审法院据此认定《第二次股东会决议》系各方当事人的真实意思表示，可以作为本案股权转让款的计价依据，并无不当。建设公司以《第二次股东会决议》有关股权的确定未经评估，且其关于股权及利息的规定绝对地损害了国家利益和公共利益为由，主张决议无效。本院认为，建设公司所援引之《企业国有资产评估管理暂行办法》属于部门规章，不能作为认定本案决议效力的依据。且本案属于高速公司股东内部之间的股权转让，亦非相关法律规定适用范围，故，建设公司的该项理由，本院不予采信。此外，《关于邵光高速项目股权转让与施工管理权接管问题会谈会议备忘录》第三条及《第二次股东会决议》均约定"以房地产公司投入高速公司的资本金（含注册资金）为基础，加上按月利率 1.4% 计算的利息为股权转让的价格，利息时间计算以资本金实际到账日为起息日，以股份转让实际还款日为终息日"，上述约定具体明确，各方当事人亦按照该约定履行了部分付款义务，办理了股权变更登记手续，事实上履行了《第二次股东会决议》。建设公司主张股权转让价格约定不明、各方当事人未签订正式股权转让协议的理由,与事实不符,本院亦不予采信。《第二次股东会决议》确定的股权计价方式系由各方当事人协商确定,与高速公司市场登记的注册资本金并无直接关联性,建设公司以该注册资本金来否定讼争股权转让价格的理由,亦不能成立。

2. 关于股权转让款中资本金利息的承担主体及计算问题

首先,本案当事人之间虽然存在资本金利息由股权转让目标公司即高速公司承担的约定,但该约定将使得高速公司的资产直接受到减损,构成股东以股权转让的方式变相抽回出资的情形,违反《公司法》关于股东不得抽逃出资的规定,违反公司资本维持原则,最终将导致公司利益及公司其他债权人的利益受损。故二审法院认定《第二次股东会决议》中关于资本金利息由高速公司负担的约定为无效,对各当事人无约束力,具有相应的法律依据。其次,《第二次股东会决议》约定:"以房地产公司投入高速公司的资本金(含注册资金)为基础,加上按月利率 1.4% 计算的利息为股权转让的价格,利息时间计算以资本金实际到账日为起息日,以股份转让实际还款日为终息日。"据此,按月利率 1.4% 计算的房地产公司投入资本金利息,系股权转让价款的组成部分,并非就股权转让款约定的利息。故建设公司主张不应承担股权转让之前的资本金利息,亦缺乏依据,不能成立。二审法院认定由建设公司负担资本金利息,并按照约定起止时间进行计算,并无不当。综上,再审法院驳回建设公司的再审申请。

案例评析

根据《公司法》第八十四条的规定,有限责任公司的股东之间股权可以自由转让,不需要其他股东同意,只需要双方签订股权转让协议即可,不需要就此召开股东会并形成股东会决议,股东会决议也并非办理股权转让工商变更登记的必要材料。但如果股东会决议的内容就是针对有限公司股东之间的股权转让事宜召开并形成的,决议的内容已经包含了股权转让的比例、价格等股权转让协议通常具有的内容时,且股东会决议上有转让方与受让方签字或盖章,则股东会决议可以代替股权转让协议。一方如果不履行股东会决议的内容,相对方可以要求其履行。

本案中《第二次股东会决议》虽非股权转让协议,但讼争股权系在高速公司股东内部转让，案涉股权的出让方与受让方均在决议上签字盖章。从决议内容来看，各方当事人就股权出让及受让主体、股权比例和计价方式等约定明确，并且与之后案涉各方签署的相关备忘录内容一致，《第二次股东会决议》系各方当事人的真实意思表示，可以作为本案股权转让款的计价依据。而且事实上，各方已经履行了《第二次股东会决议》，涉案的股权也已经办理了工商变更登记。建设公司主张股权转让价格约定不明、各方当事人未签订正式股权转让协议的理由，与事实不符，法院不予支持。

二十、股权转让纠纷中表见代理的认定

《民法典》第一百七十二条规定："行为人没有代理权、超越代理权或者代理权终止后，仍然实施代理行为，相对人有理由相信行为人有代理权的，代理行为有效。"表见代理的行为人虽无代理权，但由于本人的行为，造成了足以使善意第三人相信其有代理权的表象，而与善意第三人进行的、由本人承担法律后果的代理行为。表见代理实质上是无权代理，是广义无权代理的一种。若无权代理行为均由被代理人追认决定其效力的话，会给善意第三人造成损害，因此，在表见代理的情形之下，规定由被代理人承担表见代理行为的法律后果，更有利于保护善意第三人的利益，维护交易安全，并以此加强代理制度的可信度。

股权作为一项特殊的财产权，除其具有的财产权益内容外，还具有与股东个人的社会属性及其特质、品格密不可分的人格权、身份权等内容。如无特别约定，对于自然人股东而言，股权仍属于商法规范内的私权范畴，其各项具体权能应由股东本人独立行使，不受他人干涉。股权转让合同中，股东家庭成员的代签行为在未取得股东本人授权和事后追认时，属于无权代理。但同时，还应考察该无权代理行为是否构成表见代理。股权具有人身属性，但父子关系、夫妻关系作为特殊的社会关系，在其中一方处置另一方所有且数额巨大的财产时，而该另一方是否知情，相对方是否有理由相信其具有相应权限应结合案件具体情况进行综合评判。

典型案例 28　B 公司、李某、千某与印刷公司等股权转让纠纷案[①]

案例要旨

股权转让合同中，股东家庭成员的代签行为在未取得股东本人授权和事后追认时，属于无权代理。但同时，还应考察该无权代理行为是否构成表见代理。股权具有人身属性，但父子关系、夫妻关系作为特殊的社会关系，在其中一方处置另一方所有且数额巨大的财产时，而该另一方完全不知情，不符合常理，故应结合案件具体情况进行综合评判。如果因被代理人容忍家庭成员作为其代理人出现，股权受让方有理由相信代股东本人签字的行为人具有代理权的，则构成容忍性表见代理。

基本案情

2016 年 11 月 26 日，印刷公司（甲方）与 B 公司（乙方）签订《协议书》，约定甲方将两栋楼（连同甲方公司及股权）一并转让给乙方，转让价款为 1.09 亿元。《协议书》落款处盖有甲、乙双方的公章及双方股东徐某、王某、李某 1、李某 2、千某的签名，其中徐某的签名由其丈夫马某代签，王某、李某 1 的签名由王某的丈夫陈某代签。

陈某于 2016 年 11 月 26 日向李某 2 发送了一条短信，内容为："兹有印刷公司股东之一李某 1 先生，因工作关系，不能前往三亚参加本公司与 B 公司于 2016 年 11 月 26 日签署内容为'融资合作、增资扩股、调整出资比例、法人变更协议书'的签字仪式，特授权委托陈某先生代表我本人，参加签字仪式。协议的内容我全部看过，完全同意。待办理法人变更登记手续等事项时本人再前往三亚补签。特此委托！委托人：李某 1、李某 3。"李某 3 出庭陈述上述短信是陈某发送给李某 3 后又要求李某 3 转发给陈某的。徐某与马某系夫妻关系，王某与陈某系夫妻关系，李某 1 与李某 3 系父子关系。2017 年 5 月 27 日，印刷公司向 B 公司发送《解除合同通知书》，称双方签订的《协议书》存在重大误解，B 公司存在无本套利、逃避税收、虚假增资、以合法形

[①] 最高人民法院（2019）最高法民终 424 号。

式掩盖非法目的等内容，且协议内容存在显失公平，应为无效合同。

B公司、李某2、千某向原审法院起诉请求确认《协议书》合法有效；判令继续履行《协议书》，B公司、李某2、千某支付股权转让款1.09亿元。印刷公司、徐某、王某、李某1反诉请求确认《协议书》无效；B公司、李某2、千某赔偿损失共计1000万元人民币。

法院裁判

一审法院判决：确认《协议书》无效；驳回B公司、李某2、千某的全部诉讼请求。生效裁判认为，本案的争议焦点为：双方于2016年11月26日签订的《协议书》是否有效。

第一，对马某、陈某代签行为如何认定的问题。

马某和陈某签署《协议书》之前，并未获得徐某和王某的授权。公司股权属于公司法上的财产性权益，对其处分应由登记的股东本人或其授权的人行使。虽然马某和徐某、陈某和王某为夫妻关系，但在没有得到股东徐某和王某授权之前，马某和陈某转让徐某和王某名下的公司股权，仍属于无权处分。上诉人主张马某与徐某、陈某与王某系夫妻关系，涉案股权属于夫妻共有财产，没有法律依据，本院不予支持。同理，陈某处分李某1的股份，必须获得李某1的授权或追认。虽然陈某在代表李某1签署《协议书》时取得了李某1的父亲李某3的授权，但李某1与李某3是独立民事主体，没有证据证明李某3是涉案股权的实际所有人，也没有证据证明电子授权经过了李某1的认可，在李某1对陈某的签字行为明确不予认可的情况下，陈某处分李某1的股权行为属于无权代理。

本案中，虽然陈某、马某的代签行为属于无权代理，但还应考察该行为是否构成表见代理。首先，陈某和王某、马某和徐某系夫妻关系，虽然股权具有人身属性，但是夫妻作为特殊社会关系，在其中一方处置另一方所有且如此巨大的财产时，另一方完全不知情，不符合生活常理。李某1与李某3是父子，李某3在明知股权属于李某1且不知道协议书具体内容的情况下，未将电子授权内容告知李某1即转发给陈某，同意陈某替李某1代签字，亦不符合常理。其次，B公司与印刷公司在此之前还存在一份2016年8月22日签订的、名称相同的协议书，该协议书同样是由马某代徐某签字，陈某代王某、李某1签字，印刷公司根据该协议书在三亚日报上发布债权债务公告。虽然该协议最终被终止履行，但印刷公司股东对于与B公司之间的股权转让应当知情和了解。最后，结合陈某拥有印刷公司公章，表明印刷公司股东认可除法定代表人徐某外，陈某亦可代表印刷公司对外洽谈，而涉案协议始终是李某2与陈某商谈。在双方协商谈判长达半年的时间里，印刷公司的三位股东从未对陈某出面商谈和前后两份协议书的代签字行为提出过异议。而且，根据原审查明，2017年5月27日印刷公司向B公司发送的《解除合同通知书》中，并未涉及陈某、马某的代签行为，说明印刷公司及其股东当时对代签行为是认可的。综合上述事实，B公司、李某2、千某主张其有理由相信陈某有代理权，陈某、马某的签字构成表见代理，具有事实依据，本院予以采信。

第二，《协议书》的内容是否因违反法律法规强制性规定而无效的问题。

2016年12月24日，李某2、千某出具《承诺书》承诺银行贷款的债务由千某、李某2负担。B公司在承诺书上盖章，李某2、千某签名确认。从上述内容看，合同约定除贷款以外，还可以采用合伙人放款的方式获得相应款项。不管合伙人具体指谁，现李某2、千某同意以自筹方式一次性支付股权转让款，该方式不违反公司法的强制性规定，而且既保障了印刷公司三股东的权益，也未损害印刷公司的利益，同时使交易周期缩短，更利于交易目的实现。李某2、千某以严苛于合同约定的方式作出承诺、承担责任，更符合合同目的，应视为对合同内容关于支付方式的有效变更，并不违反法律法规的强制性规定。原审法院以《承诺书》未取得双方协商一致为由，认定《承诺书》不构成合同内容变更，认定事实与适用法律不当，应予纠正。

基于上述分析，陈某、马某的代签行为构成表见代理，且《协议书》不违反法律法规的强制性规定，故《协议书》合法有效，对徐某、王某、李某1具有约束力，各方当事人应按照《协议书》约定严格履行。判决撤销一审判决，确认《协议书》合法有效，继续履行。

案例评析

本案中一、二审法院均确认股权作为一项特殊的财产权，除其具有的财产权益内容外，还具有与股东个人的社会属性及其特质、品格密不可分的人格权、身份权等内容。家庭成员处分股权在未获得股东本人的授权或者追认的情形下属于无权处分,但是否构成表见代理则需要结合案件具体情况进行综合评判。

本案中一、二审法院对是否构成表见代理做出了截然不同的认定。一审法院认为不能仅仅以双方之间的夫妻关系或者父子关系就认定构成表见代理,而且没有证据证明徐某、王某、李某1在处理印刷公司日常事务的过程中形成了由马某、陈某代签字的惯例,因此认定本案中的代签行为不构成表见代理。而二审法院认为基于双方之间的特殊社会关系,其中一方处置另一方所有且如此巨大财产时,另一方完全不知情,不符合生活常理,作为股东这一方在很长时间内未对协议的效力提出异议,而是积极推进协议的履行,此外,在本案纠纷发生前就存在代签协议的情形,因此二审法院综合本案情形认定构成表见代理,涉案的《协议书》合法有效,各方应当继续履行。

第二章　股权转让合同的履行

一、股权转让方的义务

（一）股权转让方的交付义务

股权转让合同是股权出让方（原股东）与受让方（新股东）之间以公司股权为标的的买卖合同。一方"付钱"另一方"交货"构成股权转让合同的主要义务（主给付义务）。所以，股权出让方是否履行了交付股权的义务、股权在什么时点发生变更，是判断出让方是否履行了主要的合同义务的关键，也决定了受让方在公司中是否享有相应的权利，因此，确定股权交付的标准亦是保护股权交易安全的重要内容。

1. 股权不会因转让合同成立、生效而自动发生变更

股权转让合同的成立、生效只是在当事人之间建立起了以转让股权、支付对价为主要义务的法律关系。与其他合同一样，只有经过实际的履行行为，所约定的权利义务才能落实到位。只有履行了交付行为，所涉股权的权属和权能才会发生移转，也才能实现股权转让合同的订立目的。所以，股权转让合同本身只是形成了权利义务的"应然"状态，而"实然"状态的发生需要当事人采取积极的履行行为，还需要确立一定的标准据以判定股权何时发生了变更。

2. 工商变更登记并非股权发生移转的时点

实践中很多人认为，股权发生变动的标志，是公司的出资人信息工商登记变更完成。但是，这种认识没有法律根据。

首先，股权虽然可以设立担保物权（质权），但是股权本身不是物权；股

权的变动不能类比适用物权法上有关物权变动尤其是不动产物权变动（登记）的规则。工商登记与不动产登记是两个完全不同的概念。其次，工商登记变更不具有决定股权变动的效力。企业工商登记本身仅具有对外公示的意义，不能够设定任何实体性权利，不能影响法律关系的变动。最后，《公司法》规定：公司登记事项发生变更的，应当依法办理变更登记。公司登记事项未经登记或者未经变更登记，不得对抗善意相对人。据此，工商登记的义务人是公司，而不是股东。工商变更登记不是股权转让双方当事人的责任，而是标的公司的责任；公司是否办理工商登记变更，既不影响股权转让合同的效力，也不影响受让人是否取得股权。

3. 应当以受让人姓名、名称记载于股东名册作为其取得股权的标志

《全国法院民商事审判工作会议纪要》第八条规定："当事人之间转让有限责任公司股权，受让人以其姓名或者名称已记载于股东名册为由主张其已经取得股权的，人民法院依法予以支持，但法律、行政法规规定应当办理批准手续生效的股权转让除外。未向公司登记机关办理股权变更登记的，不得对抗善意相对人。"

据此，有限责任公司股东名册的记载在效力上属于"设权登记"，即有关事项登记后产生创设权利或法律关系的效力。股权转让合同生效本身不会直接产生受让人取得股权的效果，受让人不能根据生效合同自动取得股权。只有在公司股东名册上记载了受让人的姓名、名称后，受让人才能取得股权。考虑到股东名册记载变更的目的归根结底是公司正式认可股权转让的事实，审判实践中可以根据案件的实际审理情况，认定股东名册是否变更。在不存在规范股东名册的情况下，有关的公司文件，如公司章程、会议纪要等，只要能够证明公司认可受让人为新股东的，都可以产生相应的效力。

典型案例29　斯某1、宁某、斯某2与李某、土地储备中心股权转让纠纷案[①]

案例要旨

股权转让合同当事人之间的股权变动，应以股权的交付作为股权变动的

---

① 最高人民法院（2017）最高法民申1513号。

认定标准，而并非以股权转让款是否全部支付来认定。股东名册作为公司置备的记载股东个人信息和股权信息的法定簿册，具有权利推定效力。股权转让合同中，在证明权利归属的股东名册上进行记载的行为应视为股权交付行为。

基本案情

L公司是斯某1、宁某、斯某2、李某四位自然人股东出资设立的有限责任公司，法定代表人是李某。2008年5月4日，斯某1、宁某、斯某2、李某与朱某签订《股权转让协议》，约定股份转让价款为3980万元，付清全款后办理工商变更登记，如违约应向守约方支付违约金4000万元等。协议签订后，斯某1、宁某、斯某2和李某按照协议的约定，将公司公章、财产权属证等移交给朱某，朱某支付股权转让款1893万元并将股东名册变更为朱某持股100%，未进行工商变更登记。2013年5月30日，L公司与土地储备中心签订的《国有土地使用权收购合同》，将公司名下土地使用权以3000万元的价格转让给土地储备中心，法定代表人李某签字并加盖公司公章，土地储备中心将3000万元价款转入L公司账户。斯某1、宁某、斯某2认为该土地评估价为4222.8万元，李某与土地储备中心以3000万元成交，损害了L公司直接利益1222.8万元为由起诉李某与土地储备中心。

法院裁判

一审法院认为：根据《股权转让协议》、宁某、斯某1与斯某2签字的收到朱某支付L公司股份转让款的《收条》、朱某记载为L公司股东的股东名册等证据材料认定斯某1、宁某、斯某2仅依据工商登记材料不足以证明其股东身份，无法认定斯某1、宁某、斯某2作为原告与本案有直接利害关系，驳回起诉。二审及再审法院予以维持。

生效裁判认为，斯某1、宁某、斯某2主张虽然将公司公章、财产权属证等移交给了朱某，但并未变更法定代表人和营业执照，故公司经营权并未移交。法院认为，法定代表人和营业执照的变更仅为外部公示，具有对抗股权转让合同之外第三人的效力，但不能据此认定公司经营权未移交。原审鉴于公司公章、财产权属证等都已实际移交，认定公司经营风险已转嫁给朱某，公司经营权实质上已移交给朱某，并无不当。原审法院以股权转让双方已经完成了财产移交程序和股东名册变更登记为由，认定仅以工商登记材料不能证明斯某1等人仍为L公司股东并无不当。股权转让合同当事人之间的股权变动，应以股权的交付作为股权变动的认定标准，而并非以股权转让款是否全部支付来认定。股东名册作为公司置备的记载股东个人信息和股权信息的法定簿册，具有权利推定效力。股权转让合同中，在证明权利归属的股东名册上进行记载的行为应视为股权交付行为。本案并不存在相反证据推翻该股东名册记载事项，故在双方达成股权转让合意的前提下，股东名册对朱某持股100%的股权事项的记载足以证明L公司的股东不再是斯某1、宁某、斯某2、李某四人。综上，再审法院驳回申请人的再审申请。

案例评析

所谓股权交付，是指在股权转让交易中，转让方将自己对公司所享有的股权实际交付给受让方，从而使受让方获取股权并成为公司股东的行为。因此，股权交付不仅是发生股权变动的条件，也是股权变动发生法律效力的标志，直接关系到受让方股东资格的认定问题。

1. 受让方获得股东身份，可以根据出资证明书、股东名册进行判断

《公司法》第五十六条第二款规定：记载于股东名册的股东，可以依股东名册主张行使股东权利。第八十七条规定：依照本法转让股权后，公司应当及时注销原股东的出资证明书，向新股东签发出资证明书，并相应修改公司章程和股东名册中有关股东及其出资额的记载。对公司章程的该项修改不需再由股东会表决。按照上述规定，股权转让方和受让方在签订股权转让协议后，将受让方的姓名或者名称及其出资额记载于公司内部股东名册，或向受让方签发了新的出资证明，股权才由转让方移转到受让方，受让方才成为公司的股东，享有股东的权利。

2. 未置备股东名册情况下的股东资格认定

实践中，有限责任公司没有置备股东名册，或未将受让方记载于股东名册的情形较为常见，只要公司从内部对受让方予以认可，受让方实际参与了公司的经营管理，履行股东所享有的职权、行使股东的权利，如参与股东会并行使表决权、获取公司分配的红利等，均可认定为股权转让已交割完毕，

受让方已取得公司股东资格。

有观点认为，在股权转让协议没有相关约定的情形下，受让方的股东资格自公司收到股权转让事实的通知之日起取得。

3. 未办理工商登记，不影响股权的取得

工商变更登记并非股权变动的生效要件，股权的工商变更登记仅为行政管理行为，该变更登记并非设权性登记，而是宣示性登记，旨在使公司有关登记事项具有公示效力。股权转让合同签订后，是否办理工商变更登记，这是合同履行的问题，不应导致股权转让行为是否生效或有效问题，仅应产生当事人是否违约以及是否具备对抗第三人效力的问题。

典型案例 30　实业公司、置业公司与房地产公司股权转让纠纷案[①]

案例要旨

1. 在股权转让场合，能够申请办理股权过户手续的只能是公司，而不是转让股权的股东。就受让人来说，其既可以通过请求转让股东督促公司办理股权过户手续的方式实现自身的利益，也可以直接请求公司办理股权过户手续。

2. 在涉案股权被质押的情况下，不影响公司过户义务的存在，即便因为质权人不同意等原因客观上不能办理股权过户手续，也仅是一个履行不能的问题。

基本案情

2012年11月26日，实业公司与置业公司签订《股权转让协议》，约定，股权转让价款由现金及股权两部分组成：1. 现金部分，置业公司应向实业公司支付15850万元，双方确认此前置业公司已实际支付了5850万元，剩余的1亿元股权转让款分两期支付；2. 股权部分，确认实业公司拥有房地产公司30%的股权，并且约定在任何条件下都要确保实业公司持有30%的股权比例不变。鉴于目前不具备转股条件，实业公司对房地产公司享有的股权由置业公司代持，暂不办理工商变更登记。待资产管理公司及信达公司债务清偿完

[①] 最高人民法院（2017）最高法民终870号。

毕之日，置业公司再将代持的股权返还实业公司。2015年5月13日，房地产公司的股东置业公司、L公司和王某东将公司全部股权出质给资产管理公司，并办理了股权出质登记。

实业公司以置业公司未履行股权转让协议约定为由，向一审法院起诉，请求判令：置业公司向实业公司支付拖欠的股权转让款及利息；判令房地产公司到工商登记机关办理股权变更手续，将置业公司代持的30%股权过户到实业公司名下。

法院裁判

一审法院判决：一、置业公司于判决生效后10日内给付实业公司股权转让款62796600元，并支付资金占用利息；二、驳回实业公司的其他诉讼请求。实业公司不服一审判决，提起上诉。

生效裁判认为，本案的争议焦点为实业公司有关股权过户的诉讼请求能否得到支持。实业公司与置业公司签订原股权转让协议后不久就退出了房地产公司股东会，并于2011年5月18日完成了股东变更登记。至此，实业公司已不再是房地产公司股东。但鉴于置业公司尚未付清全部股权转让款，房地产公司的债务负担等问题亦未处置完毕，双方又于2012年11月26日签订《补充协议》，对原股权转让协议及其补充协议约定的权利义务关系进行调整，其中就包括置业公司以少向实业公司支付部分股权转让为对价，返还实业公司30%房地产公司股权的约定。在条件未成就之前，该部分股权由置业公司代持。本案中办理股权过户手续并不存在约定条件或法律规定上的障碍，房地产公司辩称，实业公司的股权已经质押给他人，其要求办理股权过户手续的诉讼请求客观上已无法实现，进而请求驳回实业公司的该项诉讼请求。二审法院认为，在取得质权人同意的情况下，办理股权过户手续并无障碍。退一步来说，即便因为质权人不同意等原因客观上不能办理股权过户手续，也仅是一个履行不能的问题，并不影响房地产公司履行股权过户义务的存在。如果确因设定质押等原因办理不了股权过户手续，房地产公司固然不能履行过户义务，但置业公司将代持的股权质押给他人，属于侵害他人财产权的行为，依法应当承担恢复原状或损害赔偿的责任。一审判决在实业公司提出明确的股权过户请求，并且认为该项诉讼请求在于法有据的情况下，却驳回该项诉讼请求，要求另行处理，有违一事不再理原则，二审法院予以纠正。

综上，二审法院判决：撤销一审判决，置业公司自本判决生效后10日内给付实业公司股权转让款60706600元及利息；房地产公司自本判决生效之日起10日内到工商登记机关办理变更登记手续，将置业公司代实业公司持有的30%股权过户到实业公司名下。

案例评析

通过投资或者受让股权而成为有限责任公司的股东，其名称或者姓名应当记载于公司股东名册并进行工商登记。《公司法》第八十六条第一款规定：股东转让股权的，应当书面通知公司，请求变更股东名册；需要办理变更登记的，并请求公司向公司登记机关办理变更登记。公司拒绝或者在合理期限内不予答复的，转让人、受让人可以依法向人民法院提起诉讼。公司是工商登记的义务人，公司是否办理工商登记，不影响股权转让合同的效力，不影响受让人对股权的取得。股权转让协议生效后，受让人负有向转让人支付价款的义务；转让人负有向公司提出办理相关变更手续的义务；公司负有将受让人记载于股东名册，并到工商登记机关办理变更登记的义务。基于股权转让合同，当事人有权根据《公司法》的规定，要求公司进行股东名册变更。通过股东名册的变更，受让人继受取得公司股权，成为公司股东。如果公司拒绝或者怠于办理，股权转让人和受让人均可以公司为被告提起办理转让手续请求之诉，如果转让人不予协助的，受让人可以将转让人和公司作为共同被告。

本案中，实业公司作为股权受让人，其既可以通过请求转让股东督促公司办理股权过户手续的方式实现自身的利益，也可以直接请求公司办理股权过户手续。房地产公司辩称，实业公司的股权已经质押给他人，其要求办理股权过户手续的诉讼请求客观上已无法实现，对此，法院认为《民法典》无明确的禁止性规定，在取得质权人同意的情况下，办理股权过户手续并无障碍。退一步来说，即便因为质权人不同意等原因客观上不能办理股权过户手续，也仅是一个履行不能的问题，并不影响房地产公司履行股权过户义务的存在。因此二审法院判决房地产公司自判决生效之日起10日内到工商登记机关办理变更登记手续。

（二）股权转让方的瑕疵担保义务

瑕疵担保责任是指出卖人应当保证其交付的标的物品质符合要求，即品质无瑕疵。虽然我国并未明确建立物的瑕疵担保责任制度，但根据《民法典》的规定，买卖合同中，出卖人交付的标的物应该符合质量要求，否则需承担相应违约责任。股权转让瑕疵担保责任则指，股权转让合同中，股权（标的物）有瑕疵或者有第三人主张股权（标的物）上的权利，一方当事人所应承担的无过错责任。

从法律规定看，《民法典》第六百四十六条规定："法律对其他有偿合同有规定的，依照其规定；没有规定的，参照适用买卖合同的有关规定。"《最高人民法院关于审理买卖合同纠纷案件适用法律问题的解释》第三十二条第一款规定："法律或者行政法规对债权转让、股权转让等权利转让合同有规定的，依照其规定；没有规定的，人民法院可以根据民法典第四百六十七条和第六百四十六条的规定，参照适用买卖合同的有关规定。"依据上述规定，股权转让合同应当参照适用买卖合同的有关规定。《民法典》关于买卖合同的有关规定主要有：第六百一十五条规定："出卖人应当按照约定的质量要求交付标的物。"第六百一十六条规定："当事人对标的物的质量要求没有约定或者约定不明确，依据本法第五百一十条的规定仍不能确定的，适用本法第五百一十一条第一项的规定。"第六百一十七条规定："出卖人交付的标的物不符合质量要求的，买受人可以依据本法第五百八十二条至第五百八十四条的规定请求承担违约责任。"上述法律条款综合构成了股权转让方承担股权瑕疵担保的法律基础。

典型案例31　符某、商贸公司与王某、D 实业公司、M 实业公司及 M 贸易公司股权转让纠纷案[①]

案例要旨

就买卖合同而言，出卖人不仅负担交付标的物、转移所有权等基本义务，

[①] 最高人民法院（2016）最高法民终455号。

还应向买受人承担标的瑕疵担保义务,即若买卖标的上存有买受人不接受的瑕疵的,出卖人应当消除瑕疵以保证标的物的形式完整及法律上无障碍。这一担保义务不仅存在于有体物的买卖合同中,亦存在于以权利为标的的买卖合同之中。而该义务所对应的商事责任即瑕疵担保责任,对于本案所涉以股权为标的的转让合同亦适用。

基本案情

符某、商贸公司与 D 实业公司、M 实业公司 2010 年 2 月 10 日签订的《股权转让协议书》约定,符某、商贸公司将房地产公司 80% 股权转让给 D 实业公司、M 实业公司。该份合同签订后,王某向符某支付了 350 万元股权转让款。2011 年 3 月 15 日四方又签订了一份《股权转让协议书》,约定商贸公司将其持有的房地产公司 20.5% 股权转让给 D 实业公司。上述两份合同签订后,除王某向符某支付了 350 万元股权转让款外,合同所约定的其他条款均未履行。2011 年 3 月 24 日,符某、商贸公司与 M 贸易公司签订了一份《股权转让合同》,而后,符某、商贸公司将房地产公司 100% 股权办理工商变更登记至 M 贸易公司和王某名下,M 贸易公司持有房地产公司 90% 的股权,王某持有房地产公司 10% 的股权。在符某、商贸公司与 M 贸易公司签订《股权转让合同》的同一天,符某、商贸公司与王某签订了一份《有偿委托代理合同书》,该合同是符某、商贸公司为了转让房地产公司的股权而与王某签订的,约定的是符某、商贸公司按 5000 万元的包干价格委托王某代理转让房地产公司 100% 股权,并且授权委托王某与 M 贸易公司签订转让房地产公司股权的《股权转让协议》。

协议第二条约定,本协议转让之股权所对应的全部权益为本协议所约定的 402 亩国有土地使用权,即 402 亩国有出让旅游用地使用权的对价为 3 亿元(暂作价),转让总价格以新换发土地证所确定的面积为准。

2008 年 5 月 20 日,陵水县政府作出《关于依法收回房地产开发公司 402 亩国有土地使用权并核发换地权益书的决定》,决定依法收回房地产公司 402 亩国有土地使用权,注销《国有土地使用证》和用地红线图,并给房地产公司核发换地权益证书。

符某、商贸公司向一审法院起诉,请求判令:王某、D 实业公司、M 实业公司及 M 贸易公司向符某、商贸公司支付股权转让价款 3650 万元，并赔偿损失 657 万元。

法院裁判

一审法院判决：驳回符某、商贸公司的诉讼请求，符某、商贸公司不服，提起上诉。

生效裁判认为，本案的争议焦点为：1. 符某、商贸公司与 M 贸易公司之间是否存在直接的股权转让合同关系；2. 房地产公司名下 402 亩土地使用权被收回是否影响股权转让合同的履行。

关于第一个焦点问题，法院认为，各方当事人签订了多份《股权转让协议书》，从本案现有的证据看，没有证据证明《有偿委托代理合同书》第五条约定的解付 4000 万元款项的条件已成就。在 3 月 24 日的《股权转让合同》签订的当天王某向符某、商贸公司支付了 650 万元，3 月 29 日又支付了 350 万元，M 贸易公司也依据其与符某、商贸公司签订的《股权转让合同》第二条第二款的约定，将 1 亿元人民币的股权转让款转入共管账户内作为履约保证金。可见，符某、商贸公司转让房地产公司的 100%股权最终实际履行的是 3 月 24 日的《股权转让合同》。由于案涉 402 亩土地使用权并未在 M 贸易公司将 1 亿元人民币转入共管账户后三个月内办理新的土地使用证并交双方共管，该 1 亿元已经结束共管状态并退回 M 贸易公司，这一行为可视为双方协商一致解除前述合同，合同解除后，M 贸易公司对于尚未履行的合同义务包括支付剩余股权转让款等无须继续履行。另，由于合同约定解除的原因并非 M 贸易公司造成，故该公司亦无须对相关损失承担赔偿责任。

关于房地产公司名下 402 亩土地使用权被收回是否影响股权转让合同的履行问题。就买卖合同而言，出卖人不仅负担交付标的物、转移所有权等基本义务，还应向买受人承担标的瑕疵担保义务，即若买卖标的上存有买受人不接受的瑕疵的，出卖人应当消除瑕疵以保证标的物的形式完整及法律上无障碍。就本案而言，土地使用权对房地产公司的重要性不言而喻，案涉 402 亩土地使用权保留于房地产公司名下是该公司股权得以转让的实质要件。但早在 2008 年 5 月 20 日陵水县政府决定收回房地产公司 402 亩国有土地使用权，海南省人民政府亦作出行政复议决定维持了陵水县政府的决定，该 402

亩土地至今仍处于政府收回状态。符某、商贸公司违反了瑕疵担保责任，一审法院认定双方的合同协商一致解除并无不当。综上，二审法院判决：驳回上诉，维持原判。

案例评析

股权作为一种特殊的买卖交易标的，与常见的买卖交易标的（如货物）有明显区别，其价值主要体现在股权所对应的公司价值，而公司价值是由公司各种有形资产、无形资产、债务等元素组成的有机整体。就股权转让的瑕疵担保责任而言，虽然根据《最高人民法院关于审理买卖合同纠纷案件适用法律问题的解释》的规定，在其他法律、行政法规没有规定的情况下可以参照适用买卖合同的有关规定，但由于股权相较于其他买卖标的的特殊性，司法实践中对于转让方瑕疵担保责任的范围如何把握，存在不同的理解。笔者认为，可以结合股权的特点，从标的股权本身瑕疵和对应的公司相关事项瑕疵两个角度，结合合同特别约定来分析转让方的瑕疵担保责任。

第一，就股权本身而言，其性质比较复杂，理论上也有各种学说。根据《公司法》第四条第二款的规定，公司股东依法享有资产收益、参与重大决策和选择管理者等权利，而持有完整权能的股权是公司股东享有完整股东权利的基础。从中也可以看出，股权通常包含财产权（如股权转让、利润分配等资产收益性权利）和人身权（如股东重大事项决策、选择管理者等管理性权利）以及相关的股东义务和责任。因此，就股权本身的瑕疵担保责任而言，首先可以从股权所包含的相关股东权利是否完整的角度考虑。若交易双方在合同中无特别约定，股权转让方应当确保其转让的股权不存在权利瑕疵。例如，不存在质押、转让限制、利润分配限制、收益权已转让给其他方、委托持股、投票权委托、第三方权利等情形。其次可以从转让方是否存在未适当履行股东义务或需承担股东责任的角度考虑。若交易双方在合同中无特别约定，股权转让方应当确保其不存在相关情形。例如，未适当履行股东出资义务、存在瑕疵出资、抽逃出资情形，存在章程、股东会、股东协议约定的需要承担的其他义务或责任。

第二，就公司相关经营事项而言，如各种经营证照/许可、有形资产、无形资产、债权、债务（包括对外担保等或有负债）、行政处罚、重大诉讼等与公司经营管理的相关事项，若股权转让合同中无特别约定（如对相关事项作出特别承诺保证等），实践中多认为转让方无须就此承担瑕疵担保责任，除非转让方向受让方提供的资料、披露的信息、作出的陈述存在虚假、错误、不完整，产生重大误导等通常认为会对受让方作出是否受让股权的商业判断产生重大影响的情形。

本案中，土地使用权对房地产公司的重要性不言而喻，符某、商贸公司与M贸易公司签订的《股权转让合同》关于"双方同意并确认：本协议转让之股权所对应的全部权益为本协议所约定的402亩国有土地使用权，即402亩国有出让旅游用地使用权的对价为3亿元人民币（暂作价），每亩单价为74.62万元，转让总价格以新换发土地证所确定的面积为准"的约定，更是将案涉402亩土地使用权的价值与股权转让的价格直接挂钩。由于房地产公司名下的402亩土地证至今无法更换新证，M贸易公司签订《股权转让合同》的合同目的已无法实现，且M贸易公司也表明其无意再继续履行《股权转让合同》，因此，符某、商贸公司请求王某、M贸易公司支付股权转让款缺乏事实和法律依据，法院不予支持。

典型案例32　国际公司、房地产公司与投资公司、实业公司股权转让纠纷案[①]

案例要旨

为贯彻公司资本充足原则及保护公司债权人及瑕疵股权受让方的利益，在瑕疵股权出让方拒绝履行补足出资义务的情况下，受让方可以代为履行向目标公司补足出资的义务。受让方代为履行后，有权从其应付给出让方的股权转让价款中扣除其代为补足的出资金额。

基本案情

游艇公司于1997年10月29日在深圳市核准登记成立，属合资经营（港资）企业，注册资本为人民币4800万元，港方股东H公司，认缴出资人民币

[①] 最高人民法院（2015）民提字第54号。

3840万元、占80%股权比例，中方股东Z公司，认缴出资960万元、占20%股权比例。后公司通过两次股权转让及增资，游艇公司的股东遂变更为国际公司占81.7%的股份，房地产公司占18.3%的股份。国际公司与房地产公司在2007年5月14日与实业公司签订《股权收购协议》，总价款2.2亿元人民币。

国际公司、房地产公司从J公司、Z公司处受让股权且签订补充章程承诺由他们各自分别承担J公司、Z公司在游艇公司章程的责任、义务后，国际公司未将J公司原出资存在瑕疵的深游001、深游002两艘游艇依照补充章程的承诺履行完善出资的义务，将该两艘游艇的财产所有权登记转移至游艇公司名下，反而将该两艘游艇由J公司名下改登记在自己名下。会计师事务所出具的《审计报告》中又将该两艘游艇作为游艇公司的固定资产并作价26888810元加以记载。

投资公司、实业公司向一审法院起诉，请求判令：国际公司依法办理深游001、深游002号籍游艇牌照有效期的续期手续，并将两艘游艇的所有权转移登记至游艇公司名下；在国际公司履行上述义务前，投资公司有权暂缓支付同等金额股权转让款26888810元。逾期，由投资公司代为履行向游艇公司补足出资26888810元的义务，出资款在股权转让价款中予以抵扣，不足抵扣的金额由国际公司直接向投资公司支付。

法院裁判

一审法院判决：1. 投资公司应向国际公司支付股权转让款人民币2984.8万元、实业公司应向房地产公司支付股权转让款人民币667.2万元；2. 国际公司应将深游001、深游002两艘游艇登记过户在第三人游艇公司名下。否则，投资公司可以代国际公司向第三人游艇公司补足出资人民币26888810元；投资公司代为履行后，有权从其应付给国际公司的股权转让款人民币2984.8万元中扣除其所代付的对游艇公司补交出资的金额。

生效裁判认为，关于争议焦点本案谁先行违约及投资公司、实业公司拒绝付款的抗辩理由能否成立的问题：本案相关的证据和事实表明，国际公司、房地产公司在向实业公司等转让游艇公司的股权时具有不诚信的违约行为，主要表现在：股权转让方对所转让的股权负有瑕疵担保义务，其应保证所转让的股权不被他人追索且没有其他债务负担。同时，我国《公司法》规定股东有按时出资的义务。但国际公司、房地产公司从 J 公司、Z 公司处受让股权且签订补充章程承诺由他们各自分别承担 J 公司、Z 公司在游艇公司原公司章程的责任、义务后，国际公司非但未将 J 公司原出资存在瑕疵的深游 001、深游 002 两艘游艇依照补充章程的承诺履行完善出资的义务，将该两艘游艇的财产所有权登记转移至游艇公司名下，反而将该两艘游艇由 J 公司名下改登记在自己名下，该行为明显违反了以上法律的强制性规定，损害了公司的利益及股权受让方的股东权益，亦使受让该出资存在瑕疵的股权受让方存在被游艇公司债权人追究出资义务的风险。而且，由于国际公司在向投资公司转让游艇公司 81.7% 股权时，没有相应的证据证明其曾向受让方投资公司披露告知过其对游艇公司的实物出资存在瑕疵的情形，而深圳汇田会计师事务所出具的《审计报告》中又将该两艘游艇作为游艇公司的固定资产并作价人民币 26888810 元加以记载，以致投资公司有合理的理由确信游艇公司有该资产的存在，并将其作为股权作价的基础，故国际公司未如实履行出资义务且未如实告知所转让的股权存在出资瑕疵的行为已构成了违约，且该违约行为属于先行违约行为。而足额出资是股东对公司的法定义务，现国际公司对游艇公司持有的 81.7% 股权虽已协议转让给了投资公司，但其对游艇公司补足出资的法定义务并不能因股权转让而免除，投资公司对其所受让的股权，有权要求转让人国际公司补足出资。在国际公司补足出资之前，投资公司有权以国际公司的该违约行为作为抗辩理由，拒付相应的股权转让款项。而且，公司拥有充足的资本是其开展正常经营活动的保证，公司资产也系其对外承担民事责任的一般担保，为贯彻公司资本充足原则及保护公司债权人及瑕疵股权受让方的利益，在瑕疵股权出让方国际公司拒绝履行补足出资义务的情况下，瑕疵股权受让方投资公司可以替其代为履行向游艇公司补足出资人民币 26888810 元的义务。投资公司代为履行后，有权从其应付给国际公司的股权转让价款中扣除其替国际公司代为补足的出资金额。

案例评析

股东以出资获得股权，如果存在出资瑕疵的行为，说明出让股东的股权不完整，也不能像出资完全的股权一样自由转让。出资瑕疵的股东在转让股权时隐瞒出资瑕疵事实，受让人因此受让股份，受让人有权以欺诈为由请求法院撤销或变更转让合同，或者行使自己的不安抗辩权，要求转让方先予履行不足出资的义务，再支付股权转让款。在本案中，国际公司、房地产公司与投资公司、实业公司几次签订协议，明确约定各自在股权转让中的权利与义务，在实际履行中虽然受让方已经实际控制了公司，但是在后续发现作为出让方的股东存在出资瑕疵的行为，则其有权要求出让方首先履行自己的出资义务，再予支付股权转让款。实践中，股权转让之前很难发现出让股东是否存在出资瑕疵的行为，因为从账面上很难轻易看出股东的出资瑕疵行为，这加大了股权转让中的风险，有可能通过一次股权转让得到的仅为一个空壳公司，股东早已将自己的出资通过各种手段抽逃出公司，抽逃出资股东的行为违背了《公司法》，甚至触犯了《刑法》，受让股权方也会由此受到损失，因此法律会保护受让方的合法利益，对股权转让行为予以法律保障，股权受让方如果在受让股权之后发现原出让股东存在出资瑕疵的行为，可以欺诈为由请求撤销合同，或者要求原出让股东履行自己的出资义务。故本案法院在查明事实的基础上判决，国际公司应对游艇公司补足出资，将未过户的深游001、深游002两艘游艇过户给游艇公司，受让方投资公司向出让方支付转让款项。

（三）股权转让方的如实告知义务

1. 股权转让中受让人的尽职调查义务

尽职调查，是对目标公司进行调查摸底，以了解目标公司设立与存续、股权结构和公司治理、资产和权益的权属与限制、业务运营、守法合规等方面的（法律）状态。一般地，如果通过尽职调查，投资者发现或者明确了企业的风险点和存在的问题，双方便可就相关风险和义务的承担进行谈判，决定投资者在何种条件下继续进行投资或收购活动。

2. 股权转让方的如实告知义务

我国现行法律法规未对股权转让中的信息披露义务进行明确规定，但依据股权转让合同当事人之间的约定或《民法典》第五百条第二项的规定，当事人在订立合同过程中，故意隐瞒与订立合同有关的重要事实或者提供虚假情况，给对方造成损失的，应当承担损害赔偿责任。可见，股权转让合同订立过程中的信息披露义务可能属于合同约定的义务，也可能是法定的先合同义务。在股权转让合同关系中，股权作为一种具有财产价值的权利，其交易价格主要取决于目标公司的资产及经营状况，故出让方负有披露公司资产负债、实际经营等情况的义务。

任何商事活动均存在经营风险，商事主体应尽到必要的注意义务，即进行相应的尽职调查。转让方的如实告知义务与受让方的尽职调查义务并不冲突，更不能相互取代。

典型案例 33　尹某、黄某 1 与毕某、黄某 2 股权转让纠纷案[①]

案例要旨

对于影响公司正常生产经营的重大事项，股权转让方应当遵循诚实信用原则在股权转让之前告知受让方，本案转让方未提供证据证明已经明确向受让方进行了告知，故本案股权转让协议符合法定解除条件，应当予以解除。

基本案情

2014 年 12 月 8 日，尹某、黄某 1 作为转让方与黄某 2、毕某作为受让方签订《L 公司股份及资产整体转让协议书》，约定转让方将 L 公司 100% 的股权转让给受让方。协议签订后，黄某 2、毕某支付定金 300 万元。2013 年 6 月 19 日，蒙城县安监局向 L 公司下发《关于 L 公司糠醛生产项目停止建设的通知》，载明："你公司在建糠醛生产项目不在政府规划的化工园区或化工集中区内，且未履行安全生产'三同时'手续，属于非法建设项目，责成你公司糠醛生产项目在未全面履行相关手续之前停止建设。"2013 年 8 月 6 日，该局再次下发停建通知，载明："你公司在建糠醛生产项目不在政府规划的化工园区或化工集中区内，且未履行安全生产'三同时'手续，属市重点督办整治的非法建设项目，要求糠醛生产项目立即停止建设。"签订股权转让协议时，转让方未将该事项告知受让方。黄某 2、毕某向一审法院起诉，请求：解除《L 公司股份及资产整体转让协议书》，返还黄某 2、毕某定金 300 万元。

法院裁判

一审法院认为：黄某 2、毕某通过签订案涉协议取得公司生产经营权的目

[①] 最高人民法院（2017）最高法民申 1999 号。

的已不能实现,符合《合同法》第九十四条规定的法定解除条件,判令解除《L公司股份及资产整体转让协议书》,返还黄某2、毕某定金300万元。经一审、二审,尹某、黄某1均对裁判结果不服,向最高院申请再审。

生效裁判认为,本案的争议焦点为案涉协议是否应当解除。原审查明,2013年6月19日,蒙城县安监局向L公司下发《关于L公司糠醛生产项目停止建设的通知》,载明:"你公司在建糠醛生产项目不在政府规划的化工园区或化工集中区内,且未履行安全生产'三同时'手续,属于非法建设项目,责成你公司糠醛生产项目在未全面履行相关手续之前停止建设。"2013年8月6日,该局再次下发停建通知,载明:"你公司在建糠醛生产项目不在政府规划的化工园区或化工集中区内,且未履行安全生产'三同时'手续,属市重点督办整治的非法建设项目,要求糠醛生产项目立即停止建设。"对于上述通知,尹某、黄某1认为属于违法行政行为,不应作为认定本案事实的依据,但本案属于股权转让之民商事纠纷,行政机关的行政行为是否违法不属于本案的审查范围。本案所涉协议的主要内容虽为股权转让,未将糠醛项目的生产经营作为合同目的进行约定,但从本案事实看,双方签订合同的目的不仅体现在股权转让上,更体现在通过受让股权享有股东权益并掌控公司的生产经营权上。二审中,二审法院就L公司的糠醛项目能否再生产问题函询了蒙城县安监局,该局书面回复:"因该糠醛生产项目不在政府规划区内,故不能取得生产许可。"该回复意味着作为L公司主要生产经营项目的糠醛项目因未取得危险化学品经营许可证,在案涉协议签订之前已被通知停建,之后也不可能再取得生产许可,因此黄某2、毕某通过签订案涉协议取得公司生产经营权的目的已不能实现。对于该种影响公司正常生产经营的重大事项,股权转让方尹某、黄某1首先应当遵循诚实信用原则在股权转让之前告知黄某2、毕某,但其未能提供证据证明已经明确进行了告知。据此,原审法院认为本案协议符合《合同法》第九十四条规定的法定解除条件,应当予以解除,该认定有事实和法律依据,并无不当。尹某、黄某1申请再审称原判决认定事实和适用法律均有错误的意见,不能成立。综上,再审法院驳回申请人的再审申请。

案例评析

在尊重股东权利的基础上,为保护受让方的合理期待和未来股东权利的正常行使以及公司价值的存续、发展，依据公司法理以及有关法律的规定，股权转让的过程中，无论是内部转让还是外部转让，转让方应负有以下义务：交付股权的义务、权利瑕疵担保义务、移交与移转公司权利义务、协助变更登记义务、如实告知义务等。转让方之所以要承担如实告知的义务，是因为受让方是否决定受让或投资目标公司股权，是基于对公司真实情况的全面了解，这不仅包括对公司成立、经营、管理等的有关情况、拟转让股权的定价依据进行充分了解，还包括了解公司的债权、债务以及风险状况等重要信息。因此，转让方作为公司的内部人，有义务告知拟受让公司股权的相对人公司的真实情况，并对告知事项的真实性负责。如有违反，则构成欺诈，受让方有权选择撤销合同并追究违约责任或依转让协议追究转让方的违约责任。

本案中，所涉协议的主要内容虽为股权转让，未将糠醛项目的生产经营作为合同目的进行约定，但从本案事实看，双方签订合同的目的不仅体现在股权转让上，更体现在通过受让股权享有股东权益并掌控公司的生产经营权上。二审中，二审法院就L公司的糠醛项目能否再生产问题函询了蒙城县安监局，该局书面回复："因该糠醛生产项目不在政府规划区内，故不能取得生产许可。"该回复意味着作为L公司主要生产经营项目的糠醛项目因未取得危险化学品经营许可证，在案涉协议签订之前已被通知停建，之后也不可能再取得生产许可，因此黄某2、毕某通过签订案涉协议取得公司生产经营权的目的已不能实现。对于该种影响公司正常生产经营的重大事项，股权转让方尹某、黄某1首先应当遵循诚实信用原则在股权转让之前告知黄某2、毕某。尹某、黄某1违反了告知义务，应当承担相应责任。

（四）股权转让方的附随义务

典型案例34 吴某、李某与梁某、宋某、王某股权转让纠纷案[1]

案例要旨

尽管案涉双方签订的协议中并无转让方交付公司公章及相关证照资料的

---

[1] 最高人民法院（2016）最高法民终51号。本案例经过笔者加工改写。

约定，但根据相关法律规定，转让方依据诚实信用原则和合同目的及公司股权转让前后的实际情况，应将公司的公章及相关证照资料交付受让方。虽然受让方在公司股权变更后已经重新办理了新的公司公章、营业执照等证照，但是，这些证照及财务资料的交付仍具有避免转让方滥用权利，进而保护受让方以及公司权益的作用，属于基于诚实信用原则所派生的附随义务。

基本案情

2009年8月11日，吴某、李某为甲方，L公司、王某为乙方签订了一份《股权转让合同》，约定：甲方同意将两人享有的J公司全部股权转让给乙方L公司和王某；股权转让总价款5500万元；采取分期付款的方式，合同签订之日起七个工作日内，乙方支付1000万元，2009年12月25日再支付200万元，余款在2010年12月31日前付清。2009年8月14日，双方签订《补充协议》，对付款时间进行变更，同时乙方承诺土地开发完成交房后，赠送一套不少于150平方米的住宅给甲方，楼层由甲方选定。2009年8月17日，吴某、李某与宋某、梁某、王某签订一份《补充协议》，约定：将《股权转让合同》的原股权受让人王某、L公司变更为宋某、梁某、王某，由宋某、梁某、王某享有和承担《股权转让合同》中的所有权利和义务，同时由乙方一次性共补偿甲方1.3亿元人民币。

吴某、李某向一审法院起诉，请求判令：梁某、宋某、王某共同向吴某、李某支付股权转让余款1900万元、补偿款1.3亿元、补偿款利息人民币1340万元、违约金45619750元。

梁某、宋某、王某提起反诉，请求判令：吴某、李某赔偿其损失及可得利益损失，暂算人民币1000万元；判令吴某、李某向梁某、宋某、王某交付J公司原经备案的公司公章、证照及完整的财务账册和相关财务资料。

法院裁判

一审法院判决如下：一、梁某、宋某、王某支付股权转让余款人民币1900万元；二、吴某、李某向梁某、宋某、王某交付J公司原经备案的公司公章、证照及公司财务账册和相关财务资料。

生效裁判认为，本案主要争议焦点：一是在5500万元股权转让款及对应的股权交付问题上，究竟哪一方构成违约，以及如何承担违约责任；二是受让方应否支付以及何时支付 1.3 亿元补偿款。尽管双方签订的系列协议中并无转让方交付公司公章及相关证照资料的约定，但根据《合同法》第六十条的规定，转让方依据诚实信用原则和合同目的及 J 公司股权转让前后的实际情况，转让方应将公司的公章及相关证照资料交付受让方。虽然受让方在公司股权变更后已经重新办理了新的公司公章等证照，但是，这些证照及财务资料的交付仍具有避免转让方滥用权利，进而保护受让方以及 J 公司权益的作用，属于《合同法》第六十条规定的基于诚实信用原则所派生的附随义务。关于 1.3 亿元补偿款支付问题，双方当事人关于补偿款给付最后期限的约定具有一定的特殊性，它不是固定的或确定的期限，而是以受让方开发楼盘并开始销售作为期限的起算点。如果将开发销售楼盘这一约定解释为完全由受让方自由决定，显然不符合双方当事人签订该补充协议时的合理预期。换言之，解释该期限，应以通常的商业人士的合理预期作为标准，受让方及其控制的 J 公司也负有在合理期限内积极完成楼盘开发销售的诚信义务。所以，在受让方至今未开发销售的背景下，应以该标准认定补偿金交付的合理期限。一审判决以履行期限未至为由驳回转让方的该项诉讼请求，适用法律错误，应予纠正。

综上，二审判决在维持一审判决的基础上增加王某、梁某、宋某于本判决生效之日起 10 日内向吴某、李某支付 1.3 亿元。

案例评析

附随义务具有普遍性，既不受债的种类限制，即无论是法定之债还是约定之债均存在附随义务，也不受合同的性质、类别限制，即无论何种合同类型均可发生附随义务[①]。因此，在股权转让合同中也存在附随义务。

对于股权转让合同，给付义务即为交付股权和价款的义务，而附随义务即为依据诚实信用原则双方当事人在合同全过程中应负的义务。其具体可以包括：转让人的说明义务，即转让人在将股权转予受让人时，有义务对股权的具体情况、公司的相关情况告知受让人，从而使其更好地预测交易风险的

---

① 禹海波：《股权转让案件裁判精要》，法律出版社 2020 年版，第 300 页。

义务，其中当然包括对出资情况的相关说明义务；转让人的辅助义务，即在股权转让过程中及股权转让后，转让人须对受让人在一定时期内遇到的与公司股权、公司事务有关的问题给予相关帮助义务；当事人的相互通知义务，即在股权的转让过程中，如果发生影响对方当事人利益的重大事项，当事人有义务及时、准确地通知受让方知晓。此外，当事人还存在一些其他的附随义务，这需要根据具体的合同内容和诚实信用原则做出进一步判断。

公司的公章及相关证照资料等属于公司的财产，通常情况下，转让公司股权的原股东不得处分该财产，受让公司股权的股东在股权变更之后应以公司的名义请求控制该财产的原股东交付。但是，本案中根据案涉协议的约定，受让方的目的是取得J公司的全部股权并进行经营管理。在股权转让之前，J公司的全部股东和实际控制人为吴某、李某，且吴某是法定代表人，J公司的公章及相关证照资料实际也由两人控制。案涉交易履行完毕的结果也是由受让方成为持有J公司全部股权的股东。在此背景下，根据案涉股权转让合同及其补充协议的交易目的，将交付J公司公章及相关证照资料的义务解释为转让方的义务，具有合理性。因此，尽管双方签订的系列协议中并无转让方交付公司公章及相关证照资料的约定，但根据《民法典》关于诚实信用原则的相关规定，转让方应根据合同目的及J公司股权转让前后的实际情况，将公司的公章及相关证照资料交付受让方。

典型案例35　陈某等人与燕某等股权转让纠纷案[①]

案例要旨

合同中约定由转让方股东办理法定代表人登记变更手续，虽然不符合《公司法》关于法定代表人产生程序和公司登记变更权限的规定，导致约定事项无法正常履行，但并不导致上述约定自始无效，协议双方在办理法定代表人变更事宜中仍然应当积极配合，有义务采取措施努力实现约定之目的。一方违反该约定的，应当承担违约责任。

---

① 最高人民法院（2014）民一终字第210号。

基本案情

2008年1月20日,燕某等5人(甲方)与陈某等3人(乙方)签订煤业公司《股权转让合同》,双方约定燕某等人将持有的煤业公司全部股权作价6800万元转让给陈某等人,并分期支付转让款。2008年6月4日、6月9日,双方又签订了《股权转让合同补充协议(一)》《股权转让合同补充协议(二)》。其中《股权转让合同补充协议(二)》约定的付款方式为:从补充协议签订之日起15日内,乙方应向股权转让金专用账户打入50%的股权转让金2880万元;甲方收到2880万元后在15日内,必须向甘肃省工商局办理将煤业公司法定代表人变更给乙方的手续;自股权转让金专用账户解冻之日起130日内,乙方再向甲方支付40%的股权转让金计2720万元。2008年6月25日,陈某等人支付第一笔50%的股权转让款2880万元,燕某等人也同时将煤业公司的全部资产以及采矿许可证等证照副本、文件、财务手续和印章全部移交陈某等人。

在燕某等人为陈某办理法定代表人变更的相关工商登记手续时,因网络警示陈某担任法定代表人的制衣公司于2007年2月5日被工商局吊销营业执照,依据《公司法》的规定,企业因违法被吊销营业执照的,其法定代表人三年内不得再担任企业法定代表人,故未能办理法定代表人变更手续。

燕某等人以陈某未支付股权转让款为由,向一审法院提起诉讼,请求判令:陈某等人向燕某等人支付违约金3305.778万元。

法院裁判

一审法院判决:陈某等人于判决生效后15日内向燕某等人支付违约金14354585.856元。陈某等人不服一审判决,提起上诉,二审法院判决驳回上诉,维持原判。

生效裁判认为,本案当事人协议约定的由燕某等人负责为陈某办理法定代表人变更登记手续并以此为陈某等人支付剩余款项的条件,不符合公司法及公司登记管理的规定,导致约定事项无法正常履行,但并不导致上述约定自始无效,协议双方在办理法定代表人变更事宜中仍然应当积极配合,有义务采取措施努力实现约定之目的。双方可以通过采取其他合理方式实现合同约定，即陈某等人受让公司 80% 股权后先依据公司章程或者通过股东会决议等方式产生法定代表人，并以煤业公司名义申请变更登记，燕某等人在此过程中给予积极配合。本案中，导致公司法定代表人不能变更为陈某的根本原因是，陈某曾担任法定代表人的企业因违法被吊销营业执照，陈某在法定期限内无法担任煤业公司的法定代表人，陈某等人需要对不能按照合同约定变更法定代表人的结果承担主要责任，其行使先履行抗辩权的条件不成立，陈某等人延迟支付剩余分期股权转让款的行为构成违约。对于约定条款不符合法律规定而导致合同履行存在障碍，燕某等人亦存在一定过错，一审法院在认定双方责任时亦已将之纳入考虑。因此，对于陈某等人上述认为迟延付款系因不可归责于陈某等人、未支付款项的原因系付款条件尚未成就等上诉请求，法院不予支持。

案例评析

本案的争议焦点是，陈某等人按照约定办理法定代表人变更手续后再支付剩余分期股权转让款是否存在违约行为问题。《公司法》第十条第一款、第三款规定，公司的法定代表人按照公司章程的规定，由代表公司执行公司事务的董事或者经理担任。法定代表人辞任的，公司应当在法定代表人辞任之日起三十日内确定新的法定代表人。由此可见，当事人协议约定的由股权转让方燕某等人负责为陈某办理法定代表人变更登记手续并以此为陈某等人支付剩余款项的条件，不符合公司法及公司登记管理的规定，导致约定事项无法正常履行，但并不导致上述约定自始无效，协议双方在办理法定代表人变更事宜中仍然应当积极配合，有义务采取措施努力实现约定之目的。在燕某等人为陈某办理法定代表人变更的工商登记手续时，陈某等人所出具的申报变更登记材料不规范而被两次退回，导致陈某未能办理法定代表人变更手续，原因是陈某担任法定代表人的制衣公司于 2007 年 2 月 5 日被工商局吊销营业执照，依据法律规定其在三年内不得再担任企业的法定代表人。法院根据这一事实，认定陈某等人对不能按照合同约定变更法定代表人的结果承担主要责任，陈某等人延迟支付剩余分期股权转让款的行为构成违约。此外，法院在综合考虑燕某等人对上述条款被依法认定为无效也有一定过错的情况下，对燕某等人所主张的违约金数额予以调整具有事实和法律依据。

二、股权受让方的付款义务

股权转让合同是标准的双务合同，与一般买卖合同类似，有偿的股权转让合同中，转让方的合同目的是取得股权转让款，受让方的目的是取得股权，主要的合同义务是支付股权转让款。对于股权转让款的数额、采用何种形式、支付方式和支付期限等双方均可以自行约定。在司法实践中，由于股权受让方的付款义务产生的纠纷主要集中在以下几个方面：（1）股权转让价款的确定；（2）股权转让款支付条件是否成就；（3）付款期限问题；（4）股权转让款变更问题；（5）股权转让款是否可以免除问题等。

典型案例 36　董某与徐某股权转让纠纷案[①]

案例要旨

双方当事人签订的《股权转让合同》并未约定股权转让的总价款，只是对股权作价方式进行了约定，在《股权转让合同》明确约定股权转让剩余款项转为贷款，并签订《借条》的情况下，可以认为《借条》是对《股权转让合同》项下剩余未付的股权转让款的确认。

基本案情

2009 年，徐某一方及董某一方共同出资购买某煤矿，其中，董某一方共出资 7800 万元，徐某一方出资 14280 万元。2011 年 9 月 5 日，徐某一方及王某等 5 名小股东作为转让方与董某一方作为受让方签订《股权转让合同》，约定：转让方自愿将拥有的煤矿 51% 的股权全部转让给受让方，股权转比例：徐某的股权以 1∶2.2 作价；韩某及持股比例小于韩某的股东的股权以 1∶2.5 作价；付款方式：1. 合同签订后，在 2011 年 9 月 13 日之前，付给转让方 1.7 亿元作为首付款；2. 剩余部分以 3% 的月利率转为贷款，受让方按月付息，到 2012 年 9 月 13 日将余款全部付清。之后，董某等人共支付股权转让款 25879

[①] 最高人民法院（2017）最高法民终 407 号。

万元，其中，徐某等人共收到 17996.5 万元，其余 7882.5 万元分给王某等 5 名小股东。

2012 年 1 月 1 日，董某向徐某一方出具《借条》，内容为：今借到徐某等人现金 2 亿元，此借款按 3% 的月利率计息，利息按月支付。借款期限：2012 年 1 月 1 日起至 10 月 1 日止。借款人董某，担保人张某。

徐某一方以董某一方未能依约履行付款义务为由，向一审法院起诉，请求：判令董某给付 2 亿元及利息；张某对董某的债务承担连带保证责任。

法院裁判

一审法院判决：董某于判决生效之日起 10 日内给付徐某一方剩余股权转让款 184038129.59 元及利息；张某对上述款项承担连带责任。董某、张某不服一审判决，提起上诉。

生效裁判认为，本案的争议焦点为：一是原审是否遗漏必须参加诉讼的当事人；二是如何认定《借条》的性质与效力。

1. 关于原审是否遗漏必须参加诉讼的当事人问题

董某一方请求追加王某等 5 人作为原审原告参加诉讼，但该 5 人向原审法院表示已收到合同项下款项，并明确表示放弃本案实体权益。根据《最高人民法院关于适用〈中华人民共和国民事诉讼法〉的解释》第七十四条有关"应当追加的原告，已明确表示放弃实体权利的，可不予追加"的规定，原审法院未追加其为共同原告并无不当，本案不存在遗漏必须参加诉讼的当事人的问题。

2. 关于如何认定《借条》的性质与效力问题

《借条》出具于 2012 年 1 月 1 日，此时董某一方尚未全部付清股权转让款。根据《股权转让合同》的约定，除 1.7 亿元的首付款外，剩余的股权转让款"以 3% 的月利率转为贷款，受让方按月计息，到 2012 年 9 月 13 日将余款全部付清"。《借条》约定的月利率为 3%，与《股权转让合同》的约定一致；剩余的股权转让款转为贷款，从债务人的角度看，就是借款。综合考量整个交易过程，可以认为《借条》是对《股权转让合同》项下剩余未付的股权转让款的确认。就此而言，原审根据《借条》的约定判令董某承担还款责任、张某承担保证责任并无不当。董某一方主张，董某尽管向徐某一方出具了《借条》，但徐某一方并未实际支付借款，故《借条》并未生效。但在

《借条》出具后，董某曾分四次共计向徐某支付了 3900 万元，其中前两笔还明确标明为"利息款"，表明其是认可《借条》效力的，与《借条》未生效的主张明显相悖，故其对有关《借条》表征的是借贷关系的主张，本院不予支持。综上，二审法院判决驳回上诉，维持原判。

案例评析

本案的争议焦点是双方当事人签订的《股权转让合同》在并未约定股权转让的总价款情形下，《借条》是否可以认定为对《股权转让合同》项下剩余未付的股权转让款的确认。

关于股权转让价格的确立，我国《公司法》及相关法律规定，除对国有股权转让价格估价作出了限制性规定外，并未对普通股权转让价格的确定制定具体的标准。在实践中，只要当事人不违反法律的强制性规定，不损害国家和第三人利益，法律允许股东自由确定股权转让价格。

股权转让协议是一种典型的有偿协议，股权转让价款是合同中最重要的条款之一，一般双方会在合同中明确约定。本案中，并未约定股权转让的总价款，只是对股权作价方式进行了约定，除首付款外，在合同中约定股权转让剩余款项转为贷款，随后双方签订了《借条》，均约定月利率为3%，二者具有逻辑上的内在联系。《借条》虽名为借条，实际上是在履行《股权转让合同》过程中双方对欠付股权转让款的确认，是对股权转让余款的处理。《借条》是双方当事人的真实意思表示，内容也未违反法律、行政法规的强制性规定，应属合法有效。《借条》系双方对剩余股权转让款的处理达成的合意，双方同意以还借款的方式在约定期限内给付剩余股权转让款，董某负给付责任，张某负连带保证责任，在董某未如约履行的情况下，徐某一方请求董某支付剩余股权转让款 2 亿元，符合法律规定，一二审法院均予以支持。

典型案例 37 蓝某、张某、房地产公司与雷某等股权转让纠纷案[①]

案例要旨

股权转让一方消极履行合同约定义务，致使剩余股权转让款的支付条件

---

① 最高人民法院（2017）最高法民终 274 号。本案例经过笔者加工改写。

一直未能成就的，根据《民法典》第一百五十九条的规定，应当视为条件已成就。

基本案情

2012年11月13日，蓝某、张某与雷某、彭某江、于某锦、吴某义四人签订《股权转让协议》，约定：雷某等4人将其在房地产公司的全部股权转让给蓝某、张某，转让价款共计800万元，转让后蓝某享有房地产公司95%的股权，张某享有房地产公司5%的股权。2012年11月14日，上述当事人签订《股权转让补充协议书》，约定公司股权折价6560万元，雷某等人办理完成可实施房开项目大于5小于6的容积率方案批准后七日内，蓝某等人分三次支付股权转让款。第一次付款为2300万元，同时办理工商变更登记。第二次付款时间为工商变更登记手续办理完毕后两日内，支付1700万元。第三次付款时间为办理好建设施工许可证后十天内，支付余款2560万元。

2014年3月10日，区国土资源分局向房地产公司发送《限期开工建设的通知》，内容是督促房地产公司于2014年3月底进场开工建设，逾期将按照《闲置土地处置办法》进行处理。2014年4月2日，镇远县住房和城乡建设局向房地产公司发送《通知》，内容是督促房地产公司于2014年5月10日前办理相关手续，并及时开工建设。2016年3月16日，区国土资源分局再次向房地产公司发送《限期动工开发建设通知书》，通知房地产公司于2016年12月31日前动工开发建设，逾期不动工建设的，国土资源行政管理部门将依法收回该宗地中未利用的地块的土地使用权。截至本案审理时止，房地产公司未办理建设施工许可证，也未对土地进行开发建设。

因蓝某、张某、房地产公司未支付剩余股权转让款，雷某等4人向一审法院起诉请求：蓝某、张某、房地产公司连带支付股权转让价款2560万元及利息。

法院裁判

一审法院支持雷某等4人的诉讼请求，二审维持原判。

生效裁判认为，关于剩余股权转让款支付条件是否成就的问题。根据《股权转让补充协议书》的约定，剩余2560万元股权转让款的支付条件是办理好建设施工许可证十天内支付。房地产公司尚未办理建设施工许可证，从形式上看，案涉合同剩余股权转让款的付款条件尚未成就。但是，建设施工许可证未办的原因是什么，是不能办理还是当事人不去办理，是认定付款条件是否成就的关键因素。根据《建筑法》的相关规定，建设单位应当在工程开工前申请办理施工许可证，办理施工许可证应当符合法定条件。本案中，房地产公司是办理建设施工许可证的建设单位和责任主体，在房地产公司已经取得建设用地批准手续、相关主管部门多次催促其办理相关手续以尽快开工的情形下，按照常理，如果房地产公司按照规定进行办理是能够取得施工许可证的。但是，房地产公司一直不去办理，房地产公司的两名股东蓝某、张某亦未督促公司尽快办理，致使本案剩余股权转让款的支付条件一直未能成就。根据《民法典》第一百五十九条"当事人为自己的利益不正当地阻止条件成就的，视为条件已经成就；不正当地促成条件成就的，视为条件不成就"的规定，如果当事人有为了自己的利益不正当地阻止条件成就的行为，应当视为条件已成就。本案中，施工许可证未能办理的原因是蓝某、张某、房地产公司能够办理而不去办理，致使支付条件未成就。结合本案查明的事实，区国土资源分局和县住房和城乡建设局作为主管部门，相继向房地产公司发送通知，督促其办理开工手续，而房地产公司迟迟不去办理。因此，案涉剩余股权转让款支付条件已经成就，法院予以支持。

案例评析

本案的争议焦点是剩余股权转让款支付条件是否成就。《民法典》第一百五十九条规定："附条件的民事法律行为，当事人为自己的利益不正当地阻止条件成就的，视为条件已经成就；不正当地促成条件成就的，视为条件不成就。"根据诚实信用原则的基本理念，任何人不得从自己违反诚实信用的行为中获取利益。在法律行为附条件的情况下，是否发生法律效力取决于未来的不确定事件，实践中，当事件自然的发展趋势不符合期待时，即事件的自然发展会给某一方当事人带来不利时，失望的一方当事人很可能通过影响事件的实际进展试图挽回自己的利益。这种违背诚实信用从中获取利益的行为应当通过法律予以纠正。

在附条件的法律行为中，当事人可以对条件是否成就有所期待，但是不能对事件的发展作出违反诚实信用的干涉。另外，当事人虽没有引起条件成就的积极作为义务，但是有配合义务。

附条件的法律行为是私法自治的体现，但是根据本条的法律条文，被当事人不当阻止成就的条件，视为成就；不当促成的条件，视为不成就。对条文的理解应当是，"视为"说明本条款中的条件成就与不成就属于法律拟制，法律后果不依赖于当事人的意思，具有强制性。

本案中，建设施工许可证办理的主体是房地产公司，雷某等4人承担的只是协助义务。结合区国土资源分局和县住房和城乡建设局作为主管部门，相继书面通知房地产公司，督促其办理开工手续。2014年3月27日，房地产公司缴清土地出让金，按照镇远县住房和城乡建设局2014年4月2日的《通知》，房地产公司最迟应于2014年5月10日前办理相关开工手续。房地产公司作为办理建设施工许可证的建设单位和责任主体，在已交清土地出让金，相关主管部门多次催促其办理开工手续以尽快开工的情形下，一直未办理建设施工许可证，房地产公司的两名股东蓝某、张某亦未督促公司尽快办理，由此造成的法律后果应当由蓝某、张某、房地产公司承担。应当认定本案中剩余股权转让款的支付条件已经成就。

典型案例38　李某与钟某、置业公司股权转让纠纷案[①]

案例要旨

双方签订的《股权转让协议》不仅包括该部分股权所对应的在置业公司享有的现实权益，还包括未来在置业公司与工程公司合作开发某房地产项目中所享有的权益。在置业公司未与工程公司签订合作开发协议、钟某不能实现受让股权的预期收益前，不能认定钟某负有支付全部转让价款的义务。双方关于"正式签订合作开发协议后5个工作日内支付剩余转让价款"的约定属于履行条件的约定，而非附条件的履行期限的约定。

基本案情

2016年11月，李某、钟某以及置业公司签订《股权转让协议》，约定李某

---

① 最高人民法院（2020）最高法民申4755号。

将其持有的置业公司 45% 的股权以及李某在某房地产项目拥有的一切权益作价人民币 3500 万元转让给钟某，钟某同意以上述价格受让李某全部股权，置业公司及股东同意该次转让。协议签订后，钟某向李某支付第一笔股权转让款 1500 万元，并办理工商变更登记手续。置业公司曾两次向工程公司发出关于某房地产项目合作开发方案的确认函、再次确认函，工程公司均进行了回复，因双方未达成一致协议，置业公司遂向武汉仲裁委申请仲裁，仲裁委裁决解除双方签订的《某房地产项目合作开发意向书》及其补充协议。

李某向一审法院起诉请求判令：钟某立即支付股权转让款 2000 万元及违约金。

法院裁判

一审法院、二审法院均判决驳回李某的诉讼请求。李某不服，提起再审。

生效裁判认为，本案再审审查的主要争议焦点为双方对股权转让款尾款支付的约定系附条件还是附期限。对该问题的认定应根据协议内容、签订背景以及股权价值等各方面因素进行综合考量。首先，根据协议内容看，协议双方不仅明确了协议签订的基础在于"置业公司与工程公司签订了《某房地产项目合作开发意向书》及补充协议"而且明确约定李某转让的不仅是其持有的置业公司 45% 的股权，还包括其在某房地产项目拥有的一切权益，而置业公司与工程公司就案涉项目未正式缔约，双方前期所签订的合作开发意向书及其补充协议亦经仲裁解除，已不具备签约及履行条件。其次，钟某受让李某持有的置业公司股权，其目的在于通过置业公司与工程公司合作开发某房地产项目获取收益，若置业公司与工程公司未能就案涉项目签订正式合作开发协议，置业公司股权的价值亦会降低，钟某受让股权的目的亦不能完全实现。再次，从协议约定的性质看，钟某支付剩余股权转让款的前提是置业公司与工程公司正式签订合作开发协议，而正式签订合作开发协议需由置业公司与工程公司协商一致，并非单方能够决定，最终能否正式签订协议亦属于不确定是否发生的事实。而合同所附的履行期限应是指确定的、将来一定会发生的事实，故本案双方关于余款支付的约定属于履行条件的约定。最后，现无证据能够证明钟某不正当地阻止了条件成就。钟某并非置业公司控股股东,对置业公司不享有控制和支配权,不具备阻却置业公司与工程公司签订合作开发协议的客观条件,且若置业公司未能与工程公司签订合作开发协议,将直接导致其受让股权目的不能实现,阻却签订正式合作开发协议不符合钟某的主观动机。综上,李某诉请钟某给付转让款及违约金的主张,不符合双方关于付款条件的约定,亦不属于"视为条件成就"的法定情形,再审法院驳回李某的再审申请。

案例评析

《民法典》第一百五十八条规定:民事法律行为可以附条件,但是根据其性质不得附条件的除外。附生效条件的民事法律行为,自条件成就时生效。第一百五十九条规定:附条件的民事法律行为,当事人为自己的利益不正当地阻止条件成就的,视为条件已经成就;不正当地促成条件成就的,视为条件不成就。第一百六十条规定:民事法律行为可以附期限,但是根据其性质不得附期限的除外。附生效期限的民事法律行为,自期限届至时生效。期限和条件虽均属于当事人对法律行为效果的发生或消灭所加的限制,但对法律行为效果的影响存在根本区别。根据合同法的相关理论,期限是对合同效力或履行产生影响的未来确定会发生的事实,而条件是对合同效力或履行存在影响的未来不确定的事实。例如,合同约定为履行期限,在影响期限的事实发生或消灭之时,履行期限即届满,债务人应履行债务。又如,合同约定为履行条件,由于构成条件的事实具有不确定性,债务能否履行并不能确定,条件成就的,债务人应履行债务;条件不成就的,债务人就无须履行债务。具体到本案中,如李某的主张成立,该约定仅为附条件的履行期限,则条件的成就与否只是对债务人钟某付款期限的确定产生影响,并不影响对其付款义务的认定。即钟某负有支付转让价款的义务,但何时支付需根据合同有关履行期限的约定进行认定。反之,如钟某的主张成立,该约定为履行条件,在条件未成就前,钟某无须支付转让价款。因此,判断李某与钟某就《股权转让协议》中有关一定条件下支付剩余转让价款的约定是附条件的履行期限还是履行条件,是认定案涉转让价款应否支付的关键所在。

本案中,双方关于"正式签订合作开发协议后5个工作日内支付剩余转让价款"的约定属于履行条件的约定,而非附条件的履行期限的约定。李某诉请钟某给付转让款及违约金的主张，不符合双方关于付款条件的约定，亦不属于"视为条件成就"的法定情形，法院不予支持。

典型案例 39　林某与彭某明、彭某辉股权转让纠纷案[①]

案例要旨

股权转让交易中，如无特殊约定，目标公司的实际矿藏储量并不当然和股权转让价格对应，股权受让人不能以矿藏储量不符合预期为由请求变更转让价款。一方当事人没有履行自己对自己负有的理性、谨慎义务，由此造成的不利后果应由其自己承担。

基本案情

2013 年 10 月 11 日，甲方彭某明、彭某辉与乙方林某及曹某签订《股权转让协议书》，约定，甲方将其持有的建材公司股权 600 万元，占 60% 及配套公司的全部股权转让给乙方，转让价款为 27000 万元。2014 年 5 月 5 日，甲方彭某明、彭某辉与乙方林某签订《协议书》，约定，甲方转让建材公司股权的价款经双方协商确定为 27904 万元，乙方在本协议签订前已经向甲方支付 22904 万元。乙方尚欠 5000 万元转让价款，在 2014 年 4 月 1 日至 12 月 30 日前分两次等额支付。

依据上述协议，案涉当事人依约办理了股权变更登记及相关移交手续。现林某以案涉金矿黄金储量只有 415.6 公斤并非 15 吨为由，要求变更双方签订的《股权转让协议书》中的股权价款。林某向一审法院起诉请求：判令变更林某与彭某明、彭某辉签订的《股权转让协议书》的股权价款为 3951.462 万元；判令变更彭某明、彭某辉返还林某多支付的股权转让款 19048.538 万元。彭某明、彭某辉反诉请求：判令林某支付股权转让款 5000 万元及违约金 1600 万元。

法院裁判

一审法院判决：林某于判决生效之日起 10 日内给付彭某明、彭某辉剩余

[①] 最高人民法院（2017）最高法民终 55 号。

股权转让款、利息合计5450万元；驳回林某的诉求请求，林某不服，提起上诉，二审维持原判。

生效裁判认为：本案纠纷是就《股权转让协议书》及《补充协议》的履行而产生的，双方当事人的诉讼主张和法院的审理依据应以案涉合同的约定为基础进行。协议中仅明确了股权转让的价款，并无任何文字表述股权作价的基础是黄金储量15吨，故林某主张双方股权作价的基础是黄金储量15吨，没有事实和法律依据，不能成立。林某没有证据证明是彭某明、彭某辉给他的，亦无证据证明《考察论证报告》是双方签订股权转让协议的作价基础，故其主张彭某明、彭某辉存在合同欺诈，没有依据。林某还提供了三份股权转让协议，欲证明其受让股权的实际价值远低于27000万元。因该三份股权转让协议是彭某明、彭某辉在2010年将案涉金矿的40%股权转让给安某辉时签订的合同，与本案的股权转让属不同的法律关系，故其该项主张，不能成立。本案《股权转让协议书》约定的股权转让价款高达2.7亿元，应是双方当事人在理性、谨慎的基础上做出的决定。但是，如果其中一方当事人没有履行自己负有的理性、谨慎义务，由此造成的不利后果应由其承担，这是由民法自己责任原则决定的。当事人应当按照约定履行自己的义务，不得擅自变更或者解除合同。故，林某以案涉金矿的实际黄金储量没有15吨，《股权转让协议书》约定的股权作价基础是受欺诈为由，请求变更股权价款的主张，不能成立，法院不予支持。

> **案例评析**

股权转让合同与买卖合同类似，有偿性质的股权转让法律关系中，合同目的体现为转让方取得转让价款，受让方取得股权，股权转让价款是股权转让合同的核心条款之一。股权价款的确定及支付，作为受让方的重要义务，在确定购买股权时应进行合理的评估，结合目标公司净资产等因素合理定价，一旦交易价格确定，按照意思自治原则，除非有约定或法定情形，股权价格一般不予调整。

本案中林某认为，双方签订《股权转让协议书》对股权转让价格以案涉金矿尚未开发的15吨黄金储量的价值为依据，确定彭某明、彭某辉所持60%的股权转让价值为27000万元。目标公司及配套企业的资产评估报告显示总计评估价值为 6586.77 万元，对应的股权转让价值为 3951.462 万元。彭某明、彭某辉认为，双方签订《股权转让协议书》时并未承诺或保证案涉金矿的黄金储量不低于 15 吨，也没有在合同中确定以金矿的《考察论证报告》作为定价的依据。双方转让的是公司股权和部分财产，股权转让与公司的财产有一定的联系，但并非必然对应。为此，林某要求变更股权转让价款的诉求无法律依据。

法院认为，双方当事人签订的《股权转让协议书》《补充协议》《协议书》是当事人的真实意思表示，且不违反法律强制性规定，属有效合同，依法予以确认。从双方当事人上述案涉股权转让合同的内容来看，转让标的是目标公司及配套企业的案涉股权，范围包括案涉金矿、所属土地使用权、不动产设备、机器设备、设施（车辆除外）。为此，双方股权转让的价格并不仅包括案涉金矿的黄金储量，案涉金矿考察论证报告、矿业权评估报告及相关的矿山储量报告均系在双方股权转让之前形成的报告，并且股权转让的价格双方并未商定以报告的数据为依据，上述报告与股权转让并无关联性。现双方已办理股权变更登记手续并移交相关资产，林某亦无其他证据能够证明其诉求成立，故对其主张减少股权转让款并返还部分股权价款的诉求，法院不予支持。

典型案例 40　安某与彭某 1、彭某 2 股权转让纠纷案[①]

案例要旨

以目标公司每年度的分红冲抵剩余股权转让款，是对剩余欠付股权转让价款给付方式的约定。若理解为附条件的付款约定，当公司分红条件不成就时，受让方得以免责，不负担付款义务，并不符合股权转让法律关系中转让人获取约定的股权转让对价，受让方获取目标公司相应股权的合同目的。该条款可认定为属于付款履行期限约定不明的情形，转让方可随时要求履行，但应给对方必要的准备时间。

[①] 最高人民法院（2015）民二终字第 416 号。

基本案情

2010年12月17日，彭某1和彭某2作为甲方与安某作为乙方签订了《股权转让协议》，约定：彭某1、彭某2分别将个人所持的建材公司9%、31%的股权以1亿元的价格转让给安某。支付方式为：协议签订后10个工作日内支付2000万元；完成股权转让工商变更登记后10个工作日内，支付3000万元；2011年12月31日前支付2500万元；2012年8月31日前支付2500万元。2010年12月18日双方签订《补充协议》约定，甲方同意乙方以建材公司每年度的分红冲抵后两期股权转让款（5000万元）。乙方以股东分红冲抵甲方股权转让款，自2011年度股东分红时起至后两期股权转让款全部冲抵完止。2013年12月30日，工商登记显示，建材公司注册资本1000万元，股东彭某1出资510万元，持股51%；彭某2出资90万元，持股9%；安某出资400万元，持股40%。经安某同意，2013年12月25日彭某1、彭某2将其二人在建材公司60%的股权转让给林某青。2014年5月5日，该部分股权办理了工商变更登记。

彭某1、彭某2向一审法院起诉请求判令：安某立即支付彭某1、彭某2股权转让款5000万元及利息。

法院裁判

一审法院判决：安某自判决生效之日起30日内给付彭某1、彭某2剩余股权转让款5000万元，并自2014年5月5日起按年利率5.35%计算支付至付清时止的利息。安某不服，提起上诉。

生效裁判认为，本案《股权转让协议》和《补充协议》是双方当事人在平等自愿、协商一致的基础上签订的，意思表示真实，对双方均有法律约束力，各方当事人应依约履行。关于《补充协议》"公司股东分红冲抵剩余股权转让款"条款的解释问题。《补充协议》系对《股权转让协议》中规定的后两期股权转让款的支付方式进行的变更，并没有关于彭某1、彭某2保证安某享有一定数额的公司分红，否则安某可以不支付剩余的股权转让款的约定，不符合"对赌协议"的特征。如果将补充协议该约定理解为附条件的付款约定，当公司分红条件不成就时，安某得以免责，不负担付款义务，并不符合当事人本意，亦不符合股权转让法律关系中，转让人获取约定的股权转让对价，受让人获取目标公司相应股权的合同目的，且有悖于诚实信用和有效合同全面履行的原则。此外，彭某1、彭某2因其在建材公司的股权已全部转让给林某青，丧失在公司的股东地位，以股东分红冲抵股权转让款的约定条件不复存在，安某也应当立即履行清偿股权转让价款的义务。综上，二审法院判决驳回上诉，维持原判。

案例评析

根据《民法典》第四百六十六条当事人对合同条款理解有争议的，应当按照合同所使用的词句、合同有关条款、合同目的、交易习惯以及诚实信用原则，确定该条款的真实意思之规定，应本着诚实信用和有利于合同目的实现的原则予以理解和解释。本案中，彭某1、彭某2与安某约定以目标公司每年度的分红冲抵剩余股权转让款，是对剩余欠付股权转让价款给付方式的约定。若理解为附条件的付款约定，当公司分红条件不成就时，安某得以免责，不负担付款义务，并不符合本案双方股权转让法律关系中，转让人获取约定的股权转让对价，受让人获取目标公司相应股权的合同目的。将建材公司股东是否分红作为剩余欠付股权转让款支付的条件，不符合合同当事人本意，亦有悖于诚实信用和有效合同全面履行的原则。事实上，从2011年至今近五年，并未产生公司盈余分配。股东分红作为公司对股东的投资回报，取决于公司经营状况、盈余和利润情况。在公司多年未产生分红的情况下，以此作为安某支付剩余股权转让欠款的前提条件，有损债权人的合法权益。因此，该条款属于付款履行期限约定不明的，债权人可随时要求履行，但应给对方必要的准备时间。

此外，彭某1、彭某2已将标的公司股权转让给第三人，在彭某1、彭某2不再具有建材公司股东身份的情况下，该二人难以了解公司经营和分红情况，难以控制或者影响分红款的分配，基于合同的相对性，其只能向安某主张股权转让款，而不能向建材公司主张直接把安某的分红款支付给彭某1、彭某2，即已不具备直接以分红款抵偿股权转让款的条件。如果判令双方继续履行该约定，则意味着公司如果持续不分红，安某就可以一直拒绝支付剩余股权转让款，不利于保护债权人的合法权益。因此，在彭某1、彭某2转让建材公司全部股权，不再具备股东身份的情况下，《补充协议》关于以股东分红冲抵转让款的约定已经不具备履行条件，安某应当履行支付剩余转让款的合同义务。

典型案例41　工程公司、投资公司与管理公司股权转让纠纷案[①]

案例要旨

股权并购中存在的股权代转和代持股行为，属于整体交易中的一个环节，并非独立的股权转让关系，股权转让方请求受让方支付股权转让款的诉求不应得到法院的支持。

基本案情

2010年7月20日，管理公司占98.42%股份的股东签订《强制共卖协议》，主要内容为：全体股东同意以转让价格不低于每股人民币2元，向任何收购方转让其持有的管理公司全部股权。2010年8月12日，工程公司（甲方）、咨询公司（乙方）、司某（丙方）三方签订《协议书》，约定：甲方、乙方共同出资并购管理公司100%股份，最终以控股地位与乙方共同经营该公司，甲方出资10184万元，最终保证持有67%股份；乙方出资5016万元，最终保证持有33%股份，丙方为乙方提供担保。2010年8月12日，管理公司向工程公司出具《承诺书》一份，内容为：根据《强制共卖协议》的约定，管理公司负有无条件出让持有的管理公司19.13%（共1454万股）股份的义务；其承诺无论届时签订的《股份转让协议》如何约定，工程公司均无须向管理公司支付任何股份转让对价，管理公司也不会就此向工程公司行使任何追索权利。

2010年8月15日，管理公司与工程公司签订《股份转让协议》，约定，将其持有的管理公司1454万股股份以2908万元转让给投资公司。2010年8月24日，工程公司向管理公司发出《股权转让通知函》，内容为：工程公司自愿将购买管理公司全部股份转让给投资公司，工程公司与管理公司于8月

[①] 最高人民法院（2018）最高法民再101号。

15 日签订的《股份转让协议》自动作废。若因转让行为给管理公司造成的一切损失,由工程公司承担。

2010 年 8 月 24 日,管理公司与投资公司签订《股份转让协议》,约定将其持有的管理公司 1454 万股股份以 2908 万元转让给投资公司,并于当日在河南省产权交易中心办理了股权交易登记。另查明,投资公司与管理公司的全体股东签订了《股权转让协议》,并支付了除管理公司外的股权转让款 11685 万元。

管理公司向一审法院起诉请求判令:投资公司支付股份转让款 2908 万元及逾期利息 303.204 万元,工程公司对上述债务承担连带清偿责任。

法院裁判

一审法院判决驳回管理公司的诉讼请求,二审法院认为管理公司与投资公司签订《股份转让协议》虽没有提出由谁付款,但按照协议应由投资公司支付;在该转让函和协议中,并没有提出付款的先决条件。据此,投资公司应当先付款,在其不能付款时,再由工程公司承担付款责任。判决撤销一审判决,投资公司于判决生效后 10 日内向管理公司支付 2908 万元及逾期付款利息,工程公司承担补充赔偿责任。工程公司、投资公司不服,提起再审。

生效裁判认为,投资公司与管理公司签订《股份转让协议》并受让案涉股权是工程公司整体收购管理公司股权的交易环节之一,双方仅是代持股关系,而非股权转让关系。根据《承诺书》所约定的内容,工程公司就股权转让不必向管理公司支付对价,管理公司亦不会就股权转让事宜向工程公司主张追索权,投资公司之所以取得本案诉争股权,是依据与工程公司所签订的《股份转让协议》,且投资公司与管理公司的全体股东签订了《股份转让协议》,并支付了除本案股权转让款外的 11685 万元。同时,2010 年 8 月 24 日,工程公司也向管理公司发出《股权转让通知函》,故投资公司收购本案诉争股权,是股权并购的一个环节。现管理公司再向投资公司主张股权转让款,并由工程公司承担连带清偿责任,理由不足。工程公司、投资公司的再审理由成立,再审请求予以支持。综上,再审法院判决撤销二审判决,维持一审判决。

案例评析

本案再审审理的焦点问题是投资公司应否向管理公司支付案涉股权转让款及逾期利息，工程公司应否对上述债务承担连带清偿责任。本案从协议签订以及股权交易情况来看，应当认定为双方签订《股份转让协议》并受让案涉股权是工程公司整体收购管理公司股权的交易环节之一，双方仅是代持股关系，而非股权转让关系。

从协议内容来看，投资公司与管理公司签订《股份转让协议》的行为系工程公司与管理公司股权整体收购交易的环节之一，根据管理公司出具的《承诺书》，工程公司、投资公司无须向管理公司支付股权转让款。根据2010年8月12日咨询公司、司某与工程公司签订的《协议书》，管理公司股权转让的整体交易安排是，先由工程公司受让100%的股权，再择机将其中33%的股权让与咨询公司，以达到工程公司与咨询公司共同持股、共担风险、共享收益的合同目的；对于收购资金，由于咨询公司资金不足，先由工程公司垫付解决。由于投资公司持有工程公司19.13%股权，因此该部分股权亦在工程公司收购范围之内，管理公司于上述《协议书》签订当日向工程公司出具《承诺书》，承诺其所持有的管理公司19.13%股权无偿转让至工程公司，工程公司在适当时候再无偿出让与咨询公司。从《承诺书》与《协议书》的关系来看，案涉19.13%股权系《协议书》约定的工程公司需择机转让至咨询公司33%股权中的一部分，《承诺书》系为履行《协议书》所做整体交易安排而形成，管理公司亦是基于此才作出工程公司无须支付股权转让对价之承诺，该种承诺表明各方并没有由工程公司实际受让并持有该19.13%股权的意思表示。

从上述协议内容看，工程公司与投资公司在收购案涉股权交易中系一致行动人，案涉股权不论是由工程公司还是投资公司持有，均是《协议书》确定的整体交易安排下的环节之一，而并非管理公司抗辩的其与投资公司又形成了独立的股权转让关系。因此，管理公司要求工程公司与投资公司支付股权转让款没有事实和法律依据。

本案涉及目标公司在股权转让协议履行过程中的权利和义务。

1. 有限公司股权变更记载和变更登记义务主体是目标公司

有限责任公司的股权变更登记包括以下两个方面的内容：一是进行股东名册的变更记载，属于公司内部变更登记；二是进行工商变更登记。《公司法》第八十六条第一款规定：股东转让股权的，应当书面通知公司，请求变更股东名册；需要办理变更登记的，并请求公司向公司登记机关办理变更登记。公司拒绝或者在合理期限内不予答复的，转让人、受让人可以依法向人民法院提起诉讼。第八十七条规定：依照本法转让股权后，公司应当及时注销原股东的出资证明书，向新股东签发出资证明书，并相应修改公司章程和股东名册中有关股东及其出资额的记载。对公司章程的该项修改不需再由股东会表决。

从上述规定可以看出，无论是股权在股东名册上的变更记载，还是工商变更登记，变更登记义务主体均是公司而不是股权转让方。法律设定这一义务的目的在于保护受让人的权益得以实现，同时维护登记的公信力，保障股权交易的安全。

2. 目标公司不是股权转让合同的缔约方

一般情况下，股权转让协议的缔约方通常是转让方、受让方，转让方为持有标的股权的股东，受让方为拟受让股权的原公司股东或其他外部主体。股权转让也包含了股权作为财产权属的变更和受让人股东资格的取得，转让方应当享有对标的股权的所有权。股权的所有权人为目标公司的股东，故而成为股权转让方为应有之义。

在公司出现公司法规定的公司回购情形时，公司可以通过向退股撤资的股东收购股权，取得自身的股权。例如，公司章程规定的营业期限届满，股东会决议修改公司章程使公司存续的，对于投反对票的股东，目标公司可以回购该股东的股权。在公司通过回购取得自身股权时，目标公司本身便成为股权转让合同中的转让方。

在目标公司本身不是适格的转让方的情形下，一般情况下，目标公司不会作为股权转让合同的转让方。公司与股东之间的财产（包括股权）相互独立，在股东事前未授权或事后未认可的情况下（如股权会通过集体转让股权决议，可视为股东委托目标公司转让股权），目标公司不能转让股东享有的股权,目标公司不能代替股东行使原为股东的权利。退一步来说,即使以目标公司作为受让方,以公司股东作为出让方时应严格限制并遵循法律法规,因该行为会导致公司财产的减少,涉嫌抽逃出资。

典型案例 42　胡某与 Z 公司、王某、陈某股权转让纠纷案[①]

案例要旨

股权转让是股东之间所发生的行为,股权转让所涉及的目标公司既不可能也不会成为股权转让合同的当事人。H 公司作为本案当事人进行股权转让的目标公司,不享有合同项下的权利,亦不承担合同项下的义务,其不是系列合同的主体,未在协议上签章或追认,不影响合同的法律效力。

基本案情

2014 年 7 月 16 日,Z 公司与 H 公司原股东王某、陈某、胡某及案外人就 H 公司增资一事签署了《增资协议》,约定:Z 公司认购 H 公司新增 500 万股,增资价格为 12 元认缴 1 股,增资价款共计 6000 万元。同日,各方签署《补充协议一》,约定,如果 H 公司在增资完成后 36 个月内未能实现首次公开发行股票并上市,增资方有权要求原股东回购股份,回购价格为增资方增资价款与按 6% 的年利率计算的利息之和。2015 年 7 月 30 日,《增资协议》的缔约各方签订《补充协议二》,约定:各方一致同意终止《补充协议一》第二条"赎回权利(回购)退出"条款。2015 年 8 月 20 日,《增资协议》的缔约各方签订《补充协议三》,重新约定了赎回权利(回购)或退出条款,该条款对于赎回权行使条件以及赎回价格的约定与《补充协议一》的约定一致。

因原股东未履行回购义务,Z 公司向一审法院起诉请求:判令王某、陈某、胡某立即向 Z 公司支付 7241.75 万元用于回购 Z 公司所持有的 H 公司的全部股份;判令支付迟延履行利息。

[①] 最高人民法院(2019)最高法民申 1982 号。

法院裁判

一审法院判决：王某向 Z 公司给付 3859.43 万元、陈某向 Z 公司给付 2687.97 万元、胡某向 Z 公司给付 694.35 万元；并支付迟延履行利息。胡某不服，提起上诉和再审申请，二审法院及再审法院均予以驳回。

生效裁判认为：关于《补充协议三》是否生效的问题。首先，案涉协议在合同中设立的与权利义务相对应的当事人约定的行使权力和履行义务的主体为新旧股东，而 H 公司作为接受投资和被持股的目标公司，是案涉协议当事人行使相关权利、履行相关义务，而非一方合同当事人。目标公司是否在该协议上签章，并不必然影响新旧股东之间的交易安排或合同权利与义务。其次，《补充协议三》明确约定"原股东和增资方在本协议中合称各方"，即合同中已经明确第 2.3 条规定的"本协议自各方授权代表签字（盖章）后于文首书明日期生效"中的"各方"是指新旧股东，并不包括目标公司在内。按照合同约定，新旧股东"各方"均已签字盖章，协议已经生效。最后，从合同文本的签署页安排来看，并非目标公司即 H 公司未签署，而是签署页本身仅预留新旧股东"各方"签署处，而未预留目标公司签署处，这与前述理由相互印证协议当事人各方合意目标公司并非协议当事人。因此，胡某、王某关于原判决认定 H 公司不是合同主体、案涉《补充协议三》具有法律效力明显错误的申请再审理由不能成立。关于股份回购条款是否有效的问题。根据原审查明事实，虽然《补充协议二》明确约定终止《补充协议一》第二条"赎回权利（回购）或退出"条款，但在其后签署的《补充协议三》中，各方一致同意就《补充协议二》中的相关事项作出进一步约定，其具体约定内容实质上就是恢复前述股份回购条款，系对《补充协议二》的有效变更，代表了协议各方的最新意思表示，各方均应依约履行。因此，胡某关于 Z 公司主张行使股份赎回权没有事实依据的申请再审理由不能成立。

综上，再审法院驳回申请人的再审申请。

案例评析

一般情况下，股权转让协议的缔约方通常是转让方、受让方，转让方为持有标的股权的股东，受让方为拟受让股权的原公司股东或其他外部主体。股权转让也包含了股权作为财产权属的变更和受让人股东资格的取得，转让方应当享有对标的股权的所有权。股权的所有权人为目标公司的股东，故而成为股权转让方为应有之义。在公司出现公司法规定的公司回购情形时，公司可以通过向退股撤资的股东收购股权，取得自身的股权。例如，公司章程规定的营业期限届满，股东会决议修改公司章程使公司存续的，对于投反对票的股东，目标公司可以回购该股东的股权。在公司通过回购取得自身股权时，目标公司本身便成为股权转让合同中的转让方。

在目标公司本身不是适格的转让方的情形下，目标公司不会作为股权转让合同的转让方。公司与股东之间的财产（包括股权）相互独立，在股东事前未授权或事后未认可的情况下，目标公司不能转让股东享有的股权，目标公司不能代替股东行使原为股东的权利。退一步来说，即使以目标公司作为受让方，以公司股东作为出让方时应严格限制并遵循法律法规，因该行为会导致公司财产的减少，涉嫌抽逃出资。

本案中，《增资协议》及三份补充协议均是约定原股东与新股东（Z公司等）之间增资入股及股权转让相关权利义务内容的合同。H公司作为目标公司不享有上述合同项下的权利，亦不承担合同项下的义务，其仅为合同列明的目标公司，不是系列协议的合同主体。上述协议均是由各商主体通过协商等方式相互妥协平衡利益后为了达到最终目的而签订的。各商主体对协议的内容字斟句酌，形式上亦追求完备。各份协议预留的签字页上，均没有为H公司预留签章页，亦可说明H公司并非上述协议的签订主体。非合同主体的H公司未在协议上签章，不影响协议的效力。

三、股权转让中意思表示的认定

（一）意思表示的构成要素

意思表示的成立包含两个阶段：一是内心意思阶段，即表意人内心思想的形成；二是外部表示阶段，即把该内心意思通过一定方式表达出来，使内心的意思能够被了解。① 相应的意思表示也由主观要素与客观要素构成，通说认为意思表示的主观要素包含：行为意思、表示意思及效果意思；客观要素即表示行为。

行为意思，指表意人自觉从事某项行为的内心意思；表示意思，是表意人想通过特定的方式传达参与法律交易或法律交往的意识；效果意思，即表意人具有发生一定私法效果的内心意愿。表示行为，是内心意思的外部表达，是行为人将内心意思以一定的方式表现于外部，并足以为外界所了解的行为。

（二）认定转让人具有转让股权意思表示的要素

股权转让中，转让人具有股权转让的意思表示，应当包含以下要素：首先，转让人有自觉进行股权转让的内心意思；其次，转让人想通过特定方式传达其转让股权的意思；再次，转让人具有发生股权转让的内心意愿；最后，转让人想通过明示或默示的方式将其股权转让的意思表达于外。②

典型案例43　投资公司与实业公司、置业公司股权转让纠纷案③

案例要旨

区分"阴阳合同"，应结合合同签订的时间和背景、合同载明的内容、合同之间的关系和当事人的实际履行情况等事实，确定当事人的真实意思表示。根据《民法典》第一百四十六条的规定，以虚假的意思表示实施的民事法律行为无效，以虚假的意思表示隐藏的民事法律行为的效力，依照有关法律规定处理。一般情况下，"阳合同"系虚假意思表示，其不发生效力；而"阴合同"意思表示真实，其是否有效取决于合同内容是否合法，签订"阴阳合同"的合同目的通常不影响"阴合同"本身的效力。

基本案情

实业公司为置业公司股东，持有置业公司20.69%的股权。2015年10月

---

① 朱庆育：《民法论》，北京大学出版社2013年版，第184页。
② 禹海波：《股权转让案件裁判精要》，法律出版社2020年版，第307页。
③ 最高人民法院（2020）最高法民申2279号。

31日，实业公司、置业公司及投资公司签订《2015年协议》，约定，实业公司将持有的置业公司全部股份及定额分红1200万元以2400万元的价格转让给投资公司，在2015年12月31日之前、2016年3月30日之前分别支付1200万元，逾期需支付违约利息。

2016年4月13日，实业公司与投资公司签订《2016年协议》，约定，实业公司将持有的置业公司全部股权以1303.45万元的价格转让给投资公司。协议签订后15日内实业公司应协助置业公司办理股权变更登记。协议签订后，置业公司完成了股权变更登记。投资公司分别于2016年7月19日、20日向实业公司支付了股权转让款合计1303.45万元。2018年7月10日，实业公司要求投资公司支付剩余价款1096.55万元及利息，被投资公司拒绝。实业公司向一审法院提起诉讼，请求判令投资公司支付剩余价款及违约利息。

法院裁判

一审法院认为两份协议属于"阴阳合同"，《2015年协议》系真实意思表示，且合法有效，应依约履行，判令投资公司支付剩余价款及违约利息。经一审、二审，投资公司均对裁判结果不服，向最高院申请再审。

生效裁判认为，本案的争议焦点是，存在两份内容不同的股权转让协议，哪份协议发生效力，应当结合协议签订的时间和背景、协议记载的内容、协议之间的关系、当事人实际履行的情况等事实，确定当事人的真实意思表示。同时存在两份内容不同的股权转让协议，且两份协议之间既非补充关系，也非替代关系，此时两份协议性质上属于"阴阳合同"，仅有一份反映了双方当事人的真实意思表示。根据我国《民法典》第一百四十六条的规定，行为人与相对人以虚假意思表示的民事法律行为无效，以虚假意思表示隐藏的民事法律行为的效力，依照有关法律规定处理。据此，只有意思表示真实的协议才可能发生效力，对当事人真实意思表示的认定就尤为重要，应当结合协议签订的时间和背景、协议记载的内容、协议之间的关系、当事人实际履行的情况等事实综合判断。

本案中，《2015年协议》与《2016年协议》属于"阴阳合同"，仅有一份意思表示真实。而《2016年协议》所载的价款履行情况与实际不符，结合投资公司及其法定代表人收购置业公司全部股权的背景，以及《2016年协议》约定的价款金额、支付时间、股权变更登记时间，可认定《2016年协议》是用于办理股权变更登记而签订的"阳合同"，不发生效力，《2015年协议》才是意思表示真实的"阴合同"。《2015年协议》中设立的定额分红条款，是确认股权转让价款的一个因素，其不属于法定的抽逃出资的情形，协议合法有效。因此，应当依据《2015年协议》确定双方的权利义务关系，投资公司应当依约支付剩余价款及违约利息。

综上，再审法院驳回申请人的再审申请。

案例评析

本案的争议焦点是，就同一股权转让事项签订了两份不同的股权转让协议，哪份协议发生效力。

1. "阴阳合同"的定义及产生原因

所谓"阴阳合同"，是交易双方就同一交易事项签订的两份甚至两份以上交易条件不一致的合同，其中，记载双方真实交易条件并作为双方履约依据的合同为"阴合同"；交易条款并非双方真实意思表示但出示给相应国家机关进行备案或作为缴纳税款等依据的为"阳合同"。实践中，就股权转让而言，采用阴阳合同一般是出于规避公司其他股东的优先购买权、逃避国家税收以及股权工商变更登记等目的。

2. "阴阳合同"的效力认定

对于"阴阳合同"的效力认定，《民法典》第一百四十六条明确规定，行为人与相对人以虚假的意思表示实施的民事法律行为无效。以虚假的意思表示隐藏的民事法律行为的效力，依照有关法律规定处理。因此，无论出于何种目的签订阴阳合同进行股权转让，"阳合同"属于"以虚假的意思表示实施的民事法律行为"，应认定为合同无效。由于"阴合同"背后隐藏的民事法律行为，体现了双方当事人的真实意思表示，原则上不应否定其效力。但隐藏行为的效力最终如何，需要根据该行为自身的效力要件予以判断，不宜不加限制一律承认其效力。

本案中，《2015年协议》的签订主体为实业公司、投资公司、置业公司，《2015年协议》约定了经三方商定，实业公司持有的置业公司20.69%的股权按1200万元的价格转让，同时三方商定实业公司享受定额分红1200万元，共计 2400 万元，投资公司同意按此价格收购实业公司持有的置业公司股权等内容。根据已查明的事实，置业公司于 2016 年 5 月 6 日办理了股权变更登记手续，实业公司已不再享有置业公司的股东身份。从《2015 年协议》的整体约定内容来看，协议中关于定额分红 1200 万元的约定，系确认股权转让价款的一个因素，且案涉 2400 万元的付款义务人为投资公司。另外，本案中，原审已查明，《2016 年协议》签订于 2016 年 4 月 13 日，该协议约定"本协议签署时，投资公司已将全部的股权转让价款 1303.45 万元向实业公司支付完毕"，但投资公司直至 2016 年 7 月 19 日、20 日才分两笔支付完毕，该协议约定与实际情况不符。在此情形下，尚难直接确定该协议体现了当事人的真实意思表示。法院根据《2016 年协议》约定的股权转让款金额、支付时间，以及案涉股权变更登记时间，并结合各方当事人实际支付股权转让款的具体情况，认定《2016 年协议》应系用于办理股权变更登记手续而签订的合同，并不缺乏证据证明。同时，因《2015 年协议》系三方当事人签订，该协议对股权转让的份额、价款以及支付方式和违约责任等均进行了约定，且其内容亦未违反法律、行政法规的强制性规定，故《2015 年协议》系本案当事人转让股权的真实意思表示，并以《2015 年协议》确定双方的权利义务关系，并无不当。

典型案例 44　投资公司、闫某、旅游开发公司与实业公司股权转让纠纷案[①]

案例要旨

投资公司虽主张以在内地、香港签订两份合同的方式进行交易，有逃税的故意，构成以合法形式掩盖非法目的情形，本案证据不能证实双方有逃税的合意，并致使交易产生了逃税的结果。本案并不存在投资公司主张的影响合同效力的法定情形，故认定当事人先后签订的股权转让合同均为有效。

基本案情

2014 年 4 月 9 日，实业公司、A 置业公司、F 置业公司与投资公司签订

---

① 最高人民法院（2017）最高法民终 414 号。

《股权转让合同》（以下简称原合同），约定：实业公司、A 置业公司、F 置业公司将持有的发展公司 100% 股权转让给投资公司，转让价款为人民币 9000 万元。

2015 年 6 月 29 日，实业公司、A 置业公司、F 置业公司与投资公司签订《股权转让合同》（以下简称新合同），约定：实业公司、A 置业公司、F 置业公司将持有的发展公司 100% 股权转让给投资公司，转让价款为人民币 4.6 亿元，其中投资公司向实业公司支付股权转让款人民币 3 亿元，向 A 置业公司、F 置业公司分别支付股权转让款人民币 8000 万元。

同日，实业公司、A 置业公司、F 置业公司作为转让方与受让方投资公司、担保方闫某、旅游开发公司共同签订一份《股权转让补充协议》，约定：双方于 2014 年 4 月 9 日签订了发展公司股权转让合同及补充协议（原合同），由于受让方的原因致使原合同未能全面履行，经协商，基于客观条件发生变化，同意对原合同的部分条款进行变更，于 2015 年 6 月 29 日签订新的发展公司股权转让合同及补充协议（新合同），担保方自愿就新合同关于受让方对转让方的义务和责任，向转让方承担连带保证责任。原合同有约定，而新合同未提及的，包括但不限于主合同条款、补充协议、备忘或承诺等，仍执行原合同约定。原合同与新合同有冲突的，系新合同对原合同的变更，执行新合同的约定，新合同条款若发生无效或被撤销，原合同条款依然有效。

实业公司、A 置业公司、F 置业公司向一审法院提起诉讼，请求：判令继续履行双方于 2015 年 6 月 29 日签订的《股权转让合同》及相关补充协议；判令投资公司向实业公司支付剩余股权转让款人民币 5400 万元，向 A 置业公司支付剩余股权转让款人民币 8000 万元，向 F 置业公司支付剩余股权转让款人民币 8000 万元；闫某、旅游开发公司对上述债务承担连带责任。

法院裁判

一审法院认为：双方签订的涉发展公司股权转让系列合同及补充协议系当事人的真实意思表示，且未违反法律、行政法规的强制性规定，应属有效协议，双方应继续履行，判决支持原告的诉讼请求，投资公司、闫某、旅游开发公司不服一审判决，提起上诉。

生效裁判认为，本案的争议焦点是：案涉合同及补充协议的效力问题。根据一审查明的事实，投资公司与实业公司、A 置业公司、F 置业公司就转让发展公司 100% 股权一事，先是达成原合同及相关补充协议，后因履行问题，又达成新合同及相关补充协议，对原约定部分内容进行了变更，主要是将股权转让价格从 9000 万元增加至 4.6 亿元。上述合同及补充协议是双方当事人的真实意思表示，不违反法律、行政法规的强制性规定。投资公司、闫某、旅游开发公司虽主张存在境外交易，有逃税的故意，构成以合法形式掩盖非法目的情形，但新合同第 3.4 条、第 3.6 条已约定了税费的承担和税源监控登记办理手续的责任。而且，其在一审诉讼中提交的《约务更替及转让契据》与本案没有直接联系，且没有履行证明手续，其真实性无法确定，一审法院对其不予采信并无不当。在案证据不能证实双方有逃税的合意，并致使交易产生了逃税的结果。其还主张新合同提高价格，存在恶意串通情形，亦无证据证实，且对方当事人予以否定。其还主张存在情势变更情形，据查，政府对用地规划进行调整只对发展公司名下土地使用权开发存在影响的可能，对发展公司股权转让没有直接影响，不符合情势变更情形。可见，本案并不存在投资公司、闫某、旅游开发公司主张的影响合同效力的法定情形。

案涉合同内容均为发展公司股权转让事宜，投资公司、闫某、旅游开发公司主张双方转让的是土地使用权，不符合本案事实。其关于案涉合同及补充协议无效的上诉理由均不能成立，一审法院认定双方签订的涉发展公司股权转让合同及补充协议有效，并无不当。据此，二审法院判决驳回上诉，维持原判。

案例评析

本案的争议焦点是当事人就同一股权转让事项签订的系列股权转让协议及补充协议的效力问题。

本案中，投资公司与实业公司、A 置业公司、F 置业公司就转让发展公司 100% 股权一事，先是达成原合同及相关补充协议，后因履行问题，又达成新合同及相关补充协议，对原约定部分内容进行了变更，主要是将股权转让价格从 9000 万元增加至 4.6 亿元。上述合同及补充协议是双方当事人的真实意思表示，不违反法律、行政法规的强制性规定，也不是实践中经常存在的阴阳合同关系。新合同第3.4条约定，发展公司股权转让税源监控登记和工商变更登记手续，由受让方负责办理，转让方予以配合。第3.6条约定，办理税源监控登记和工商变更登记所发生的费用及应纳税费由转让方或受让方或发展公司按国家法律规定各自承担。上述条款对有关税费问题进行了约定，并无违法之处。双方是否存在通过签订合同和补充协议书逃避税费的问题，应由税务机关等行政主管部门作出认定，而截至目前相关部门并未作出此类认定和处罚。税务部门对股权转让的税费并不仅凭当事人约定的转让价款来计算，而是会依据相关规定对转让的股权价值核定后收税。如果说原合同有意做低转让价款，那么新合同已经提高了转让价款。因此，双方签订的涉发展公司股权转让系列合同及补充协议系当事人的真实意思表示，且未违反法律、行政法规的强制性规定，应属有效协议，双方应严格按照约定履行。

典型案例45 张某与宁某股权转让纠纷案[1]

案例要旨

本案中，双方当事人通过签订《股权转让协议》的方式实现离婚协议约定的股权分割内容，双方的真实意思并不是股权转让，故受让方无须按照《股权转让协议》的约定支付对价。

基本案情

张某与宁某曾系夫妻关系。2012年12月15日，张某与宁某签订《自愿离婚协议书》，约定张某因过错，自愿放弃夫妻共有财产的分割权利，T混凝土公司和T房地产公司的所有股权和所有权归宁某及儿女所有。2012年12月27日，张某与宁某在银川市兴庆区民政局办理了离婚手续，在留档的表格式《自愿离婚协议书》财产分割一栏中女方的财产为T房地产公司、T混凝土公司，男方财产为丰田车一辆，个人名下存款。2013年1月7日，张某作为转让方与受让方宁某签订《股权转让协议》，约定张某将持有公司90%的股权共900万元出资额，以900万元转让给宁某，股权转让款在协议订立七日内以现

---

[1] 最高人民法院（2015）民申字第3079号。

金形式支付。2013年1月10日办理了工商变更登记，将法定代表人张某变更为宁某，出资成员由T混凝土公司100万元，张某900万元，变更为T混凝土公司100万元，宁某900万元。

张某以宁某未支付股权转让款为由向法院起诉，请求：判决解除《股权转让协议》，并赔偿张某的损失400万元。

法院裁判

一审法院认为：双方虽在《股权转让协议》中约定了宁某的付款义务，但此约定并非缔约双方的真实意思表示。因张某与宁某以签订《股权转让协议》方式实现离婚协议约定内容并不为目前法律法规所禁止，故宁某取得离婚协议中约定股权，依法并不负有向张某支付对价的义务，判决驳回张某的诉讼请求。经一审、二审，张某均对裁判结果不服，向最高院申请再审。

生效裁判认为，张某与宁某曾系夫妻关系，后因夫妻感情确已破裂，两人协议离婚，并于2012年12月15日签订《自愿离婚协议书》。该协议约定："夫妻共有财产归妻子宁某和儿女们所有。我（张某）同意将T混凝土公司及T房地产公司自己名下的所有股份权利及其他一切所有权归妻子宁某及儿女所有。"2012年12月27日，张某与宁某在银川市兴庆区民政局办理了离婚手续，在婚姻登记机关所留档的《自愿离婚协议书》财产分割内容与上述约定吻合。根据《最高人民法院关于适用〈中华人民共和国婚姻法〉若干问题的解释（二）》第八条的规定，上述离婚协议内容合法有效，对张某和宁某均具有法律约束力。

张某与宁某自愿离婚后，双方于2013年1月7日就张某所持有的T房地产公司90%股权签订了《股权转让协议》，并依据该协议于2013年1月10日在工商登记部门办理了股权过户手续，宁某登记为持有T房地产公司90%股权的股东。上述《股权转让协议》虽约定宁某需支付900万元取得张某名下的T房地产公司90%股权，但结合双方在《自愿离婚协议书》确定的夫妻共同财产分割内容，足以认定双方签订《股权转让协议》仅是履行离婚协议内容的具体行为，《股权转让协议》所约定的上述900万元股权对价款，并非双方的真实意思表示。

综上，再审法院驳回申请人的再审申请。

案例评析

本案的争议焦点是双方签订的股权转让协议是为履行离婚协议的具体内容还是就股权转让达成的合意。

张某根据《民法典》第五百六十三条规定以及《股权转让协议》中有关约定提出上述诉讼请求的事实依据是，宁某未能在股权转让协议签订后 7 日内以现金方式支付 900 万元，故宁某是否负有按约定支付 900 万元的义务成为本案关键所在。本案中，张某与宁某虽然签订了《股权转让协议》，并依据该协议在工商行政管理部门办理完毕股权变更手续，使宁某承继了张某在 T 房地产公司股东地位及股权比例，但双方当事人并非普通市场主体基于交易行为而签订上述《股权转让协议》，而是张某与宁某曾为合法夫妻关系，二人在银川市兴庆区民政局以协议方式办理离婚手续时，张某书面承诺将其持有的 T 房地产公司 90% 股权分割予宁某，为履行离婚协议内容才是双方签订股权转让协议的真实目的。

根据《最高人民法院关于适用〈中华人民共和国婚姻法〉若干问题的解释（二）》第八条第一款关于"离婚协议中关于财产分割的条款或者当事人因离婚就财产分割达成的协议，对男女双方具有法律约束力"的规定，以及从股权转让协议签订起至提起本案诉讼为止，张某均无证据证明存在曾向宁某提出了付款请求以及被拒绝的事实可知，双方虽在股权转让协议中约定了宁某的付款义务，但此约定并非缔约双方真实意思表示。因张某与宁某以签订《股权转让协议》方式实现离婚协议约定内容并不为目前法律法规所禁止，故宁某取得离婚协议中约定股权，依法并不负有向张某支付对价的义务。

四、隐名股东股权转让

对公司外部而言，公司的股权应当以对外公示的工商登记为准；而在公司内部，有关隐名股东身份及持股份额之约定等属于实际出资人与公司或名义股东形成的债权债务的合意，除了隐名股东要求变更为显名股东以外，该约定不会引起外部其他法律关系的变化，亦不会破坏有限责任公司的人合性，故一般应当认可其有效性。

有限责任公司非常强调人合性，即重视公司股东之间的相互信任。隐名股东虽非经工商登记，但其在公司内部享有的隐名投资人地位及股权依法应当得到保护，因而在满足一定条件时仍可依法转让股权。且公司的隐名股东转让其在公司的实际股权，只是转让了其对公司或名义股东所有的特殊的债权，并未影响公司原股东之间的信任关系。若受让股权的第三人明知隐名股东的身份，且显名股东没有提出异议，则隐名股东转让其股权的行为应当认定为有效。

典型案例 46　焦某成、焦某伟与毛某、煤炭公司股权转让纠纷案[①]

案例要旨

1. 公司向股东出具的确认股东身份及份额的文件有效，即使该股东非工商登记的股东，也可据此享有以隐名股东身份持有的股权。

2. 隐名股东可以依法转让股权。如股权转让的受让人明知其系隐名股东，且公司及其他登记股东均未对股权转让提出异议，则《股权转让合同》合法有效。

基本案情

煤炭公司的法定代表人为焦某成，主要股东为焦某成、H公司。H公司的法定代表人为焦某伟，焦某伟、焦某成系亲属关系。2008年，毛某与煤炭公司签订协议，向煤炭公司投资3000万元建设费用，承包公司某工段的生产和经营。2008年3月，焦某成、焦某伟分别以生产用款为由向毛某借款400万元、500万元。2009年，毛某与煤炭公司签订《股权认购协议书》，约定：毛某占该公司总股份35200万元12%的股权，由焦某伟、毛某及原其他股东组成股东会，现公司股权以本协议为准，与工商注册无关。协议同时约定毛某与煤炭公司原来的协议全部终止作废。《股权认购协议书》签订后，双方未办理工商注册变更登记。2013年，毛某与焦某成签订《股权转让合同》，约定将毛某拥有的煤炭公司12%的股权作价1亿元人民币转让给焦某成。2014年12月6日，毛某与焦某成、焦某伟、煤炭公司签订《补充协议书》，约定焦某伟与煤炭公司为焦某成的全部债务提供连带责任保证。毛某向一审法院

---

① 最高人民法院（2016）最高法民终18号。

提起诉讼，请求判令：焦某成给付股权转让价款1亿元及违约金；焦某伟、煤炭公司承担连带保证责任。

法院裁判

一审法院判决支持了毛某的诉讼请求。焦某成等不服一审判决，提起上诉，二审法院认为毛某作为隐名股东有权转让股权，判决驳回上诉、维持原判。

生效裁判认为，毛某与煤炭公司于2009年1月12日签订了《股权认购协议书》，并盖有煤炭公司印章，焦某伟及毛某亦均签字捺印。根据该协议书中首部的内容可以认定，煤炭公司已经确认焦某伟与毛某享受煤炭公司股东的权利及义务。在公司内部涉及股东之间的纠纷中，法律并未明确规定未经登记的股东不具备股东资格，而是应当结合其他证据综合认定。煤炭公司以签订《股权认购协议书》的形式，确认了焦某伟及毛某股东之身份，并认可该二人享有公司股东的权利及义务，据此，可以确认毛某系煤炭公司隐名股东这一身份，其股东资格不因未经工商登记而被否定。在案涉的《股权认购协议书》中，煤炭公司确认了毛某享有12%的股权，明确了其投资份额，无论此协议的签订是基于其他实际出资人股权之转让抑或其他原因，该协议所确定之内容均不违反法律法规的效力性强制性规定，应当依法确认其合法性。因此，就本案纠纷而言，毛某依据《股权认购协议书》享有以隐名股东身份持有12%的股权，其有权转让该股权。

2013年12月28日，毛某与焦某成签订了《股权转让合同》，约定将毛某持有的煤炭公司12%的股份转让给焦某成，作为时任法定代表人的焦某成应当知晓该事实。在明知毛某为隐名股东的情形下，焦某成与毛某之间转让该12%股权的行为依法成立。煤炭公司就该转让行为不但未提出异议，而且在2014年12月6日的《补充协议书》中承诺承担连带保证责任，并出具了《担保书》，此外，亦未见煤炭公司的其他时任登记股东提出任何异议。因此，焦某成与毛某之间签订的《股权转让合同》合法有效，焦某成、毛某、焦某伟、煤炭公司四方基于此而签订的《补充协议书》亦合法有效，各方均应当依约履行合同。基于已经查明的事实，在《股权转让合同》及《补充协议书》签订后，焦某成未能如约履行支付股权转让款的义务，毛某主张焦某成继续履行付款义务并承担违约责任的主张符合约定和法律规定。

案例评析

本案涉及的问题是隐名股东转让股权的问题，隐名股东是否有权转让股权？如果有权转让，需满足哪些特定条件？

本案中，毛某虽非煤炭公司工商登记的股东，但煤炭公司以签订《股权认购协议书》的形式确认了毛某股东之身份及份额，系煤炭公司的隐名股东。《股权认购协议书》确认了毛某享有12%的股权，明确了其投资份额，无论此协议的签订是基于其他实际出资人股权之转让抑或其他原因，该协议所确定之内容均不违反法律法规的效力性强制性规定，应当依法确认其合法性。因此，就本案纠纷而言，毛某依据《股权认购协议书》享有以隐名股东身份持有12%的股权。

毛某作为隐名股东，在满足一定条件下，可以依法转让该股权。本案股权转让的受让人焦某成作为公司时任法定代表人明知毛某系隐名股东，因此焦某成与毛某之间转让该12%股权的行为依法成立。且煤炭公司及其他时任登记股东均未对此次转让提出任何异议，因此《股权转让合同》合法有效。焦某成应按《股权转让合同》的约定履行支付股权转让款的义务。

典型案例47　罗某与聂某、刘某、投资公司股权转让纠纷案[①]

案例要旨

隐名股东以自己的名义签订股权转让协议且经显名股东签字确认，视为股权转让有效。名义股东因其全部股权的转让而在目标公司不享有任何股东权益及其他权益，作为其名下的隐名股东自然也不再享有目标公司的任何股东权益和其他权益，即隐名股东的股东权利随着股权的全部转让而归于消灭。

基本案情

2014年3月10日，投资公司通过《股东会决议》和《章程修订案》，确

[①] 最高人民法院（2019）最高法民申5848号。

认:"罗某为隐名股东,其10%股权由刘某代持,罗某可直接享有10%股权对应的投资款和分红权。"之后,罗某与刘某签署《股权代持协议》再次确认上述事实。其间,刘某与案外人聂某、王某等人多次签署《股权转让协议》,转让名下股权。2015年6月,聂某与刘某、王某签订了一份《协议书》,主要内容为:确认王某收购刘某的全部公司股权,刘某完全退出投资公司及中心城项目,在该项目中不享有任何权利和义务,在投资公司不享有任何股东权益及其他权益。罗某作为见证人在该协议书上签了名。2018年5月,罗某以其隐名股权已被聂某代持为由提起诉讼,请求确认其在投资公司仍享有10%股权,并由投资公司向其支付股权分红款。

法院裁判

本案经一审、二审,均判决驳回罗某的诉讼请求,罗某不服,向最高人民法院申请再审。

生效裁判认为,2015年6月签订的《协议书》中明确载明"刘某在投资公司不享有任何股东权益及其他权益",罗某作为见证人在该协议上签名。即罗某对刘某处分其名下剩余全部股权并完全退出投资公司的事实是明知的,但其未提出异议。时隔三年后,罗某称其对刘某转让股权毫不知情的理由不能成立。罗某还主张其隐名在刘某名下的10%股权因刘某转让给聂某而自然由聂某代持。股权代持行为系当事人处分自己权益的民事法律行为,需通过当事人明确的意思表示进行设立或者变更。罗某与聂某之间并无书面或口头的股权代持协议,在刘某与聂某、王某的股权转让协议中亦无对罗某的10%的股权转移代持人的约定,故罗某的该主张缺乏事实和法律依据,不应予以支持。综上,刘某因其全部股权的转让而在投资公司不享有任何股东权益及其他权益,作为其名下的隐名股东罗某自然也不再享有投资公司的任何股东权益和其他权益,即罗某的该权利随着刘某股权的全部转让而归于消灭。据此,再审法院驳回罗某的再审申请。

案例评析

股权代持,是司法实践中一个常见的问题。具体来说,就是公司的实际出资人与他人约定,以他人的名义代为履行公司股东的所有权利义务。此时,公司的实际出资人不在工商备案、公司章程、股东名册等任何文件中出现，均以他人的名义对外公示。一般来说，股权代持的方式主要通过签署《股权代持协议》进行，其他股东可能知情也可能不知情。股权代持中发生的任何纠纷均根据《股权代持协议》履行，但该协议不能对抗不知情的第三方，所以对实际出资人存在较高的风险。在我国，在不存在合同无效的前提下，股权代持是合法的法律关系，签订协议的各方应当遵照执行。对于股权代持中发生的问题，主要可以参考以下条款：《最高人民法院关于适用〈中华人民共和国公司法〉若干问题的规定（三）》第二十四条规定：有限责任公司的实际出资人与名义出资人订立合同，约定由实际出资人出资并享有投资权益，以名义出资人为名义股东，实际出资人与名义股东对该合同效力发生争议的，如无合同法第五十二条规定的情形，人民法院应当认定该合同有效。前款规定的实际出资人与名义股东因投资权益的归属发生争议，实际出资人以其实际履行了出资义务为由向名义股东主张权利的，人民法院应予支持。名义股东以公司股东名册记载、公司登记机关登记为由否认实际出资人权利的，人民法院不予支持。实际出资人未经公司其他股东半数以上同意，请求公司变更股东、签发出资证明书、记载于股东名册、记载于公司章程并办理公司登记机关登记的，人民法院不予支持。第二十五条规定：名义股东将登记于其名下的股权转让、质押或者以其他方式处分，实际出资人以其对于股权享有实际权利为由，请求认定处分股权行为无效的，人民法院可以参照《民法典》第三百一十一条的规定处理。名义股东处分股权造成实际出资人损失，实际出资人请求名义股东承担赔偿责任的，人民法院应予支持。

在股权代持的法律关系中，由于实际股权情况与工商备案的股权情况不一致，显名股东可能通过再次出让、质押等多种方式私下处置代持的股权，导致隐名股东的权益受到损失。据此，法院在审理过程中，将遵循诚实信用原则审核整个交易过程各方当事人之间的利益衡平，探究各方当事人的真实意思表示，实现实质正义。

五、"一股二卖"及股权转让中的善意取得

所谓"一股二卖"，是指原股东与受让方签订股权转让合同之后，变更登

记之前,原股东再次处分股权而发生股权归属争议的法律问题。一股二卖产生原因比较复杂,既有股权变动模式及商事外观主义等法律原因,也有原股东违背诚信原则等主观原因。《最高人民法院关于适用〈中华人民共和国公司法〉若干问题的规定(三)》规定,有限责任公司的股权,可以参照民法典物权编第三百一十一条规定予以善意取得,由此,股权之善意取得得以在我国法律文件中正式确立。

实务中,一股二卖与冒名转让股权的行为容易产生混淆,有必要予以区分。所谓冒名转让股权行为,指冒名人在未经真实股东同意或授权的情况下,通过冒用真实股东名义的方式,擅自将他人持有的股权转让给第三人的行为。目前,我国并不存在伪造他人签名无效的相关规定,因此,认定股权转让合同无效依据不足。在冒名转让股权行为情形下,转让股权并非真实股东的真实意思表示,真实股东并无向他人转让其股权之要约,因此,股权转让合同不成立。股权转让合同不成立的法律后果,可以依据《最高人民法院关于适用〈中华人民共和国民法典〉总则编若干问题的解释》第二十三条规定,参照适用《民法典》第一百五十七条的规定解决。针对受让人提出善意取得的抗辩,由于股权转让合同评价为不成立,尚未进入合同效力的评价阶段,因此,冒名转让股权的行为自然排除善意取得的适用。此外,需指出的是,股权被冒名转让后被再次转让,第二次转让符合善意取得条件的,则适用善意取得规则。

典型案例 48 建设公司与投资公司、刘某良、D 公司及 Z 公司、H 公司股权转让纠纷案[1]

案例要旨

股权在登记机关的登记具有公示公信的效力。受让人基于公司股权登记的公示方式而产生对转让人合法持有股权之信赖,符合《民法典》第三百一十一条所规定的维护善意第三人对权利公示之信赖,可类推适用《民法典》第三百一十一条有关善意取得的规定取得股权。

---

[1] 最高人民法院(2013)民二终字第 29 号。本案例经过笔者加工改写。

基本案情

投资公司、刘某良首先与建设公司签订《股权转让协议一》，约定：投资公司、刘某良将持有 J 公司、S 公司各 100% 的股权转让给建设公司，股权转让总价款为 1.7 亿元。建设公司依约交付 5400 万元转让款后，因故未能及时交付剩余款项，但是投资公司与刘某良均未行使解除权解除合同，也未办理工商变更登记；投资公司、刘某良又与 Z 公司签订《股权转让协议二》，约定：投资公司、刘某良将持有 J 公司、S 公司各 100% 的股权转让给 Z 公司，股权转让总价款仅为 1.41 亿元。其中 Z 公司股东刘某涛，也是 R 公司和 S 公司的高管人员，其知道该股权在 Z 公司受让前已由建设公司受让的事实，后 Z 公司办理了工商变更登记。Z 公司又与 H 公司签订《股权转让协议三》，约定：Z 公司将其持有的 J 公司、S 公司各 100% 的股权转让给 H 公司，股权转让总价款为 3.17 亿元。H 公司依约交付全部款项后，Z 公司将 J 公司、S 公司各 100% 的股权转让给 H 公司，并修改了 J 公司、S 公司章程，办理了工商变更登记。

建设公司在知道刘某良、投资公司再次转让 J 公司、S 公司股权后，向一审法院提起诉讼，请求：1. 确认投资公司将 Z 公司、R 公司各 10% 的股权再次转让给 D 公司的行为无效，判决该转让股权恢复至投资公司持有；2. 确认投资公司、刘某良将 J 公司、S 公司各 100% 的股权转让给 Z 公司的行为以及 Z 公司将该股权再次转让给 H 公司的行为无效，判决该转让股权恢复至刘某良和投资公司持有。

法院裁判

一审法院判决：《股权转让协议二》合法有效，驳回建设公司将 J 公司、S 公司 100% 的股权恢复至投资公司、刘某良持有的请求。建设公司、投资公司、刘某良、D 公司均不服上述判决，向本院提起上诉。二审法院驳回上诉，维持原判。

生效裁判认为，因刘某涛系 D 公司的股东及法定代表人、Z 公司股东，同时也是受让目标公司 Z 公司监事、R 公司总经理、S 公司执行董事和法定代表人，且投资公司、刘某良系将 J 公司、Z 公司、R 公司、S 公司的股权整体转让给建设公司，刘某涛作为目标公司的高管人员，知道或应当知道投资公司、刘某良已将案涉五家目标公司的股权转让给建设公司。而且 D 公司受让 Z 公司、R 公司各 10% 股权的价格 1000 万元显著低于建设公司受让同比股权的价格 24713145 元；Z 公司受让 J 公司、S 公司全部股权的价格 141901125 元显著低于建设公司受让全部股权的价格 170281350 元，故 D 公司、Z 公司不能依据有关善意取得的法律规定取得目标公司股权。

关于 H 公司能否善意取得案涉目标公司股权的问题，因建设公司无证据证明 H 公司在受让目标公司股权时系恶意，且 H 公司已支付了合理对价，J 公司、S 公司的股权业已由 Z 公司实际过户到 H 公司名下，H 公司实际行使了对 J 公司、S 公司的股东权利，符合《民法典》第三百一十一条有关善意取得的条件，故应当认定 H 公司已经合法取得了 J 公司、S 公司的股权。对建设公司有关确认 Z 公司转让 J 公司、S 公司股权的行为无效，并判决将 J 公司、S 公司股权恢复至投资公司、刘某良名下的诉讼请求，本院不予支持。

案例评析

本案的争议焦点是 H 公司能否善意取得案涉目标公司股权，即股权善意取得的要件问题。

1. 善意取得须有无权处分的外观

股权转让被无权处分是善意取得股权的前提。在双方当事人之间，以股权转让协议的签订为股权转让之时点。当转让方与受让方就股权转让达成合意时，股权就在双方之间完成了移转。这时，受让人取得股权，成为股权的真正持有人，原股东则丧失了对该股权的处分权。如果原股东仍将登记于其名下的股权再次转让，为无权处分。

2. 股权被无权处分时，受让须出于善意

《公司法》第三十四条规定：公司登记事项发生变更的，应当依法办理变更登记。公司登记事项未经登记或者未经变更登记，不得对抗善意相对人。因此，当转让方与受让方之间股权转让协议生效时，股权由原股东转移至受让方。但如果此种股权转让没有进行公司登记，则第三人无从知悉股权转让行为。前已述及，股权转让登记并非设权性登记，其意义仅在于保护善意第三人因为对公司登记制度的信任所产生的信赖利益。此种善意必须表现在第三人依据登记相信登记股东为股权的实际权利人,如果第三人在与原股东达成股权转让合意之前,已经知道了股权的转移,则其没有所谓信赖利益,第三人也无法取得该股权。因而如果登记的内容构成第三人的一般信赖,第三人可以以登记的内容来主张其不知道股权归属于他人,并进而终局地取得该股权;但受让股东可以举证证明第三人知道或应当知道该股权归属于受让股东自己,一旦证明,该第三人就不构成善意取得。

3. 第三人须支付合理对价

交易行为是否有合理对价,对善意取得的构成有无影响,各国规定不同。在多数西方国家及日本等国的规定并无合理对价的限制,只要属于交换行为即可,我国《民法典》将有偿性作为善意取得的构成要件,亦即须有合理对价。这是因为,第三人支付了合理对价才意味着其信赖利益值得优先保护。

4. 第三人的股权必须办理了工商变更登记

善意取得的另一个重要要求是第三人取得股权必须已经办理了股权工商变更登记,如果未办理工商变更登记,则第三人的股权没有对抗效力,不能对抗股权受让人。也就是说,如果转让股东仅与第三人签订了股权转让协议,甚至第三人已经支付了股权转让款,但第三人未被变更登记为公司股东的,受让人如起诉要求确认其为公司股东的,人民法院应予支持,公司应当依法为其办理变更登记。对于没有任何过错的第三人,则可以通过违约责任追究转让股东的民事责任。

本案中,H公司合法取得J公司和S公司的案涉股权。1. H公司受让J公司和S公司的股权系善意。H公司在受让前,委托会计师事务所对J公司、S公司进行了尽职调查,采取由第三方银行托管股权价款且按H公司指示付款的方式来支付股权转让价款,同时还要求Z公司就J公司、S公司的重大事宜进行了披露和对转让股权的合法性等事宜进行了一系列的陈述和保证,已尽一般的注意义务。2. Z公司处分J公司和S公司股权的行为在被确认无效前,系有权处分。Z公司受让J公司和S公司股权的《股权转让协议》及其《补充协议》本身不具有法定的无效情形,在建设公司主张确认投资公司、刘某良再次处分该股权行为无效之前,对Z公司和投资公司、刘某良均具有法律约束力，且在确认无效之前，Z公司对已经受让的股权进行处分时属于有权处分。当建设公司提出该协议损害其权益要求确认该股权行为无效后，使得投资公司、刘某良的该处分行为的效力不确定，当该处分行为被确认无效时，不当然地溯及Z公司有权处分的期间。3.该处分行为被确认为无效后，建设公司有权要求投资公司、刘某良以及Z公司承担折价补偿的民事责任。4.即使Z公司在处分案涉股权时属于无处分权，H公司业已善意取得了J公司和S公司的股权。H公司在受让案涉股权时已尽了审慎的注意义务，无过错，并同时支付了合理的对价，完成了J公司和S公司股权的工商变更登记手续，实际行使J公司和S公司的股东权利以及管理公司的生产经营活动，符合善意取得的条件。

六、标的公司被宣告破产的股权转让协议履行

股权转让交易的初衷多是取得公司控制权，进而谋求目标公司的长期发展利润。在股权转让合同履行过程中，标的公司破产是否对股权交付造成障碍。众所周知，区别于公司注销行为，破产程序本质上还是一种清算程序，客观上并不会产生消灭主体资格的法律后果，也就是说，破产程序当中的公司主体资格依然属于存续状态，对应的公司股权当然也不会消失，公司股权具备继续交付的事实条件。那么对于破产程序当中的公司，法律上是否有禁止或限制其股权变更、转让的相关障碍。《企业破产法》第七十七条对破产重整期间，公司董监高人员股权转让行为进行了限制，要求董监高人员不得在公司破产重整期间，将所持股权向第三人转让。但对于其他普通的持股人转让股权行为，以及董监高人员相互转让股权的行为，法律上并未禁止。

通说认为，股权并非物权、债权等其他权利，而是一种社员权。因此，尽管股权转让也是一种买卖，但它不同于一般的货物或商品买卖。由此决定，一般买卖中的风险负担规则不能概括适用于股权转让。股权的最大特点就是价值具有不确定性，故股权价值因标的公司经营情况变化而导致的贬值损失属于正常的商业风险，当事人应根据合同的约定承担。因此，当事人订立股权转让合同后，标的公司经营情况的变化不影响合同的继续履行。

典型案例 49　Z 公司与资产管理公司股权转让纠纷案[①]

案例要旨

当事人订立股权转让合同后，公司经营范围发生变化或者被宣告破产，不影响合同的继续履行。股权因公司经营范围发生变化或被宣告破产而导致的贬值损失属于正常商业风险，当事人应根据合同约定承担。

基本案情

证券公司于 2002 年开始着手进行增资扩股并改制成为股份有限公司。2002 年 10 月 30 日，证券公司向 Z 公司出具《承诺函》：待证券公司完成此次增资扩股及改制后，将即刻协助 Z 公司转让所持股份；若在 1 年内不能以股权托管方式向第三方转让 Z 公司所持股份，证券公司将协调资产管理公司托管 Z 公司所持股份；待 3 年禁售期满后办理正式转让手续。同日，资产管理公司出具相同内容的承诺。2003 年，证券公司改制为股份有限公司。资产管理公司与 Z 公司均系证券公司发起人，分别持有证券公司 0.24% 和 2.61% 的股份。2004 年 5 月 12 日双方签署《股份转让合同》，约定 Z 公司将其拥有的发起人股份在成为证券公司发起人届满 3 年之后的 2006 年 2 月 8 日起将股份转让给资产管理公司，并于 2006 年 5 月 8 日前将股份转让行为上报相关主管部门或机关。同日，资产管理公司与 Z 公司签订《股权托管协议》，约定：Z 公司委托资产管理公司管理上述股份。2004 年 10 月 18 日，证券公司将上述股份转让等情况上报证监会。证监会于 2004 年 10 月 28 日向证券公司出具《关注函》，载明，证券公司未报经证监会批准，安排股东 Z 公司将股权转让给证券公司子公司资产管理公司事宜，严重违反了证监会的相关规定，责令证券公司尽快整改，并将整改情况上报证监会机构监管部。资产管理公司致函 Z 公司，提出解除《股份转让合同》，并要求 Z 公司返还已预付的股份转让款及支付相应利息损失，之后，资产管理公司未再依《股份转让合同》约定继续支付第二笔、第三笔股份转让款。2005 年 12 月 15 日，证监会发出《关

[①] 最高人民法院 (2012) 民提字第 175 号。本案例经过笔者加工改写。

于撤销证券公司证券业务许可的决定》，通知证券公司撤销其证券业务许可，在北京市人民政府委托某资产管理公司对证券公司托管清算后，应配合清算组做好托管清算工作，清算结束后，证券公司应在北京市人民政府的监督下立即关闭。2006年4月11日，国务院国有资产监督管理委员会作出批复，同意Z公司为处置所持证券公司股权而与资产管理公司签订的《股份转让合同》，转让涉及各方应当切实履行合同约定的权利和义务。2008年7月31日，证券公司经北京市第二中级人民法院裁定进入破产程序。

资产管理公司向一审法院起诉请求判定《股份转让合同》无效，Z公司赔偿资产管理公司已付股份转让款60385860.45元。

法院裁判

一审法院判决：Z公司于判决生效后10日内给付资产管理公司损失款30192930元。Z公司不服，提起上诉，二审法院驳回上诉，维持原判。Z公司不服，向最高人民法院申请再审。

生效裁判认为，Z公司与资产管理公司签订的《股份转让合同》合法有效，且未被解除，Z公司在订立《股份转让合同》后并不存在违反《股份转让合同》的行为，资产管理公司要求Z公司退还股权转让款并赔偿损失没有法律依据。

第一，当事人订立的《股份转让合同》合法有效，且未终止，资产管理公司无权要求Z公司返还股权转让款。资产管理公司认为本案的《股份转让合同》违反《公司法》第一百四十七条的规定，并提起确认合同无效之诉，但603号判决已经对此进行了审理，并认为该《股份转让合同》不因违反以上规定而无效，该《股份转让合同》仍有效存在。资产管理公司认为，证券公司已经被撤销证券业务许可，并已被法院宣告破产，股权已经无法实际交付，合同没有继续履行的必要。从现有法律来看，合同是否能够履行并不当然影响合同的效力，更不会直接导致合同终止，因此，股权无法交付并不导致股权转让合同无效或者终止。从案件查明事实来看，现有事实尚不能导致《股份转让合同》无法履行。首先，证券公司被撤销营业资格并不影响股权的交付。当事人双方转让的标的物是证券公司的股份，《股份转让合同》第1.1条第3项对转让对象的承载主体证券公司进行界定，但这只是对证券公司相关情况的说明，并不意味着证券公司具备证券营业资格是转让的条件，因此，证券公司被撤销证券业务许可并不影响证券公司股权的转让。其次，证券公司进入破产程序也不会导致合同无法履行。尽管证券公司进入破产程序，但其尚未注销，证券公司的股份仍然存在，仍可以进行转让，资产管理公司主张证券公司进入破产程序导致股权无法变更缺乏法律依据。

第二，股权并未交付的责任不应由Z公司承担，资产管理公司无权要求Z公司赔偿相应损失。根据《股份转让合同》的约定，Z公司应在成为证券公司发起人届满3年之后的2006年2月8日起将股份转让给资产管理公司，并于2006年5月8日前将股份转让行为上报相关主管部门或机关，经获批准后共同协助证券公司申办工商变更登记手续，但双方至今未就证券公司的股份办理交割手续。从案件事实来看，Z公司在订立《股份转让合同》后，按照约定与资产管理公司签订了《股权托管协议》，并授权资产管理公司参加股东大会和董事会；积极将股权转让行为上报国务院国有资产监督管理委员会，并取得相关批复；多次致函资产管理公司，要求办理股权变更相关手续。可见，Z公司一直积极主动履行合同。相反，资产管理公司在知道证券公司可能被取消证券业务许可后，一方面，向证监会报送《关于Z公司股权转让事项的紧急报告》，认为股权转让行为严重违反有关政策，属无效行为；另一方面，自2006年以来先后提出三个诉讼，要求确认股权转让合同无效或者解除股权转让合同，以此来否认其受领股权的义务。显然，证券公司股权至今尚未交割并非Z公司的原因，资产管理公司要求Z公司对此承担责任缺乏法律依据。

第三，证券公司股权的贬值损失属于正常商业风险，应由资产管理公司承担。Z公司与资产管理公司订立《股份转让合同》是基于资产管理公司出具的《承诺函》。该承诺函称："证券公司增资扩股后，公司资产质量将明显改善，盈利能力将大幅提高，净资产将得到有效提升，我公司对此充满信心。"可见，作为证券公司的子公司，资产管理公司之所以会与Z公司订立《股份转让合同》，是基于其对证券公司股份大幅增值的商业预期。基于该预期，双方在《股份转让合同》第3.2条对合同签订后至股份转让时的风险承担作了明确约定："甲（Z公司）、乙（资产管理公司）双方协商同意以证券公司的2003年度年报的财务数据为依据，将每股转让价格确定为人民币1元，转让价共计7048.51万元。双方同意，无论转让时实际每股净资产状况如何及甲方持有的股份数额是否因送股、配股、公积金转增等原因发生变化，转让总价格不再发生变化。"根据该约定，无论是股权贬值还是增值，资产管理公司均应按合同约定的价格支付转让款。因此，证券公司股份价值的严重贬值乃至未交付并非不可抗力导致，也不属于情势变更，而属于正常的商业风险，应由作为买受人的资产管理公司自行承担。

综上，Z公司与资产管理公司订立的《股份转让合同》合法有效，双方均应按照合同约定履行义务。资产管理公司要求Z公司返还股权转让款，并赔偿损失，缺乏法律依据，不予支持。再审法院撤销一审、二审判决，改判驳回资产管理公司的诉讼请求。

案例评析

本案是破产程序下股权转让合同的效力认定与继续履行问题的典型案例。在实践过程中，关于破产程序中的股权转让问题存在较大争议，即存在股权转让在破产程序中如何被对待，如本案中买受人资产管理公司主张由于证券公司成立不足3年即因自身原因停止经营活动进行清算，最终被依法宣告破产，因此Z公司已无法继续履行合同，要求对方退还其已付的股权转让款及其损失。最高人民法院认为，证券公司被撤销营业资格并不影响股权的交付，其进入破产程序也不会导致合同无法履行，因为公司尚未注销，股份存在即可进行转让，并且相关证据证明在进入破产程序之前，双方有充足的时间办理股权交割手续。

1. 标的公司进入破产程序，是否构成履行的障碍

《民法典》第五百八十条规定："当事人一方不履行非金钱债务或者履行非金钱债务不符合约定的，对方可以请求履行，但是有下列情形之一的除外：（一）法律上或者事实上不能履行；（二）债务的标的不适于强制履行或者履行费用过高；（三）债权人在合理期限内未请求履行。有前款规定的除外情形之一，致使不能实现合同目的的，人民法院或者仲裁机构可以根据当事人的请求终止合同权利义务关系，但是不影响违约责任的承担。"即使是法律对进入破产程序的企业股权转让无限制性或禁止性的规定，但考虑到标的公司在进入破产程序后，管理人接管企业、原有的股东会失灵、原有的实际控制人无法移交经营管理权，客观上都会构成履行的障碍，但对不同的股权转让合同影响力不同。

2. 标的公司进入破产程序，买受人能否要求解除合同

按照《民法典》的相关规定，是否解除合同基于合同目的是否能够达到，一旦合同目的无法实现，则无论是守约方还是违约方，都可以请求解除合同；但对于违约方来说，即使解除合同，也应当承担违约责任。对于股权转让合同，出让人的目的是获得股权转让的对价，买受人的目的是成为目标公司的股东，并从未来公司成长中获得股权增值利益。一旦公司被宣告破产，对于出让人来说，继续履行不影响其合同目的的实现，但对于买受人来说，则意味着受让股权已经失去了意义。

在本案中，资产管理公司即提出，"由于证券公司被责令关闭和解散，由清算组进行清算管理，股东权益内容名存实亡，《公司法》和《公司章程》中规定的股东权利不再有任何能够行使的必要和任何方面的体现，股东除对公司还债完毕剩余资产享有分配权外，对公司已经没有丝毫权利，包括清算等；而自2008年12月23日起，由于证券公司被宣布破产，表明公司资不抵债，显然股东连对公司还债完毕剩余资产享有分配的唯一权益也不复存在"。从客观上说，资产管理公司的上述主张还是成立的，在这种时候，继续履行合同（将股权变更至资产管理公司名下）是没有任何意义的，如果资产管理公司主张解除合同，应当能够得到认可。

需要指出的是，即使解除合同，还是要考虑到违约责任的承担问题。在本案中，资产管理公司在股权已经具备过户条件时，未予协助办理过户登记，应当承担违约责任。《民法典》第五百八十四条规定："当事人一方不履行合同义务或者履行合同义务不符合约定，造成对方损失的，损失赔偿额应当相当于因违约所造成的损失，包括合同履行后可以获得的利益；但是，不得超过违约一方订立合同时预见到或者应当预见到的因违约可能造成的损失。"笔者认为，在本案中即使股权转让合同解除，如果应当由买受人承担股权灭失的风险，那也应当由买受人支付给出让方"合同履行后可以获得的利益"，即股权转让款。

七、股权转让中的不安抗辩权

不安抗辩权，又称为保证履行抗辩权，是指双务合同成立后，根据合同约定应当先履行合同义务的当事人在有证据证明对方不能履行合同义务，或

者有不能履行合同义务之虞时，在对方没有对待履行或者提供担保之前，暂时中止履行合同义务的权利。它在性质上属于一时抗辩权或延迟抗辩权。不安抗辩权设立的目的在于公平合理地保护先履行方的合法权益，并通过赋予先履行方中止履行的自我救济手段，促进另一方当事人的履行[1]。

行使不安抗辩权，应当符合：1. 基于同一双务合同且具有对价关系的互负债务；2. 当事人履行义务有顺序，并且先履行义务一方的义务已届履行期；3. 须先履行合同义务的当事人有证据证明对方当事人有不能对待给付的现实危险。

《民法典》第五百二十七条第一款规定的不安抗辩权适用条件包括：（一）经营状况严重恶化；（二）转移财产、抽逃资金，以逃避债务；（三）丧失商业信誉；（四）有丧失或者可能丧失履行债务能力的其他情形。

为防止不安抗辩权的滥用，《民法典》同时规定当事人没有确切证据中止履行的，应当承担违约责任。对于不安抗辩权如何行使的问题，《民法典》规定，当事人依据前条规定中止履行的，应当及时通知对方。对方提供适当担保的，应当恢复履行。中止履行后，对方在合理期限内未恢复履行能力且未提供适当担保的，视为以自己的行为表明不履行主要债务，中止履行的一方可以解除合同并请求对方承担违约责任。

典型案例 50　置业公司与 Z 集团以及 H 房产公司、Z 房产公司股权转让纠纷案[2]

案例要旨

《股权转让协议》签订后，协议约定了受让方支付首笔股权转让对价款之前，转让方应在约定期限内进行资产、财务、工程业务全面交底，而转让方在此期限内未将资料、财务、工程业务资料全面交给受让方，受让方未在约定期限内支付首笔股权对价款，不构成违约。转让方在履行合同过程中，因转让的标的公司股权被法院查封，有可能丧失履行债务能力，受让方要求转让方提供担保，其未提供，受让方有权行使不安抗辩权，中止履行合同义务。

---

[1]　禹海波：《股权转让案件裁判精要》，法律出版社 2020 年版，第 373 页。
[2]　最高人民法院（2014）民二终字第 233 号。本案例经过笔者加工改写。

基本案情

Z 集团与置业公司于 2013 年 8 月 7 日签订《股权转让协议》及《补充协议》。约定：置业公司将持有的 H 房产公司 100% 股权转让给 Z 集团。股权转让对价款确定为人民币 20.5 亿元。置业公司保证所转让给 Z 集团的标的公司股权是置业公司的真实出资，且出资全部到位，无虚假出资和抽逃资金，置业公司愿意承担瑕疵担保责任，否则由此产生的责任由置业公司承担。双方同时约定，自协议生效日起 2 个月内由 Z 集团支付首笔股权转让对价款 5 亿元到双方共管账户；次日双方办理同比例股权工商变更手续；协议签订后，Z 集团支付了 1 亿元定金。《补充协议》约定，Z 集团向置业公司支付首笔股权转让对价款前双方应进行资产、财务、工程业务的全面交底。

合同生效后，双方只进行了部分资产、财务、工程材料交底工作，Z 集团与工程队进行了复工协商，对商品房购买者进行了赔付。

在履行合同过程中，置业公司持有的 H 房产公司即转让标的公司的 100% 股权于 2013 年 10 月 8 日、10 月 17 日被沈阳市中级人民法院和沈阳市和平区人民法院查封。

Z 集团向一审法院起诉，请求：一、判决解除《股权转让协议》及《补充协议》；二、置业公司双倍返还定金 1 亿元，双倍返还已付资金 19566842.7 元。

法院裁判

一审法院认为：本案的争议焦点是在履行合同过程中谁存在根本违约的问题。在履行合同过程中，置业公司持有的 H 房产公司即转让标的公司的 100% 股权于 2013 年 10 月 8 日、10 月 17 日被沈阳市中级人民法院和沈阳市和平区人民法院查封，按照双方签订的《股权转让协议》第三条的约定："置业公司保证所转让股权没有设置任何抵押、质押、租赁、担保、法院查封或者其他限制影响，并免遭任何第三人的追索，否则由此产生的责任由置业公司承担。"置业公司首先违反了上述协议约定，Z 集团有理由行使不安抗辩权。况且，Z 集团在得知置业公司持有的 H 房产公司 100% 股权被法院查封后，致函置业公司，要求其解除股权查封，并提供担保。沈阳市中级人民法院根据置业公司的承诺解除了置业公司持有的 H 房产公司 100% 股权冻结。沈阳市和平区人民法院亦解除了 H 房产公司股权冻结，但这种解封是以 Z 集团支付对价款为条件的，不符合合同约定的免遭任何第三方追索的条件，且解封的期限在 5 亿元付款履行期限届满之后。置业公司亦未按 Z 集团要求提供担保。置业公司在履行合同过程中丧失商业信誉，因转让的标的公司股权被法院查封，有可能丧失履行债务能力，Z 集团要求置业公司提供担保，其并未提供，Z 集团有权中止履行合同义务。因此，置业公司主张 Z 集团未将 5 亿元支付到共管账户构成违约的理由不成立。在 Z 集团不构成根本违约的情况下，置业公司于 2013 年 11 月 28 日给 Z 集团、Z 房产公司发出解除协议的通知函，解除双方签订的《股权转让协议》，显然，置业公司属单方终止协议，应双倍返还定金 1 亿元。Z 集团主张置业公司双倍返还定金的请求，应予支持。一审法院判决解除《股权转让协议》及《补充协议》，置业公司于判决生效后 10 日内返还 Z 集团定金共计 2 亿元。二审法院驳回上诉，维持原判。

案例评析

不安抗辩权是指双方合同成立后，有先后履行顺序的，先履行的一方有确切证据表明另一方丧失履行债务能力时，在对方没有恢复履行能力或者没有提供担保之前，有权中止履行合同的权利。不安抗辩权的行使必须符合法定条件，如果一方没有确切证据证明对方履行能力明显降低、有不能对待给付的现实危险，则不能行使不安抗辩权。即先履行义务的一方必须承担举证义务，必须有确切的证据证明对方有法律所规定的不能对待给付的情形，而不能凭空推测或根据主观臆想而断定对方不能或不会对待履行，缺乏确切证据证明对方履行能力降低而单方中止履行合同的，应当承担违约责任。

本案中，Z 集团有权行使不安履行抗辩权，中止履行支付股权转让款的合同义务。首先，Z 集团支付 5 亿元的前提条件是，双方应形成资产负债调整项，进行资产、财务、工程业务的全面交底，且应在协议生效后 2 个月内完成，而置业公司在此期限内未将资料、财务、工程业务资料全面交给 Z 集团，Z 集团不能全部了解标的公司资产负债和调整项情况，不能形成资产负债调整项，影响了股权对价和股权变更比例的确定。其次，根据《股权转让协议》第三条的约定，置业公司"保证所转让股权没有设置任何抵押、质押、留置、租赁、担保、法院查封或者其他限制影响,并免遭任何第三人的追索,否则由此产生的责任由置业公司承担"。在履行合同过程中,置业公司持有的 H 房产公司即转让标的公司的 100% 股权于 2013 年 10 月 8 日、10 月 17 日被沈阳市中级人民法院和沈阳市和平区人民法院查封,置业公司违反了上述协议约定,而且置业公司并未按 Z 集团要求提供担保,未能消除 Z 集团的履约不安。最后,由于置业公司未与委托的施工单位结算和赔偿,施工单位不退场,致使 Z 集团复工未果,导致合同无法继续履行;H 房产公司销售的商品房购买者纷纷要求退房返款,亦影响了股权转让合同的正常履行。综上,Z 集团未支付 5 亿元不构成违约。

八、股权转让中的先履行抗辩权

股权转让合同是确定各方当事人权利义务的书面文件,在签订股权转让合同后,各方当事人应当按照合同内容履行义务并享有权利。实践中,权利义务按照重要程序不同通常可以划分为主要合同权利、主要合同义务以及次要合同权利、次要合同义务。主要合同义务不履行影响的是相对方的主要合同权利,次要合同义务则不然。当事人互负债务,有先后履行顺序,应当先履行债务一方未履行的,后履行一方有权拒绝其履行请求。先履行一方履行债务不符合约定的,后履行一方有权拒绝其相应的履行请求。这就是《民法典》关于先履行抗辩权的规定。

根据前述规定,如果先履行一方未履行合同主要义务,必然导致后履行一方无法享有主要合同权利,后履行一方当然有权以先履行抗辩权为由拒绝相对方的履行要求。具体而言,如果约定转让方先转让股权、受让方后支付股权转让价款的,若转让方未履行转让股权义务则受让方当然可以行使先履行抗辩权拒绝支付股权价款。此种场合先履行抗辩权的行使通常在情、理、法上均不会产生异议。

但是,当一方履行合同义务不符合约定或未履行次要合同义务时,守约方是否可以行使先履行抗辩权而拒绝履行主要合同义务呢?其实,先履行抗辩权关于"拒绝其相应的履行要求"已经给出了答案。换言之,在股权转让合同履行中,转让方未履行合同约定转让股权之外的非主要义务的,并未导致后履行一方无法享有主要合同权利,不足以成为受让方拒绝支付股权转让余款的合法抗辩。此种场合下的"抗辩"已经演变为一种违约行为,应当承担相应的违约责任。

典型案例 51　Z 公司与 H 公司、S 公司、R 公司股权转让纠纷案①

案例要旨

股权转让方因其自身债务而被查封其拥有的股权,导致其在解封前无法履行股权过户义务,应承担违约责任,股权受让方有拒绝继续付款的先履行抗辩权。

基本案情

2007 年 9 月 16 日,Z 公司与 H 公司签订《股权收购协议书》,约定,H 公司出资 6.5 亿元收购高尔夫公司全部股权。Z 公司应在收到 6000 万元股权转让款后,一个月内负责将高尔夫公司部分股权过户至 H 公司指定人名下,并在相关部门办理变更登记手续。2008 年 1 月 9 日,工商局核准高尔夫公司股权工商登记,将 35%的股权转让给 H 公司指定的 S 公司,65%股权转让给双方约定的 R 公司。2008 年 2 月 20 日,工商局工作人员在电脑中发现,Z 公司股权已被上海市第一中级人民法院查封,查封期限是 2006 年 12 月 7 日至 2008 年 12 月 6 日。于是,工商局自行在电脑中将股权登记,恢复至 2008 年 1 月 24 日变更登记前的股东登记状况。H 公司支付股权转让款 1 亿元。Z 公司以 H 公司取得高尔夫公司股权后,没有及时支付股权转让款,这一严重违约行为致 Z 公司转让股权清偿高尔夫公司债务的合同目的无法实现为由,向一审法院起诉要求解除《股权收购协议书》。

本案经一、二审判决驳回 Z 公司诉讼请求,Z 公司不服二审判决,向最高人民法院申请再审。

法院裁判

生效裁判认为,第一,Z 公司未按约定履行其义务。《股权收购协议书》第

---

① 最高人民法院（2013）民申字第 431 号。本案例经过笔者加工改写。

五条约定，Z 公司应在收到 6000 万元股权转让款后，一个月内负责将高尔夫公司 30% 的股权过户至 H 公司指定人名下，并在相关部门办理变更登记手续。虽然 Z 公司于 2008 年 1 月 24 日在东西湖分局办理了高尔夫公司全部股权变更登记，但东西湖分局随后发现 Z 公司对高尔夫公司 65% 的股权在变更登记之前已经被有关法院依法查封，遂于同年 2 月将高尔夫公司的股权恢复至变更登记前的状态。人民法院依法查封的措施具有限制权利人处分财产的法律效力，该效力同样及于其他人及登记机构，即便 H 公司知晓股权被查封的状况，Z 公司也无法履行股权过户的义务。因此，2008 年 1 月 24 日东西湖分局的变更登记行为不发生法律效力，不能认定 Z 公司于该日期履行了约定的股权过户义务。

第二，H 公司享有先履行抗辩权。根据《股权收购协议书》约定，只有 Z 公司办理了 35% 高尔夫公司股权过户登记手续后，H 公司才负有继续付款的义务。至 2009 年 4 月，H 公司付款 1 亿多元，但 Z 公司未将任何高尔夫公司的股份依约办理合法的变更登记。Z 公司作为股权出让方负有权利瑕疵担保义务，在依法解除查封前，查封措施足以导致合同履行不能。尽管高尔夫公司股权曾在 2008 年 1 月 24 日进行了变更登记，S 公司也签收了新营业执照，但如前所述，Z 公司无法完成法律意义上的履行义务，也不能认定 H 公司曾经有过对 Z 公司股权转让的事实上的受领替代了法律上的受领。我国合同法采用严格责任原则，不管债务人是否有过错，只要其未履行相应义务，即可构成违约。本案 Z 公司因其自身债务而被查封高尔夫公司 65% 的股权，导致其在解封前无法履行股权过户义务，应承担违约责任，即 H 公司享有拒绝继续付款的先履行抗辩权。综上，再审法院驳回 Z 公司的再审申请。

案例评析

《民法典》第五百二十六条规定，当事人互负债务，有先后履行顺序，应当先履行债务一方未履行的，后履行一方有权拒绝其履行请求。先履行一方履行债务不符合约定的，后履行一方有权拒绝其相应的履行请求。先履行抗辩权也属于延期的抗辩权，只是暂时阻止对方当事人请求权的行使，非永久的抗辩权。对方当事人完全履行了合同义务，先履行抗辩权消灭，当事人应当履行自己的义务。当事人行使先履行抗辩权致使合同迟延履行的，迟延履行责任由对方当事人承担。

1. 先履行抗辩权行使的条件：

（1）当事人因同一双务合同互负债务。

先履行抗辩权行使中，也要求互负的债务均是主给付义务，如果先履行一方未履行的是附随义务，则后履行一方不能适用先履行抗辩权。

（2）当事人双方的合同义务有先后履行顺序。

合同中约定了或者法律规定债务履行存在先后顺序。

（3）双方所负债务已届清偿期、先履行一方到期未履行债务或者未适当履行债务。

2. 先履行抗辩权的法律效果：

（1）先履行抗辩权的行使在本质上是对违约的抗辩，发生后履行一方可暂时中止履行自己债务的效力，对抗先履行一方的履行请求，且对自己的逾期履行不承担违约责任，但是并不导致对方债务的消灭。

（2）对于先履行一方履行不当时，后履行一方可拒绝履行的部分应当与此相当，不得超出必要的限度。

（3）如先履行一方完全履行其债务后，先履行抗辩权消灭；行使先履行抗辩权的一方应当及时恢复履行，否则构成违约；当事人行使先履行抗辩权无效果时，可根据法定条件通知对方解除合同。

（4）后履行一方的抗辩权并不影响其追究先履行一方的违约责任。

本案中，H公司享有先履行抗辩权。双方虽然在《股权收购协议书》中约定，H公司分期支付股权转让款，Z公司分期办理股权过户登记手续，但在实际履行中，为避免多次审批，Z公司向有关部门及工商分局申请一次性办理高尔夫公司100%股权过户登记手续。Z公司的一次性履行有利于H公司，H公司也未对此提出异议，但这并不意味着H公司放弃了其依约享有的先履行抗辩权。根据《股权收购协议书》的约定，只有Z公司办理了30%高尔夫公司股权过户登记手续后，H公司才负有继续付款的义务。至2009年4月，H公司付款1亿多元，但Z公司未将任何高尔夫公司的股份依约办理合法的变更登记。Z公司作为股权出让方负有权利瑕疵担保义务，在依法解除查封前，查封措施足以导致合同履行不能。本案Z公司因其自身债务而被查封高尔夫公司65%的股权，导致其在解封前无法履行股权过户义务，应承担违约责任，即H公司享有拒绝继续付款的先履行抗辩权。

第三章 股权转让合同的变更和转让

一、补充协议的性质及对股权转让协议的影响

一般认为，补充协议与原合同或者主体合同必然是部分与整体的关系，从司法实务来说，法院在审理合同纠纷中，主要审查的合同具体权利义务条款是否具有承接性或者独立性，而不是类似上述表述上的承接性或独立性，因为上述表述是一种整体概况，其不代表补充协议与原合同之间涉及当事人各方具体权利义务的内容。意味着，就是文件的抬头是某合同的补充协议也不意味着其不具有与某合同相对的独立性，即可分性。类似这点，在合同法原理有：不以合同的抬头来认定当事人之间构成的具体合同类型，而是以合同涉及的权利义务来定性合同的类型，从而适用相应的法律条文以及司法解释。

典型案例 52　置业公司、投资公司与建设公司、房地产公司股权转让纠纷案[①]

案例要旨

虽然《投资补充协议》合同名称中带有"补充"字样，但从合同内容看，《投资补充协议》与《投资协议》均具有相对独立性，解除《投资补充协议》并不影响《投资协议》的效力及履行的相关内容。

基本案情

2007年3月18日，置业公司（甲方）、投资公司（乙方）与建设公司

[①] 最高人民法院（2011）民二终字第19号。本案例经过笔者加工改写。

（丙方）、房地产公司（丁方）签订《投资协议》，约定：Q 公司的注册资本由 2550 万元增加到 1 亿元，其中，甲方认缴出资额为 5050 万元，持股比例为 50.5%，乙方的出资额为 2400 万元，持股比例为 24%，丙方的出资额仍为原来的 2040 万元，持股比例为 20.4%，丁方的出资额仍为原来的 510 万元，持股比例为 5.1%。协议同时约定，如果在本协议生效后，任何一方不履行或不全部履行或迟延履行本协议任一条款，则违约方除应承担由此造成的一切经济损失外还应向本协议的其他各方当事人各承担 500 万元的违约金。

2007 年 3 月 30 日，各方当事人又签订了《投资补充协议》，约定：甲乙双方承诺，在 Q 公司取得项目全部有效土地使用权证书后的六个月内，甲乙双方可以由其中一方或两方按照与丙丁两方实缴的出资额相等的价格收购丙方和丁方在 Q 公司的全部股权，甲乙双方中的一方或两方在收购丙丁方股权的同时向丙方和丁方分别支付 2040 万元和 510 万元的股权转让款。如果因为 Q 公司或甲乙方未能按有关部门的要求及时支付土地出让金、导致迟延或无法取得项目全部土地证书的，则甲乙方应在有关部门通知办证之日起的六个月内向丙丁方付清股权转让款。2008 年 11 月 21 日，Q 公司取得了水库 199999.9 平方米的土地使用权。2007 年 4 月 21 日，T 公司与建设公司、房地产公司签订了一份合作合同，约定：建设公司、房地产公司将以股份转让形式，通过向置业公司、投资公司转让股权收回部分投资款项 2500 万元人民币，以用于相关房地产项目。项目预期利润：450000 万元人民币。付款时间：建设公司、房地产公司应不迟于 2008 年 7 月 30 日，将约定的 2500 万元人民币一次性汇入 T 公司指定账户。

建设公司、房地产公司请求判令：1. 解除《投资协议》及《投资补充协议》；2. 置业公司、投资公司赔偿建设公司、房地产公司 2.1 亿元损失；3. 置业公司、投资公司向建设公司、房地产公司支付违约金 2000 万元。

法院裁判

一审法院判决：解除各方签订的《投资协议》及《投资补充协议》；置业公司、投资公司应于本判决生效之日起 10 日内支付违约金，数额以 1600 万元为基数，按中国人民银行同期贷款利率上浮 30% 计算。置业公司、投资公司不服一审判决，提起上诉。

生效裁判认为，本案的争议焦点为《投资协议》《投资补充协议》应否予以解除。置业公司、投资公司与建设公司、房地产公司签订《投资协议》主要约定了Q公司为筹措资金增资扩股及由置业公司、投资公司认缴新增资本等内容。根据本案查明的事实，置业公司、投资公司交纳增资部分的出资后，Q公司增加注册资本金、股东及持股比例的变更事项已经在工商行政管理机关办理了相应的变更登记手续，Q公司的股东和注册资本等已经发生了实质性变化，《投资协议》的主要内容已经履行完毕，各方当事人签订《投资协议》的目的已基本实现。原审判决认定《投资协议》当事人合同目的未能实现，与事实不符。《投资协议》的履行，不仅涉及本案当事人的股东权利等，还涉及Q公司注册资本金的变更，涉及Q公司增资后与其他案外人交易秩序的稳定，原审判决解除《投资协议》，属于适用法律欠当，本院予以纠正。

置业公司、投资公司与建设公司、房地产公司签订《投资补充协议》，主要约定了置业公司、投资公司收购建设公司、房地产公司持有的Q公司股权，围绕该内容又安排了收购前建设公司、房地产公司股东权利由置业公司、投资公司代理行使及建设公司、房地产公司移交公司经营管理文件材料和放弃分红权利等内容。虽然《投资补充协议》合同名称中带有"补充"字样，但从合同内容看，《投资补充协议》与《投资协议》均具有相对独立性，解除《投资补充协议》并不影响《投资协议》的效力及履行的相关内容。置业公司、投资公司取得Q公司74.5%的股权后，成为Q公司的控股股东，其将约定应当交纳土地出让金的16000万元支付给其关联公司，违背出资用于交纳土地出让金的约定。建设公司、房地产公司拒绝向置业公司、投资公司移交公司相关管理文件资料等。双方互有违约行为，相互不信任，并形成了多起诉讼。鉴于《投资补充协议》约定的权利义务关系失衡，且协议签订后长达近五年的时间里合同约定的条件未能成就，双方因彼此不信任发生多次纠纷并引起诉讼，合同目的难以实现，而《投资补充协议》关于股份收购的拖延履行，导致置业公司、投资公司和建设公司、房地产公司之间利益的进一步失衡，故本院支持建设公司、房地产公司关于解除《投资补充协议》的诉讼请求。

综上，二审法院判决撤销一审判决第一项内容，变更为解除各方签订的《投资补充协议》。

案例评析

本案的争议焦点是《投资协议》与《投资补充协议》之间的关系问题，即《投资补充协议》是独立于《投资协议》的新协议还是对前述《投资协议》的补充。

1. 补充协议的内涵

从性质上来说，补充协议也是一种协议，其成立与效力原则上应适用合同法的一般规定，包括须经双方当事人协商一致，是当事人的真实意思表示，如法律规定必须采用书面形式的，补充协议也应当采用书面形式，不得违反法律的强制性规定等。

2. 补充协议与原合同的关系

补充协议是对原合同的补充和变更，补充协议不能独立存在，须以原合同存在为前提。如果原合同整体被认定为无效，补充协议自然也无效，如果当事人通过补充协议的方式删除或者变更了原合同中无效部分的约定，则原合同其他部分与补充协议应当有效。原合同与补充协议构成一份完整的合同。

3. 补充协议性质的认定及对原合同履行的影响

关于补充协议是对原合同的补充还是属于新的独立的协议问题。实践中，补充协议一般会注明补充协议是原合同的一部分，补充协议与原合同不一致的，适用补充协议，但是不能仅凭该约定及补充协议的标题就认定其性质为原合同的补充。判断补充协议的性质，关键是看补充协议是否对原合同的实质性变更，这应从补充协议的内容、签署时间、补充协议的合同目的等方面进行判断。

本案中，双方签订《投资协议》主要约定了Q公司为筹措资金增资扩股及由置业公司、投资公司认缴新增资本等内容。置业公司、投资公司交纳增资部分的出资后，Q公司增加注册资本金、股东及持股比例的变更事项已经在工商行政管理机关办理了相应的变更登记手续，Q公司的股东和注册资本等已经发生了实质性变化，《投资协议》的主要内容已经履行完毕，各方当事人签订《投资协议》的目的已基本实现。《投资补充协议》主要约定了置业公司、投资公司收购建设公司、房地产公司持有的Q公司股权，围绕该内容又安排了收购前建设公司、房地产公司股东权利由置业公司、投资公司代理行使及建设公司、房地产公司移交公司经营管理文件材料和放弃分红权利等内容，因此，《投资补充协议》独立于《投资协议》，解除《投资补充协议》并不影响《投资协议》的效力及履行的相关内容。

二、受让方能否以对案涉地块土地权益的份额存在重大误解为由变更交易价格

典型案例 53　付某与投资公司股权转让纠纷案[①]

案例要旨

付某作为股权受让一方，对于交易事项尤其是对股权交易价格的确认具有高度审慎义务，股权转让价格确定后，受让方以双方对案涉地块土地权益的份额存在重大误解为由变更交易价格没有依据，不应得到法院的支持。

基本案情

2016 年 2 月 3 日，投资公司作为转让方与付某作为受让方，签订《股权转让协议书》，约定了投资公司同意以 10494 万元的价格将其在房地产公司拥有的 70% 股权除自留 10% 外的股权全部转让给付某，付某同意以此价格受让该股权。投资公司转让的股权，包括该股权项下 A、B 地块土地开发使用权等房地产公司的合法财产。付某同意先向投资公司支付股权转让预付款 5494 万元，本协议签订前付某支付 2600 万元，合同签订后付某再付 2094 万元，剩余 800 万元于 2016 年 3 月 10 日前付清。此后剩余的 5000 万元股权转让款从 2016 年 6 月 1 日开始按每月 1% 向投资公司支付资金占用费，每月月底付清；剩余 5000 万元股权转让款于 2016 年 12 月 30 日前付清。

付某向一审法院起诉，请求判决将《股权转让协议书》第二条第一款中约定的股权转让价格由 10494 万元变更为 6296.4 万元。

法院裁判

一审法院判决：驳回付某的诉讼请求。付某不服一审判决，提起上诉。

[①] 最高人民法院（2019）最高法民终 1557 号。

二审法院驳回上诉，维持原判。

生效裁判认为，付某提起本案诉讼，请求对《股权转让协议书》约定的股权转让价款予以变更。首先，付某诉称付某与投资公司订立《股权转让协议书》的定价，系依据案涉地块的价值确定，双方对案涉地块土地权益的份额存在重大误解，股权转让价款显失公平。付某作为股权受让一方，对于交易事项应具有高度审慎义务，尤其是对股权交易价格的确认。根据《股权转让协议书》第二条约定，付某同意以10494万元的价格受让投资公司在房地产公司持有的60%股权。即双方当事人对于股权转让价格及股权转让份额均进行了明确约定，投资公司转让其持有的房地产公司60%股权份额给付某对应的股权转让价格为10494万元。付某主张双方依据案涉地块确定股权转让价格，符合双方约定。但付某主张双方对案涉地块土地权益的份额存在重大误解，称投资公司从黄某处受让所得的房地产公司70%的股份对应案涉地块开发项目的权利份额实际仅有42%，而其转让给付某60%股份对应案涉地块开发项目的权利份额实际仅有36%。法院认为，案涉地块系房地产公司的资产，房地产公司各股东并不能因其享有的股权份额直接享有案涉地块土地权益。投资公司受让了黄某持有的70%股权，而付某受让的是投资公司持有的70%中的60%股权。黄某与投资公司、投资公司与付某之间系分别签订了股权转让协议，并各自转让持有的股权，系不同的合同关系。根据合同相对性原则，合同项下的权利义务只能赋予当事人，对合同外第三人不发生效力。因付某并未直接与黄某产生股权转让关系，付某与投资公司之间关于股权转让价款的约定与黄某持有房地产公司的股份所对应案涉地块开发项目的权利份额并非同一合同关系，故付某主张应以黄某持有的案涉地块开发项目权利份额确定土地价款的主张，付某未能举证证明其与投资公司签订《股权转让协议书》时存在重大误解或显失公平的情形，故对其主张不予支持。

案例评析

本案的争议焦点为付某要求变更股权转让价款的请求能否得到支持。《股权转让协议书》第二条约定，付某同意以10494万元的价格受让投资公司在房地产公司持有的60%股权，即双方当事人对于股权转让价格及股权转让份额均进行了明确约定。协议中有关转让标的物为股权，转让价格为10494万元的约定并无歧义，亦未有任何条款说明股权转让价款的定价因素。付某有关"案涉土地的开发使用价值是双方确定股权转让价格的唯一依据"的主张没有合同依据。此外，因付某并未直接与黄某产生股权转让关系，付某与投资公司之间关于股权转让价款的约定与黄某持有房地产公司的股份所对应案涉地块开发项目的权利份额并非同一合同关系，并不能据此认定投资公司向付某转让股权的价款存在误解的情形，根据《最高人民法院关于适用〈中华人民共和国民事诉讼法〉的解释》第九十条"当事人对自己提出的诉讼请求所依据的事实或者反驳对方诉讼请求所依据的事实，应当提供证据加以证明，但法律另有规定的除外。在作出判决前，当事人未能提供证据或者证据不足以证明其事实主张的，由负有举证证明责任的当事人承担不利的后果"之规定，付某未能举证证明其与投资公司签订《股权转让协议书》时存在重大误解或显失公平的情形，其主张变更股权转让价款法院不予支持。

三、受让方能否单方改变股权转让款的支付方式

典型案例 54　王某与 S 集团股权转让纠纷案[①]

案例要旨

双方在《股权转让协议》中约定的以债务互抵的方式支付股权转让款是双方的真实意思表示，对双方均具有约束力。转让方在合同履行的过程中，主张变更债务互抵的方式和金额，属于对合同内容的变更，其单方向受让方发函要求止付相关款项，在受让方不予同意的情况下，不具有变更合同内容的法律效力。

基本案情

2014 年 9 月 12 日，王某（甲方）与 S 集团（乙方）、詹某（丙方）共同签订了《股权转让协议》，约定王某将持有的 H 酒店 100%股权作价 2.6 亿元转让给 S 集团。债务互抵部分约定：截至本协议签订之日，甲方尚欠乙方本

[①] 最高人民法院（2019）最高法民终 1739 号。

息 5800 万元；尚欠王某本息 3800 万元；尚欠詹某本息 3000 万元；尚欠中安重工本息 2900 万元；合计债务 1.55 亿元，各方同意乙方以代甲方清偿上述债务的方式支付相应金额的股权转让款。协议签订后，王某将 H 酒店的公章、私章、法人章及 H 酒店的营业执照副本、代码证等重要资料移交给了 S 集团，并办理了工商登记。

2015 年 5 月，王某多次向 S 集团发出《律师函》，称《股权转让协议》债务互抵中，"尚欠詹某本息 3000 万元"系重大误解。王某绝无欠詹某本息 3000 万元这一事实，S 集团立即停止向王某清偿 3800 万元以及向中安重工清偿 2900 万元债务，以免造成损失。

S 集团针对王某的《律师函》回复如下：1. S 集团代贵方向王某清偿的 3800 万元以及向中安重工清偿的 2900 万元债务，债务履行主体均为股权转让的标的公司 H 酒店。因此对于债权人王某和中安重工而言，债务主体并未发生变化，不存在债务转让问题。股权转让协议所约定的债务互抵是协议双方关于如何分割处理目标公司 H 酒店债权债务所作的约定，并不影响债权人的合法权益，无须取得债权人的书面同意。2.《股权转让协议》系协议签署方的真实意思表示，合法有效。在签署股权转让协议书及其附件时，贵方已保证贵方所披露的债权债务信息的真实性和完整性，且并未披露上述债务存在任何违约事由。为此，基于对贵方所披露事实的信赖以及双方之间的约定，诚实守信且全面充分履行了合同义务，清偿了上述三笔债务。

王某向一审法院起诉，请求判令 S 集团向王某支付股权转让款 86984257 元及逾期利息。

法院裁判

一审法院判决：S 集团应于本判决生效之日起 10 日内向王某支付股权转让余款人民币 3813113.76 元及利息损失。王某不服一审判决，提起上诉。二审法院：驳回上诉，维持原判。

生效裁判认为，《股权转让协议》系各方当事人签订，为各方当事人的真实意思表示，未违反我国法律强制性规定，合法有效。其中"第 2.7.1 条债务互抵"中约定：截至本协议签订之日，甲方尚欠乙方本息 5800 万元；尚欠王某本息 3800 万元；尚欠詹某本息 3000 万元；尚欠中安重工本息 2900 万元；

合计债务1.55亿元。各方同意S集团以代王某清偿上述债务的方式支付相应金额的股权转让款。上述条款是对股权转让款支付方式的约定，对合同各方当事人均应具有约束力。王某在合同履行的过程中，主张变更债务互抵的方式和金额，属于对合同内容的变更，但其单方向S集团发函要求止付相关款项，在S集团不予同意的情况下，不具有变更合同内容的法律效力。S集团依据《股权转让协议》中第2.7.1条的约定，履行相应债务后，即享有抵扣股权转让款的合同权利。根据法院查明的事实，除S集团支付的股权转让款2500万元外，可以抵扣股权转让款的数额为231186886.24元。故，S集团尚应支付的股权转让款为：26000万元-2500万元-231186886.24元=3813113.76元。

案例评析

本案的主要争议为S集团是否有权依据《股权转让协议》的约定直接抵扣股权转让款。王某、S集团、詹某三方签订确认的《股权转让协议》中约定了S集团对股权转让款的支付方式，各方同意S集团以代王某清偿债务的方式支付相应金额的股权转让款，上述条款是对股权转让款支付方式的约定，对合同各方当事人均应具有约束力。《民法典》第五百四十三条规定"当事人协商一致，可以变更合同"，王某欲改变S集团的支付方式，需双方达成合意，在S集团未同意的情况下，不产生合同内容变更的效力。

典型案例55　燃气公司与S公司、Z中心股权转让纠纷案[①]

案例要旨

从《界面协议》以及燃气公司广西分公司的回函内容可知，案涉股权转让的前提已变更为燃气公司广西分公司与S公司、Z中心重新签订《合作协议》及《股权转让协议》。故，《界面协议》具有变更《合作协议》的法律效力。

基本案情

2009年12月23日，燃气公司（甲方）、S公司（乙方）、Z中心（丙方）

[①] 最高人民法院（2019）最高法民申2579号。

签订《合作协议》，对合作原则、合作方式进行约定，其中合作方式约定如下：三方以成立合资公司的形式在钦州市开发天然气综合利用项目，由于甲方报相关的股权审批时间较长，为加快业务开展进度、尽快抢占市场，三方同意由乙、丙两方先行注册成立合资公司。以各方名义获得或签署的规划指标、土地协议、项目核准、供气合同等一切与输气管网、门站、加气母站和子站有关的权益，以及以燃气公司名义获得的特许经营权，归三方共同所有。待甲方完成股权审批后，受让由乙方转让的钦州S公司51%的股权，转让价格按转让时钦州S公司的净资产确定。

2013年12月28日，燃气公司、钦州燃气公司、钦州S公司达成《界面协议》约定，现已经形成的钦州燃气公司和钦州S公司，按"上下游"公司分别投资运营。其中第五条约定：A公司、B公司、C公司三方按照原来签订的协议中A公司51%、B公司30%、C公司19%的股权比例对钦州S公司目前所从事的城市燃气业务开展、编制股权可研和工程可研。第六条约定：本界面协议与A公司、B公司、C公司三方协议所约定的合作范围不符。在保持对钦州S公司A公司占股51%、B公司占股30%、C公司占股19%不变的前提下，三方应重新签订合作协议。合作协议签订后，再行启动股权可研等相关工作。

2016年3月28日，燃气公司广西分公司向S公司、Z中心回函，称我公司已完成了《钦州市综合天然气利用项目建议书》，完成了《项目可行性研究报告》，并上报燃气公司总部正在立项。待燃气公司立项完成后，再委托中介机构对钦州S公司进行审计和资产评估；同时编制《合资项目股权可行性研究报告》上报天然气公司与管道分公司评审批复。完成上述内部两级报批手续后，再与贵公司签订《股权转让协议》。

燃气公司向一审法院起诉请求：判令S公司履行合同义务，按钦州S公司净资产值的51%股权作为转让价格，向燃气公司转让其持有的钦州S公司51%的股权（暂以《评估报告》为依据，计算股权转让价款为2047.8132万元）；判令S公司和Z中心、钦州S公司共同配合燃气公司完成办理标的股权工商变更登记。

法院裁判

本案经一、二审法院审理，判决驳回燃气公司的诉讼请求。燃气公司不服一、二审判决，申请再审，再审法院驳回燃气公司的再审申请。

生效裁判认为，根据一审查明事实，燃气公司（甲方）、S 公司（乙方）、Z 中心（丙方）于 2009 年 12 月 23 日签订的《合作协议》约定"二、合作方式：待甲方完成股权审批后，受让由乙方转让的钦州 S 公司 51% 的股权，转让价格按转让时钦州 S 公司的净资产确定"。该合作协议明确了待燃气公司完成股权审批后，受让 S 公司持有的钦州 S 公司 51% 的股权。之后，燃气公司、钦州燃气公司、钦州 S 公司于 2013 年 12 月 28 日达成的《界面协议》明确约定"本界面协议与 A 公司、B 公司、C 公司三方协议所约定的合作范围不符。在保持对钦州 S 公司 A 公司占股 51%、B 公司占股 30%、C 公司占股 19% 不变的前提下，三方应重新签订合作协议。合作协议签订后，再行启动股权可研等相关工作"。2016 年 3 月 28 日，燃气公司广西分公司向 S 公司、Z 中心回函时明确表示在完成内部两级报批手续后，再与 S 公司、Z 中心签订《股权转让协议》。从《界面协议》以及燃气公司广西分公司的回函内容可知，案涉股权转让的前提已变更为燃气公司广西分公司与 S 公司、Z 中心重新签订《合作协议》及《股权转让协议》。据此，原审法院适用《合同法》第八条、第六十条的规定，认定本案当事人应严格履行合同，重新签订《合作协议》及《股权转让协议》，认定事实及适用法律并无不当，燃气公司关于《界面协议》不具有变更《合作协议》的法律效力以及回函只是说明实现合作目的的形式和简单手续的主张不具有事实和法律依据，本院不予支持。

案例评析

本案的争议焦点是：S 公司、钦州 S 公司、Z 中心是否应按照《合作协议》的约定履行转让股权的义务。

《合作协议》系当事人真实意思表示，协议约定了三方的合作原则及范围、合作方式、各方的责任及其他事项。协议签订后，2012 年 11 月 22 日的《钦州项目推进协调会会议纪要》，决定钦州燃气公司和钦州 S 公司按照上下游的业务界面划分天然气利用业务。2013 年 8 月 15 日的《钦州项目专题会会议纪要》中，与会各方就门站土地归属未达成一致意见。2013 年 12 月 28 日，各方形成《界面协议》，载明，本界面协议与燃气公司、S 公司、Z 中心三方协议所约定的合作范围不符。在保持对钦州 S 公司占股 51%、S 公司占股

30%、Z中心占股19%不变的前提下，三方应重新签订合作协议。合作协议签订后，再行启动股权可研等相关工作。

以上事实表明，在《合作协议》的履行过程中，三方的合作范围与最初的约定不符，在对钦州S公司占股不变的前提下，各方应重新签订合作协议，新的合作协议签订后，再行启动股权可研等相关工作。而截至目前，各方尚未签订新的合作协议。2015年9月6日的《合同主体变更协议书》只是约定燃气公司广西分公司受让燃气公司在《合作协议》项下的权利义务，亦未就合作事宜重新签订协议。2016年3月28日燃气公司广西分公司的回函中也表明待完成内部两级报批手续后，再与S公司、Z中心签订《股权转让协议》。涉案《合作协议》只是各方合作的一个框架协议，在各方未就股权转让价格、交割条件、交割时间等达成明确一致的股权转让协议的情况下，燃气公司、燃气公司广西分公司依据《合作协议》要求S公司履行股权转让义务，并按2017年的评估报告计算股权转让价款，S公司和Z中心、钦州S公司履行配合完成工商变更登记手续的义务，证据不足，法院不予支持。

四、能否通过起诉、撤诉的方式履行债权转让的通知义务

债权人转让权利的，应当通知债务人。债权转让时只有债权人通知债务人方可发生法律效力。债权人转让债权而对债务人作的通知，一经通知便不得撤销。债务转让不需要债务人同意，只要通知债务人即可。债务人接到债权转让通知后，债务人对让与人的抗辩，可以向受让人主张。债务人接到债权转让通知时，债务人对让与人享有债权，并且债务人的债权先于转让的债权到期或者同时到期的，债务人可以向受让人主张抵销。

债权转让的通知方式《民法典》第五百四十六条未作限定，常见的通知方式有：书面、电话、电子邮件、特快专递、其他通知方式。通常认为，在债权转让通知未送达债务人时，债务人对债权转让人的清偿仍发生债务清偿之法律效力，但并不影响债权受让人取得受让债权。虽然《民法典》第五百四十六条规定的债权转让通知行为人，从文义上应理解为债权转让人，但在可以确认债权转让行为真实性的前提下，亦不应否定债权受让人为该通知行为的法律效力，即应以债务人是否知晓债权转让事实作为认定债权转让通知

法律效力之关键。故债权受让人直接向人民法院起诉，并借助人民法院送达起诉状的方式，向债务人送达债权转让通知，亦可以发生通知转让之法律效力。

典型案例 56　陈某等与建筑公司等股权转让纠纷案[①]

案例要旨

股权转让方与案外人作为共同原告提起诉讼，其后转让方申请撤回原告身份，并以第三人身份参加诉讼，转让方对诉权作出的处分体现了债权转让的意思表示，通过起诉、撤诉的行为即履行了债权转让的通知义务，故该债权转让行为对受让方发生法律效力，案外人取得了对股权受让方的债权，有权要求股权受让方支付股权转让款。

基本案情

2014年4月29日，史某等作为登记股东与陈某等三人签订《转让协议》，将房地产公司现有某小区项目以转让股权的方式转让给陈某等三人。协议约定：史某等主要投入为84107396元，并承诺房地产公司除某小区项目及绥化项目外无开发其他项目，如出现除某小区项目外而发生的其他债务均由前股东承担。陈某等三人同意以股权转让方式受让该项目，股权和项目转让的总价款为3.7亿元。同日，建筑公司与史某等签订《债权抵偿及清算协议》，约定，史某等全权委托建筑公司对外转让房地产公司的股权，史某等同意将上述股权转让款转让给建筑公司。

另查明，史某等于2016年7月20日与建筑公司作为共同原告向一审法院提起本案诉讼。史某等以已与建筑公司达成协议并将3.1亿元股权转让款债权转让给建筑公司为由，于2017年3月31日申请撤回原告身份，并以无独立请求权第三人的身份参加诉讼。

建筑公司向一审法院起诉请求：陈某等三人给付其股权转让款3.1亿元及违约金。

[①] 最高人民法院（2018）最高法民终1146号。

法院裁判

一审法院判决：陈某等三人于判决生效之日起 10 日内给付建筑公司 3.1 亿元及违约金。陈某等三人不服一审判决，提起上诉。二审法院驳回上诉，维持原判。

生效裁判认为，本案争议焦点为：1.《转让协议》的性质与效力如何认定；2. 建筑公司是否为主张股权转让款的适格原告。案涉《转让协议》的名称为"房地产项目暨股权转让"，具体内容包括房地产公司全部股权转让和该公司小区开发项目转让的权利义务约定，因此，双方当事人签订《转让协议》的目的，是以股权转让的方式进行房地产项目转让，但双方之间的《转让协议》所形成的基础法律关系是股权转让。该《转让协议》系双方当事人真实意思表示，不违反法律、行政法规的强制性规定，合法有效，双方均应按照合同约定全面履行各自义务。按照《转让协议》的约定，转让方的合同义务不仅包括将房地产公司全部股权转让给陈某等三人，还包括与房地产项目转让相关的合同义务；受让人的合同义务则主要是分期支付股权转让款。

关于建筑公司是否为主张 3.1 亿元股权转让款的适格原告问题，建筑公司与史某等签订《债权抵偿及清算协议》，约定史某等全权委托建筑公司对外转让有关项目（房地产公司的全部股权），史某等同意将上述股权转让款转让给建筑公司。本案曾由史某等与建筑公司作为共同原告提起诉讼。诉讼中，史某等以其在《转让协议》中享有的权利由建筑公司承接，受让人享有对陈某等三人的追索权为由，向一审法院申请撤回起诉。该二人对诉权作出的处分体现了债权转让的意思表示，通过起诉、撤诉的行为即履行了债权转让的通知义务，故该债权转让行为对陈某等三人发生法律效力，建筑公司取得了对陈某等三人的债权。该公司作为本案原告起诉主张剩余 3.1 亿元股权转让款，主体适格。

案例评析

本案的主要争议焦点为史某等与建筑公司之间的债权转让是否生效，建筑公司是否为主张 3.1 亿元股权转让款的适格原告。

《民法典》第五百四十五条规定，债权人可以将债权的全部或者部分转让给第三人，第五百四十六条规定，债权人转让债权，未通知债务人的，该转让对债务人不发生效力。从上述规定可以看出，合法有效的债权可以依法转让，债权转让通知到达债务人时，对债务人发生效力。本案中，建筑公司与史某等签订《债权抵偿及清算协议》，约定史某等全权委托建筑公司对外转让有关项目（房地产公司的全部股权），史某等同意将上述股权转让款转让给建筑公司。本案曾由史某等与建筑公司作为共同原告提起诉讼。诉讼中，史某等以其在《转让协议》中享有的权利由建筑公司承接，受让人享有对陈某等三人的追索权为由，向一审法院申请撤回起诉。该二人对诉权作出的处分体现了债权转让的意思表示，通过起诉、撤诉的行为即履行了债权转让的通知义务，故该债权转让行为对陈某等三人发生法律效力，建筑公司取得了对陈某等三人的债权。

五、第三方通过《三方协议》作为新的受让方加入此前的股权转让关系，是否构成合同的概括转让

典型案例 57　企业管理合伙企业与投资管理公司股权转让纠纷案[①]

案例要旨

原股权转让协议履行的过程中，第三方通过《三方协议》作为新的受让方加入此前的股权转让关系，此时合同转让标的已经不在原股东名下，后续合同的履行必然需要原受让方参与和配合，故原受让方并非完全从原股权转让关系中抽离，各方之间并非纯粹的合同整体权利义务的转让。

基本案情

2016 年 12 月 25 日，企业管理合伙企业与投资合伙企业签订《股权转让协议一》，约定：企业管理合伙企业将所持有医疗材料公司 22.5% 股权作价 8100 万元转让给投资合伙企业，附属于股权的其他权利随股权的转让而转让。

[①] 最高人民法院（2019）最高法民申 5743 号。

同日，双方签订《补充协议》，约定除非企业管理合伙企业完成股权转让等七项交割条件，否则投资合伙企业无义务履行付款安排。2017年10月7日，投资合伙企业与投资管理公司签订《股权转让协议二》，约定投资合伙企业所持有医疗材料公司22.5%的股权作价8100万元转让给投资管理公司。同日，投资合伙企业、投资管理公司、企业管理合伙企业签订《三方协议》，约定：1. 企业管理合伙企业同意投资合伙企业将医疗材料公司22.5%的股权转让给投资管理公司，同意投资合伙企业在医疗材料公司所享有或承担的股东权利和义务由投资管理公司承继，同意《股权转让协议一》《补充协议》中投资合伙企业所享有或承担的权利和义务由投资管理公司承继。投资合伙企业应按《股权转让协议二》的约定，将投资合伙企业持有的医疗材料公司22.5%的股权及时办理至投资管理公司名下，包括但不限于促使目标公司修改章程及办理工商登记事宜。2. 企业管理合伙企业同意免除投资合伙企业继续支付企业管理合伙企业股权转让款的义务，同意投资合伙企业不需向企业管理合伙企业支付股权转让价款8100万元，相应的股权转让款由投资管理公司按《股权转让协议一》《补充协议》中约定的支付。3. 投资合伙企业同意投资管理公司向企业管理合伙企业直接支付购买目标公司22.5%股权的转让价款8100万元。

因投资管理公司未按约定支付股权转让款，企业管理合伙企业向法院起诉请求：确认系争《股权转让协议一》及《补充协议》已于2018年5月24日解除；投资管理公司将医疗材料公司22.5%的股权变更登记至企业管理合伙企业名下，投资合伙企业为上述股权变更登记提供配合。

法院裁判

二审法院判决驳回企业管理合伙企业的诉讼请求。企业管理合伙企业不服二审判决，申请再审，再审法院驳回企业管理合伙企业的再审申请。

生效裁判认为，在《三方协议》签订后，投资管理公司承继投资合伙企业基于《股权转让协议一》《补充协议》享有或者承担的权利义务，成为新的股权受让人，企业管理合伙企业与投资管理公司均应受《股权转让协议一》《补充协议》的约束。由于《股权转让协议一》《补充协议》在投资管理公司成为新受让人之前已经得到部分履行，企业管理合伙企业已经将诉争股权变更登记到原受让人投资合伙企业名下；基于《三方协议》，投资合伙企业负有将诉争股权变更登记到新受让人投资管理公司名下的义务，或者说投资管理公司有要求投资合伙企业将诉争股权变更登记到自己名下的权利，但《三方协议》并没有明确在诉争股权实际变更到投资管理公司名下前，投资管理公司是否依然享有对抗企业管理合伙企业付款请求权的权利。基于前述四份协议内容的整体理解，并对照前期履行情况，《补充协议》第二条中关于股权转让款付款条件之一的"股权转让给……"的表述，应理解为办理完毕工商变更登记手续。至于企业管理合伙企业、投资合伙企业与投资管理公司之间是否建立了一个多方履行法律关系，并不影响前述事实的认定。根据《补充协议》的约定，投资管理公司作为诉争股权新的受让人在未实际获得约定股权前，依然享有对抗企业管理合伙企业付款请求权的权利，符合本案事实以及诚实信用的法律原则。投资管理公司拒绝支付股权转让款的核心理由是主张诉争股权尚未变更至其名下，二审判决基于案涉证据及相关事实认定投资管理公司拒绝付款系行使合同履行抗辩权，不构成违约，企业管理合伙企业不享有合同解除权，适用法律并无不当，企业管理合伙企业的该项申请再审事由不能成立。

案例评析

本案的争议焦点为各方签订的《三方协议》的性质是债权债务概括性转让还是各方当事人通过《三方协议》建立的一个多方履行的法律关系。

《民法典》第五百五十五条规定，当事人一方经对方同意，可以将自己在合同中的权利和义务一并转让给第三人。本条规定债权债务一并转让，理论上称为债权债务概括转让，在债权债务概括转让中，退出一方当事人将合同整体权利义务转让给第三人，不享有原债权，也不承担原债务。本案情况与一般的连环买卖或债权债务概括性转让存在本质区别，并非纯粹的合同整体权利义务的转让。本案是在企业管理合伙企业和投资合伙企业的原股权转让协议履行到一半的过程中，由投资管理公司通过《三方协议》作为新的受让方加入了此前的股权转让关系，此时合同转让标的已经不在原股东名下，后续合同的履行必然需要投资合伙企业参与和配合，故投资合伙企业并非完全从原股权转让关系中抽离，因此企业管理合伙企业主张仅仅是原股权转让合同主体变更的观点，法院不予认可。

基于已签订的《股权转让协议一》《补充协议》《股权转让协议二》，各方当事人通过《三方协议》建立了一个多方履行的法律关系。在这个多方法律关系中，主要内容是投资管理公司承继投资合伙企业在《股权转让协议一》《补充协议》中的权利义务，除此之外各方还就投资合伙企业向投资管理公司交付股权，投资管理公司直接向企业管理合伙企业付款作出了特别约定。在这种三方交易关系中，负有付款义务的一方当事人能否以接收给付方以外的其他合同当事人未履行合同约定为由，主张行使履行抗辩权，应审查该给付义务与未履行的义务是否具有牵连性，以及当事人对于这种牵连性是否有合理预见及具体约定。股权交付和支付对价是股权转让合同中直接对应的权利义务，基于权利义务对等原则，且根据《三方协议》约定内容，三方当事人在签订《三方协议》时对股权变更和付款义务的重要性和履行安排已有预见，进而又作出了特别约定。据此，投资管理公司可以行使抗辩权。

反之，假设按照企业管理合伙企业的主张，本案仅仅是原股权转让协议的整体承继和主体变更，那么股权转让关系的合同主体仅有企业管理合伙企业和投资管理公司，分别为股权出让方和受让方，除非合同有特别约定，否则企业管理合伙企业即负有向投资管理公司转让股权的义务。投资管理公司作为受让人在未取得股权之前，有权向股权出让方主张履行抗辩权。

六、公司作为案涉债务的加入者成为债务的承担主体需经股东会决议通过

《公司法》第十五条规定："公司向其他企业投资或者为他人提供担保，按照公司章程的规定，由董事会或者股东会决议；公司章程对投资或者担保的总额及单项投资或者担保的数额有限额规定的，不得超过规定的限额。公司为公司股东或者实际控制人提供担保的，应当经股东会决议。前款规定的股东或者受前款规定的实际控制人支配的股东，不得参加前款规定事项的表决。该项表决由出席会议的其他股东所持表决权的过半数通过。"而公司作为案涉债务的加入者成为债务的承担主体之一相比公司为股东提供担保，对公

司及其股东的权益可能造成更为不利的影响，同样应参照《公司法》第十五条规定的精神，经公司股东会决议。未经股东会决议通过，对公司不产生约束力。

典型案例58　彭某与陈某、房地产公司股权转让纠纷案[①]

案例要旨

公司作为案涉债务的加入者成为债务的承担主体之一相比公司为股东提供担保，对公司及其股东的权益可能造成更为不利的影响，同样应参照《公司法》第十五条规定的精神，经公司股东会决议。

基本案情

2015年7月20日，彭某（甲方）、陈某（乙方）签订《股权转让协议书》，约定，甲方彭某愿意将其占房地产公司42%的股份以人民币4000万元的价格全部转让给乙方，股权转让款4000万元除留置1100万元后，剩余2900万元分四次完成。其中，第一次，在办理工商变更登记之日起3天内支付300万元；第二次，15天之内支付600万元；第三次，再留置1800万元，待甲方与易某、陆某股权转让纠纷通过诉讼、和解、执行等方式最终了结，使得目标公司不再承担连带担保责任之日起3天内与甲方结清；第四次，甲方向申请注销长江公司并完成注销手续后15日内，应支付股权转让款200万元。2017年4月19日，彭某（甲方）与陈某（乙方）、房地产公司（丙方）针对上述《股权转让协议书》签订《补充协议书》，约定：丙方自愿对乙方（陈某）在"主协议"和本补充协议项下所欠甲方的全部股权转让款本息承担连带给付责任（指"主协议"内约定的股权转让款出现乙方不能给付时，至于付款时间和条件仍按照"主协议"和本补充协议约定执行）。

因陈某未按约支付股权转让款，彭某向法院起诉请求：判令陈某支付股权转让款1894.1888万元，利息754.7311万元；房地产公司承担连带给付责任。

[①] 最高人民法院（2020）最高法民申1273号。

法院裁判

二审法院判决陈某于本判决送达之日起 10 日内向彭某支付股权转让款 1873.5714 万元及利息,驳回要求房地产公司承担连带给付责任的诉讼请求。彭某不服二审判决,申请再审,再审法院驳回再审申请。

生效裁判认为,本案的争议焦点为房地产公司是否应对陈某的付款义务承担连带责任。本案《补充协议书》系陈某、彭某与房地产公司签订,约定房地产公司自愿对陈某应支付给彭某的股权转让款承担连带给付责任。虽然协议中未使用"担保"一词,但条款的性质与担保无异,当事人的约定同样不能违反公司治理的基本原则。陈某签订《补充协议书》时系房地产公司股东、法定代表人,其未经公司股东会决议即以公司名义为其个人债务承担连带给付责任,违反了公司法的上述规定。其行为依法属于越权代表行为。彭某在与陈某签订《补充协议书》时,明知房地产公司并非只有陈某一位股东,其本应审查陈某以房地产公司名义为其个人提供担保是否符合公司法相关规定、已经该公司股东会决议同意,但其未要求陈某出示房地产公司同意担保的股东会决议,也未提供证据证明其有理由相信该行为已经房地产公司股东会决议同意,故其自身存在明显过错,不属于善意相对人。彭某主张房地产公司作为案涉债务的加入者成为债务的承担主体之一,即便如其主张,债务加入相比公司为股东提供担保,对公司及其股东的权益可能造成更为不利的影响,同样应参照《公司法》第十五条规定的精神,经公司股东会决议。综上,《补充协议书》中关于房地产公司对陈某欠付彭某的股权转让款本息承担连带给付责任应认定为无效。

案例评析

本案的争议焦点为房地产公司是否应对陈某的付款义务承担连带责任。《公司法》第十五条规定:"公司向其他企业投资或者为他人提供担保,按照公司章程的规定,由董事会或者股东会决议;公司章程对投资或者担保的总额及单项投资或者担保的数额有限额规定的,不得超过规定的限额。公司为公司股东或者实际控制人提供担保的,应当经股东会决议。前款规定的股东或者受前款规定的实际控制人支配的股东,不得参加前款规定事项的表决。

该项表决由出席会议的其他股东所持表决权的过半数通过。"房地产公司的法定代表人、股东陈某在签订《补充协议书》时，未经房地产公司股东会表决，即以公司名义承诺就其个人债务承担连带责任，违反了《公司法》第十五条的规定。彭某知晓房地产公司的股权架构，未对陈某以房地产公司名义为其个人债务提供担保是否经股东会决议同意作形式审查，也未提供证据证明其有理由相信该行为已经房地产公司股东会决议同意，故其自身存在明显过错。彭某主张房地产公司作为案涉债务的加入者成为债务的承担主体之一，即便如其主张，债务加入相比公司为股东提供担保，对公司及其股东的权益可能造成更为不利的影响，同样应参照《公司法》第十五条规定的精神，经公司股东会决议。

此外，该条约定不符合《公司法》第五十三条关于股东缴纳出资后不得抽回的规定。彭某与陈某均为房地产公司的股东，两人之间发生股权转让，约定由房地产公司对受让方所欠付的股权转让款本息承担连带给付责任，即意味着在受让方不能支付股权转让款的情形下，公司应向转让股东支付股权转让款，从而导致股东以股权转让的方式从公司抽回出资的后果。公司资产为公司所有债权人债权的一般担保，公司法规定股东必须向公司缴纳其认缴的注册资本金数额，公司必须在公司登记机关将公司注册资本金及股东认缴情况公示，在未经公司注册资本金变动及公示程序的情形下，股东不得以任何形式用公司资产清偿其个人债务，构成实质意义上的抽逃出资。综上，法院认定《补充协议书》中关于房地产公司对陈某欠付彭某的股权转让款本息承担连带给付责任的约定无效。

第四章　股权转让合同的担保

一、目标公司为受让方支付股权转让款提供担保的效力

依据《公司法》第十五条第二款、第三款规定，公司为公司股东或者实际控制人提供担保的，应当经股东会决议。前款规定的股东或者受前款规定的实际控制人支配的股东，不得参加前款规定事项的表决。该项表决由出席会议的其他股东所持表决权的过半数通过。上述法条并不禁止公司为股东或者实际控制人提供担保，而是要求必须经股东会或者股东大会决议，且被担保的股东不能参加表决，其目的就在于保证公司在为股东提供担保时，不受被担保股东的意志影响，而由其他股东进行表决，从而反映公司的真实意思表示，避免其他股东的权益因此遭受损害。

目标公司为自身股权转让款支付提供担保，实质系公司为股东的付款责任提供担保，法律并无禁止目标公司为支付其自身股权转让款提供担保的规定。担保是否有效，本质还在于，担保是否为公司的真实意思表示，是否经过股东会决议。

典型案例 59　置业公司与食品公司股权转让纠纷案[①]

案例要旨

我国法律并无禁止目标公司为支付其自身股权转让款提供担保的规定，但要求提供担保时必须经股东会或者股东大会决议，且被担保的股东不能参加表决，其目的就在于保证公司在为股东提供担保时，不受被担保股东的意

[①] 最高人民法院（2021）最高法民申 2177 号。

志影响，而由其他股东进行表决，从而反映公司的真实意思表示，避免其他股东的权益因此遭受损害。受让人在涉案股权转让后为目标公司仅有的两名股东，二人在《协议书》上签字，以及目标公司在《协议书》上盖章的行为，足以认定目标公司为受让人提供担保系公司的真实意思表示，符合公司股东与公司利益一致性的原则，即便没有股东会或者股东大会决议，目标公司仍应当承担担保责任。

基本案情

2011年5月10日，食品公司与王某、章某达成合意，食品公司同意将其持有的置业公司100%的股权全部转让给王某、章某，并由置业公司、T公司、H公司、B公司、R公司为共同连带保证人，股权转让价款为人民币6058万元。股权转让款的付款方式为：股权转让价款分两笔支付，第一笔支付金额为3258万元，第二笔支付金额为2800万元，若王某、章某未按时支付第一笔股权转让价款，则第二笔支付金额变为3800万元。

T公司、H公司、B公司、R公司分别提交了各自公司股东会2011年4月27日股东会决议，同意为王某、章某向食品公司提供连带责任保证；置业公司未提交股东会决议。此后，双方按约履行了第一笔股权转让款3258万元，并办理了公司交接和股权变更登记。因王某、章某未支付第二笔股权转让款，食品公司向一审法院起诉请求判令王某、章某、置业公司、T公司、H公司、B公司、R公司连带支付食品公司股权转让款2800万元及违约金。

法院裁判

一审法院判决王某、章某于判决生效后10日内给付食品公司股权转让价款2800万元及违约金，T公司、H公司、B公司、R公司对上述债务承担连带清偿责任，驳回食品公司要求置业公司承担连带清偿责任的诉讼请求。二审法院改判置业公司承担连带清偿责任。置业公司不服二审判决，申请再审，再审法院驳回置业公司的再审申请。

生效裁判认为，本案再审审查的焦点问题是，置业公司在股权转让协议中承诺为王某和章某的付款义务提供担保的约定是否有效。各方签订的《协议书》约定：食品公司同意将持有的标的公司100%的股权全部转让给王某、章某，股权转让价款由王某、章某支付。同时约定其他主体和置业公司承担连带清偿责任。缔约各方当事人均在该《协议书》中签字或盖章，但置业公司项下只加盖有印章，而无代表人或代理人签字。缔约承担担保责任的公司均提交了公司股东会决议，同意提供连带责任保证；但置业公司未提交股东会决议。置业公司对上述事实亦不持异议，仅主张该担保约定应为无效。订立股权转让合同时，食品公司持有置业公司100%的股份，股权转让合同的目的是由食品公司将其持有的置业公司100%股权全部转让给王某、章某二人或该二人指定的主体。因食品公司与王某、章某二人均在该《协议书》上签字盖章，故置业公司不能以其项下只加盖有印章而无代表人或代理人签字就否认系其真实意思表示。订立合同之时，食品公司对置业公司100%持股。股权依约转让之后，王某、章某二人也能控制置业公司100%的股权。因此，虽然置业公司没有提交同意提供担保的股东会决议，亦不能以未经其股东会同意而主张不承担担保责任。法律并无禁止目标公司为支付其自身股权转让款提供担保的规定，股权转让合同所约定的也是食品公司将置业公司交接给王某、章某之后，由置业公司对王某、章某的付款义务承担连带清偿责任。现置业公司主张如其承担担保责任将构成食品公司抽逃出资，但没有提交证据证明食品公司确系以置业公司承担担保责任的方式抽逃出资。不能仅因目标公司为支付其自身股权转让款提供担保，就认为违反了《公司法》第五十三条关于股东不得抽逃出资的规定，置业公司关于担保约定无效的再审申请事由不能成立。

案例评析

在公司股权交易中，原股东为了确保新股东履行付款义务，往往会要求目标公司为新股东的付款义务提供担保，在新股东未能履行付款义务时，原股东会以诉讼等手段要求目标公司承担支付义务。对于目标公司提供的担保是否有效，实务中存在争议[1]，主要争议焦点在于该行为是否构成股东抽逃出资。我国《公司法》第五十三条规定了股东不得抽逃出资，但并未对抽

---

[1] 广东省广州市中级人民法院（2019）粤01民终5895号民事判决。

逃出资的具体认定标准进行明确，不具有实操性。《最高人民法院关于适用〈中华人民共和国公司法〉若干问题的规定（三）》第十二条在此基础上进一步明确，满足列举的四种形式，且造成公司权益受损的，应认定为抽逃出资。公司为股东的股权转让款支付义务提供担保，并不在上述列举中，有部分观点认为该行为属于第四项规定的其他未经法定程序将出资抽回的行为，但第四项规定本身就属于兜底的条款，并未从理论上解决是否构成抽逃的问题。

本案的争议焦点是置业公司应否就涉案股权转让款的支付承担连带责任，一审法院和二审法院及再审法院作出了完全不同的认定。一审法院认为，由于《协议书》关于置业公司承担连带清偿责任的约定违反了公司法关于股东不得抽逃出资的强制性规定，且食品公司在该行为中不具有善意，该约定应为无效。《最高人民法院关于适用〈中华人民共和国公司法〉若干问题的规定（三）》规定了抽逃出资的四种行为，上述规定体现的法理是法律禁止股东以任何形式抽逃出资。如果允许公司为股东之间的股权转让提供担保，势必会出现受让股权的股东不能支付股权转让款时，由公司先向转让股权的股东支付转让款，导致公司利益及公司其他债权人的利益受损，形成股东以股权转让的方式变相抽回出资的情形，有违公司法关于不得抽逃出资的规定。

二审法院和再审法院均认为，我国法律并无禁止目标公司为支付其自身股权转让款提供担保的规定，股权转让合同所约定的也是食品公司将置业公司交接给王某、章某之后，由置业公司对王某、章某的付款义务承担连带清偿责任。现置业公司主张如其承担担保责任将构成食品公司抽逃出资，但没有提交证据证明食品公司确系以置业公司承担担保责任的方式抽逃出资。本案不属于《最高人民法院关于适用〈中华人民共和国公司法〉若干问题的规定（三）》第十二条所列举的股东抽逃出资的情形。不能仅因目标公司为支付其自身股权转让款提供担保，就认为违反了《公司法》第五十三条关于股东不得抽逃出资的规定，置业公司关于担保约定无效的事由不能成立，法院不予支持。

二、能否以在保证人处签字就推定签字人员有作为保证人的意思表示

典型案例60 陆某与张某、陶某、投资公司股权转让纠纷案[①]

案例要旨

在《股权转让协议》明确约定有担保方的情况下,在签订协议时确定承担担保责任的一方,应当在担保方处作为合同当事人签订协议。不能仅仅因为在保证人处签字就推定签字人员有作为本协议保证人的意思表示而承担保证责任。

基本案情

2013年11月8日,张某作为转让方(甲方)与受让方陶某(乙方)及担保方投资公司(丙方)签订《股权转让协议》,张某同意将所持有投资公司60%的股权转让给陶某,陶某同意接受上述转让的股权。双方共同确认转让及其自然公司向张某的借款(账内账外)总计人民币7800万元整(其中银行贷款6500万元,尚应付1300万元现金)。投资公司同意对陶某上述债务以投资公司60%的股权承担连带责任,如陶某没有按合同约定履行或没有全部履行其债务,张某有权直接要求保证人承担保证责任,担保范围为主债务及违约金,担保期为2年。甲方落款处有张某签字及日期为2013年11月8日,乙方落款处有陶某签字及日期为2013年11月8日,丙方落款处有投资公司盖章,还有陆某签字,日期为2013年11月8日。

张某向一审法院起诉,请求判令陶某支付股权转让款4500万元及违约金,投资公司、陆某承担连带保证责任。

法院裁判

一审法院判决陶某向张某支付股权转让款4500万元及违约金1382.86万

[①] 最高人民法院(2018)最高法民再294号。

元，陆某对判决第一项确定的陶某的债务承担连带保证责任，驳回张某要求投资公司承担连带清偿责任的诉讼请求。二审法院维持一审判决。陆某不服二审判决，申请再审，再审法院撤销二审判决，改判陆某不承担连带保证责任。

生效裁判认为，本案再审审查的焦点问题是，陆某是否应当承担案涉《股权转让协议》的保证责任。从《股权转让协议》约定的内容看，并无陆某提供保证的意思表示，不能认定陆某为本案诉争股权转让提供保证。首先，从《股权转让协议》签订的主体来看，协议当事人并没有陆某，陆某并不当然为该协议保证人。《股权转让协议》明确约定三方当事人为张某、陶某及投资公司，且明确投资公司为担保方，并未将陆某列为保证人，协议中并没有将陆某作为本协议保证人的意思表示。其次，从《股权转让协议》的内容来看，协议中进一步明确投资公司作为保证人承担保证责任，但未约定陆某的保证责任。《股权转让协议》第四条明确约定由投资公司承担保证责任，并明确以投资公司60%的股权进行担保。各方在特定的担保条款中并未明确陆某的保证责任，亦可见陆某并无提供保证担保之真实意思表示。最后，从《股权转让协议》落款来看，陆某签字与投资公司公章重叠，其亦为投资公司高管人员，符合公司盖章并由经办人员签字的一般惯例，不能推断陆某愿意承担保证责任。

关于陆某在保证人处签字是否符合承担保证责任的法律规定的问题。根据《最高人民法院关于适用〈中华人民共和国担保法〉若干问题的解释》第二十二条第二款的规定："主合同中虽然没有保证条款，但是，保证人在主合同上以保证人的身份签字或者盖章的，保证合同成立。"但本案中，《股权转让协议》第四条明确约定了担保条款，约定由投资公司承担担保责任，协议各方对保证条款进行了充分协商，并不存在合同中无保证条款的情形。在《股权转让协议》明确约定担保条款及担保人的情况下，不存在法律规定的所谓认定主合同没有保证条款而单独以保证人身份签字的情形，原审法院就此适用法律错误，应予纠正。综上，再审法院予以改判。

案例评析

本案的争议焦点是陆某应否就涉案股权转让款的支付承担连带责任，一、二审法院和再审法院作出了完全不同的认定。一、二审法院认为，陆某作为商事主体，其为投资公司的实际出资人，实际行使股东权利，嗣后一直为投资公司经工商登记载明的股东，且与张某、陶某均相识，故其为案涉股权转让提供担保具有合理性。陆某主张其是作为投资公司的经办人签字，投资公司在陆某签字后才能加盖公章。但陆某在该协议签订时并非投资公司的法定代表人，亦未提交投资公司的授权委托手续，在此情形下，其对于以个人身份在保证栏内签字的法律后果应当有清晰的认知和判断。因陆某在签字时并未注明系以经办人员身份代表投资公司签字，陆某亦未举证证实投资公司对外使用印章签订协议时，必须以陆某个人签字为前提条件。故陆某在保证人落款处签字的行为应当认定为其和投资公司均作为担保人，为案涉股权转让向张某提供担保。虽然在协议条文中仅对投资公司的保证责任进行了约定，但依照《民法典》的相关规定，因陆某以保证人身份签字，应当认定其具有提供担保的意思表示。

再审法院则认为，根据本案查明事实，陆某作为投资公司高管人员及实际股东参与公司管理，并不能表示陆某具有个人提供担保的意愿，相反，更符合公司盖章并由经办人员签字的商业惯例，本案无论从《股权转让协议》的签订及内容还是商业惯例来看，陆某均没有提供保证担保的真实意思表示，无法推断出陆某为案涉股权转让提供担保，故其不应当承担保证责任。

三、超越代理权限的担保合同无效

《全国法院民商事审判工作会议纪要》第十七条规定，为防止法定代表人随意代表公司为他人提供担保给公司造成损失，损害中小股东利益，《公司法》第十六条对法定代表人的代表权进行了限制。根据该条规定，担保行为不是法定代表人所能单独决定的事项，而必须以公司股东（大）会、董事会等公司机关的决议作为授权的基础和来源。法定代表人未经授权擅自为他人提供担保的，构成越权代表，人民法院应当根据《合同法》第五十条关于法定代表人越权代表的规定，区分订立合同时债权人是否善意分别认定合同效力：债权人善意的，合同有效；反之，合同无效。第十八条规定，前条所称的善意，是指债权人不知道或者不应当知道法定代表人超越权限订立担保合同。

《公司法》第十五条对关联担保和非关联担保的决议机关作出了区别规定，相应地，在善意的判断标准上也应当有所区别。一种情形是，为公司股东或者实际控制人提供关联担保，《公司法》第十五条明确规定必须由股东会决议，未经股东会决议，构成越权代表。在此情况下，债权人主张担保合同有效，应当提供证据证明其在订立合同时对股东会决议进行了审查，决议的表决程序符合《公司法》第十五条的规定，即在排除被担保股东表决权的情况下，该项表决由出席会议的其他股东所持表决权的过半数通过，签字人员也符合公司章程的规定。

另一种情形是，公司为公司股东或者实际控制人以外的人提供非关联担保，根据《公司法》第十五条的规定，此时由公司章程规定是由董事会决议还是股东会决议。无论章程是否对决议机关作出规定，也无论章程规定决议机关为董事会还是股东会，根据《民法典》第六十一条第三款关于"法人章程或者法人权力机构对法定代表人代表权的限制，不得对抗善意相对人"的规定，只要债权人能够证明其在订立担保合同时对董事会决议或者股东会决议进行了审查，同意决议的人数及签字人员符合公司章程的规定，就应当认定其构成善意，但公司能够证明债权人明知公司章程对决议机关有明确规定的除外。

债权人对公司机关决议内容的审查一般限于形式审查，只要求尽到必要的注意义务即可，标准不宜太过严苛。公司以机关决议系法定代表人伪造或者变造、决议程序违法、签章（名）不实、担保金额超过法定限额等事由抗辩债权人非善意的，人民法院一般不予支持。但是，公司有证据证明债权人明知决议系伪造或者变造的除外。

典型案例61　网络科技公司与通信技术公司、科技公司、顾某股权转让纠纷案[①]

案例要旨

公司法定代表人不具有独立代表公司作出对外提供关联担保意思表示的

---

① 最高人民法院（2019）最高法民终456号。

权限。本案中,顾某作为通信技术公司法定代表人及股东,在未经过股东会决议同意的情况下,超越权限,代通信技术公司为其债务提供担保,构成无权代表。

基本案情

顾某(转让方)与网络科技公司(受让方)、通信技术公司(担保方)于2016年签订《经营权和股份转让协议书》,该协议书载明,截至签约日,顾某为科技公司实际控制人,顾某及其一致行动人将合计持有科技公司26301701股股份(占比6.66%)以7亿元的价款转让给网络科技公司。《经营权和股份转让协议书》由顾某作为甲方签字;网络科技公司作为乙方加盖印章,法定代表人杨某签字;通信技术公司作为丙方(担保方)加盖印章,顾某作为法定代表人签字。2016年4月27日,顾某(委托方)与网络科技公司(受托方)签订《表决权委托书》。《表决权委托书》记载,双方于2016年4月27日签订《经营权和股份转让协议书》,约定顾某向网络科技公司转让顾某及其一致行动人持有的科技公司共计26301701股股份。在网络科技公司向顾某支付第一笔股份转让交易对价3亿元后,顾某将26301701股的表决权委托给网络科技公司。网络科技公司有权召集、召开和出席科技公司股东大会会议,针对所有根据相关法律或目标公司章程需要股东大会讨论、决议的事项行使表决权等。《表决权委托书》由顾某作为委托方签字,网络科技公司作为受托方加盖印章,并由法定代表人杨某签字。

2016年,网络科技公司与顾某、通信技术公司签订《借款协议》(签订月份和日期均为空白)。该协议载明,网络科技公司与顾某签订了《经营权和股份转让协议书》,顾某为了改善通信技术公司的经营情况,向网络科技公司借款。借款总金额为1亿元,由网络科技公司或其指定付款人将借款汇入顾某所指定的案外人陈某东在中国工商银行的账户。借款期限自协议生效之日起至2016年7月31日止。通信技术公司为顾某向网络科技公司的借款提供无限连带责任担保。《借款协议》由网络科技公司作为甲方加盖印章,法定代表人杨某签字;顾某作为乙方签字;通信技术公司作为丙方(担保方)加盖印章,并由顾某作为法定代表人签字。2016年,网络科技公司、顾某和通信技术公司签订《股权转让备忘录》(签订月份和日期均为空白)。《股权转让备忘录》约定，顾某在收到借款1亿元的当日，由网络科技公司以顾某名义派驻财务助理及行政助理，全面协助顾某及通信技术公司对科技公司的资本运作。通信技术公司对本备忘录项下、《借款协议》项下所有条款提供连带担保，担保范围包括但不限于《借款协议》项下的本金、网络科技公司实现以上权益及后续可能发生的法律风险所产生的费用。

网络科技公司向一审法院起诉请求：1. 解除《经营权和股份转让协议书》；2. 判令顾某依法返还网络科技公司借款人民币1亿元；3. 判令顾某双倍返还定金6亿元；4. 判令通信技术公司、科技公司对上述第二项、第三项诉讼请求承担无限连带责任。

法院裁判

一审法院判决：一、确认网络科技公司与顾某、通信技术公司签订的《经营权和股份转让协议书》于2016年9月30日解除；二、顾某向网络科技公司返还股份转让定金3亿元，并另行偿付1.4亿元；三、顾某向网络科技公司归还借款1亿元；四、驳回网络科技公司要求通信技术公司、科技公司承担连带保证责任的诉讼请求。网络科技公司不服提起上诉，二审驳回上诉，维持原判。

生效裁判认为，网络科技公司与顾某签订了《经营权和股份转让协议书》《表决权委托书》《借款协议》《股权转让备忘录》系列协议。从系列协议对各方权利义务设定的条款及内容，可以看出该系列协议签订的目的是达成鲜某（通过网络科技公司）与顾某商定的"通信技术公司与科技公司"资产重组事宜。按照系列协议的约定，顾某通过出让股份以及借款，获得共计8亿元融资。如果资产重组完成，再以15亿元溢价回购股份；如果资产重组不成，则鲜某通过网络科技公司最终实质性取得科技公司的股份和控制权。在上述资产重组项目中，系列协议包含以下法律关系：一是网络科技公司与顾某的股权转让合同关系、借款合同关系；二是通信技术公司分别为上述两个主合同提供的担保。

1. 关于股权转让合同关系

按照《经营权和股份转让协议书》的约定，顾某应将其与一致行动人名下持有的科技公司6.66%股份转让给网络科技公司，网络科技公司则分两次支付 7 亿元转让价款。实际履行中，网络科技公司已按照第 5.2 条约定将 3 亿元定金支付给顾某。然而顾某方面却因科技公司股票下行未及时补仓被平仓、一致行动人关系被解除，此后某投资公司通过集中竞价成为科技公司第一大股东，至此顾某已无法按照协议书之约定向网络科技公司出让股份。顾某此举构成违约的同时，也使网络科技公司受让 6.66% 股份之合同目的不能实现，网络科技公司据此主张解除《经营权和股份转让协议书》符合《合同法》第九十四条第四项之规定，予以支持。网络科技公司在本案民事起诉状中明确提出解除系争协议，可视为向顾某发出解除通知，确认顾某签收起诉状之日即 2016 年 9 月 30 日为《经营权和股份转让协议书》解除之时。

2. 关于通信技术公司的担保责任

通信技术公司同时作为《经营权和股份转让协议书》《股权转让备忘录》和《借款协议》中的担保方，其在《股权转让备忘录》中进一步明确"对本备忘录项下、《借款协议》项下所有条款提供连带担保"。网络科技公司据此要求通信技术公司对顾某股权转让合同与借款合同项下所有债务承担连带担保责任。本案审理中，通信技术公司并不否认该担保的真实性，但辩称该担保并未经股东会决议，违反《公司法》第十六条第二款之规定，故而无效。本案中，虽然在《经营权和股份转让协议书》《股权转让备忘录》《借款协议》上，通信技术公司都加盖了公司印章，顾某作为法定代表人签字，但根据顾某和通信技术公司的陈述："在场的是顾某、副总王某、法务总监董某""通信技术公司的章是我们盖的""没有股东会、董事会决议"，上述人员均无对外担保权限，故而该担保系时任法定代表人的顾某超越权限订立的合同。鉴于顾某未经股东会决议即以通信技术公司名义为其自身债务设定担保，超越其权限，而网络科技公司对此应当明知，并非善意相对人，该担保并非为通信技术公司最佳利益作出，对通信技术公司关于担保无效的辩称意见，予以支持。据此，通信技术公司不应承担担保责任。

3. 关于科技公司的担保责任

法院认为《担保函》真实性严重存疑不能采纳，网络科技公司诉请科技公司承担担保责任，依法不予支持。理由如下：1. 该《担保函》只加盖科技公司印章，落款月份和日期空白，且没有任何人员签字，网络科技公司称签署系列协议当日，顾某同时提供了《担保函》。然而，该《担保函》与其他协议落款处既有印章又有法定代表人签字的做法明显不同，而顾某作为在场当事方，明确表示其并未提供《担保函》。2. 科技公司作为一家上市公司，无论是依公司章程还是《公司法》规定，关联担保（顾某时任科技公司第一大股东、董事长、实际控制人）均应由股东大会决议，但科技公司股东大会、董事会及对外信息披露，均未发现此担保痕迹。3. 根据证监会行政处罚决定书查明的事实，鲜某与顾某会商面谈系列协议时从未提及有此《担保函》。倘若如网络科技公司所述《担保函》"由顾某同时提供"，鲜某此举不合常理。4. 更为重要的是，系列协议签署当日，即 2016 年 4 月 27 日，顾某向网络科技公司移交了科技公司的印章、证照。为此，网络科技公司还出具《承诺函》确认科技公司印章、证照向其交割，并附交接清单（附预留印鉴）。可见，网络科技公司于 2016 年 4 月 27 日直接掌控了科技公司的印章。综上，在债权人自身掌控担保人印章的情况下，直接参与面谈的一方顾某（本身还是主债务人）否认提供《担保函》，而另一方鲜某（实际控制网络科技公司）未提及《担保函》，科技公司股东大会、董事会资料中未曾有此担保记录，故对《担保函》真实性不予确认，科技公司无须对顾某债务承担担保责任。

案例评析

本案的争议焦点是：1. 通信技术公司应否对顾某案涉债务承担连带清偿责任；2. 科技公司应否对顾某案涉债务承担连带清偿责任。《公司法》第十五条第二款规定，公司为公司股东或者实际控制人提供担保的，应当经股东会决议。该条款为公司对外提供关联担保所设置的特别决议程序的目的在于：避免公司作为独立民事主体，与公司股东或实际控制人在利益上完全趋同，成为承担公司股东或实际控制人个人债务的工具；避免与因关联担保受益的股东或实际控制人间有密切联系的公司法定代表人、高级管理人员、职员等公司人员随意代表公司作出对外提供关联担保的意思表示，损害不知情的公司其他股东及公司债权人的利益。因此，根据上述规定，公司法定代表人不具有独立代表公司作出对外提供关联担保意思表示的权限。

本案中，顾某作为通信技术公司法定代表人及股东，在未经过股东会决议同意的情况下，超越权限，代通信技术公司为其债务提供担保，构成无权代表。《民法典》第五百零四条规定："法人的法定代表人或者非法人组织的负责人超越权限订立的合同，除相对人知道或者应当知道其超越权限外，该代表行为有效，订立的合同对法人或者非法人组织发生效力。"在相对人不知法定代表人超越权限订立合同，亦即相对人为善意时，其越权代表行为构成表见代表，对公司发生效力。在公司法已对公司对外提供关联担保规定有特别决议程序的情形下，相对人善意的认定，在于其是否对公司法规定的公司决议文件尽到形式审查义务。案涉《借款协议》《股权转让备忘录》签订过程中，网络科技公司并未要求顾某提供通信技术公司的股东会决议，未对顾某是否具有代表通信技术公司为其债务提供担保的权限进行审查，未尽到合理的注意义务，不属于《民法典》第五百零四条规定的善意相对人。因此，法院认定通信技术公司担保无效。

网络科技公司为主张科技公司对顾某案涉债务承担担保责任，向原审法院提交了一份加盖有科技公司公章的《担保函》。科技公司否认该担保函的真实性，并称网络科技公司曾掌握其公司公章，不排除网络科技公司自行制作《担保函》的可能性。经审查：1. 该《担保函》仅加盖科技公司公章，落款月份和日期空白，且没有任何人员签字，网络科技公司称签署系列协议当日，顾某同时提供了《担保函》，但该《担保函》与其他协议落款处既有加盖公章又有法定代表人签字的做法明显不同；2. 顾某作为在场当事方，明确表示其并未提供《担保函》，而根据证监会相关行政处罚决定书查明的事实，鲜某与顾某会商面谈系列协议时从未提及有此《担保函》；3. 根据网络科技公司出具《承诺函》及《基本资料交接清单》，顾某于2016年4月27日向网络科技公司移交了科技公司的公章，网络科技公司具有自行制作担保函的条件及可能性。《最高人民法院关于适用〈中华人民共和国民事诉讼法〉的解释》第一百零八条第二款规定："对一方当事人为反驳负有举证证明责任的当事人所主张事实而提供的证据，人民法院经审查并结合相关事实，认为待证事实真伪不明的，应当认定该事实不存在。"综上，由于案涉《担保函》不能确定是否由科技公司出具，故法院未确认《担保函》的真实性。

四、保证人提供保证是否基于其在主合同中具有权利义务、利益关系和经济往来为前提或者要件

典型案例 62　李某、谢某与实业公司、投资公司股权转让纠纷案[①]

案例要旨

法律并未规定保证人提供保证需基于其在主合同中具有权利义务、利益关系和经济往来为前提或者要件，在无从推知当事人内心真实意思的情况下，法院可以根据当事人在《承诺函》担保人一栏处签字的外观行为表征，认定其具有承担保证责任的真实意思表示。

基本案情

2010年2月6日，投资公司（甲方）与实业公司（乙方）签订一份《投资合作协议书》，约定甲方转让L公司13.3%的股权给乙方，股权转让价款为1亿元。乙方于签订协议后10日内支付2000万元，在2010年6月30日之前支付3000万元，在完成L公司13.3%股权过户给乙方的工商登记手续后15日内，支付剩余款5000万元。协议同时约定，为降低乙方的投资风险，甲方同意：在乙方将全部转让价款支付到位届满一年后，乙方可要求甲方按到位资金不低于12%的年投资回报率回购乙方持有的L公司股权。乙方分4笔支付股权转让款1亿元。2013年5月15日，投资公司向实业公司出具一份《承诺函》，内容为："我公司同意回购贵公司持有目标公司13.3%的股权，回购价格为1亿元加实际收到资金期间的利息（按年息12%计算）。该回购款在本承诺书作出后9个月内支付给贵公司。支付时将扣减我公司转让J公司100%的股权给贵公司指定的沈某的转让款、代垫款等共计3500万元。"投资公司在该《承诺函》上加盖了公章，李某、谢某在该《承诺函》的担保人一栏签名。

实业公司向一审法院起诉，请求判令：投资公司向其支付固定部分回购

[①] 最高人民法院（2017）最高法民终498号。本案例经过笔者加工改写。

价款 6500 万元及浮动部分回购价款，按未付固定部分回购价款年利率 12% 计算；李某、谢某承担连带保证责任。

法院裁判

一审法院判决：投资公司向实业公司支付回购价款本金 6500 万元及回购价款利息；李某、谢某承担连带保证责任。李某、谢某不服一审判决，提起上诉。二审法院驳回上诉，维持原判。

生效裁判认为，谢某在本案《承诺函》上签字的原因是应实业公司的要求，对该《承诺函》的见证，而不是一审判决认定的担保。谢某从来没有为《承诺函》提供担保的意思表示，也不具有提供担保的能力。依据我国法律规定，不应当将作为见证人的人列为担保人，谢某在《投资合作协议书》《承诺函》中没有任何权利义务，也没有任何利益关系和经济往来，《投资合作协议书》与《承诺函》上并无明确的担保条款。针对谢某的上诉理由法院认为，谢某未能举证证明其在承诺函上系基于见证而签字，在无从推知当事人内心真实意思的情况下，一审判决根据当事人的外观行为表征认定谢某为保证人并无不当。至于谢某所提出的其在《投资合作协议书》《承诺函》中没有任何权利义务，也没有任何利益关系和经济往来的上诉理由，法律并未规定保证人提供保证需基于其在主合同中具有权利义务、利益关系和经济往来为前提或者要件，因此谢某所提的该项上诉理由不能成立。二审法院驳回上诉请求，维持原判。

案例评析

投资公司向实业公司出具的《承诺函》以书面形式载明了标的、价款、履行期限等合同必备内容，一经出具，实业公司与投资公司之间即已成立合法有效的股权转让合同关系。实业公司基于双方之间已经形成的合法有效的股权转让合同，要求投资公司受让其承诺回购的股权，该回购行为实质为同一公司股东之间的股权转让。该转让行为合法有效，符合《公司法》第八十四条第一款"有限责任公司的股东之间可以相互转让其全部或者部分股权"的规定，投资公司应按承诺履行自己的义务。李某、谢某在该《承诺函》的担保人一栏签名是对投资公司支付回购价款承担保证责任的真实意思表示，亦不违反国家法律、法规的强制性规定，合法有效。

谢某未能举证证明其在承诺函上系基于见证而签字，在无从推知当事人内心真实意思的情况下，法院根据当事人的外观行为表征认定谢某为保证人并无不当。至于谢某所提出的其在《投资合作协议书》《承诺函》中没有任何权利义务，也没有任何利益关系和经济往来的理由，法律并未规定保证人提供保证需基于其在主合同中具有权利义务、利益关系和经济往来为前提或者要件，因此谢某所提的该项理由法院亦不予支持。

典型案例63　刘某、张某与景某、周某、矿业公司股权转让纠纷案[①]

案例要旨

《合作合同》中双方对股权转让尾款的支付方式约定为，受让方若到期不能支付，所欠款项受让方愿意以此款折算为标的公司股权给转让方应当理解为受让方对实现债权的担保，而不是附条件的履行方式变更。

基本案情

2014年12月19日，景某、周某与刘某、张某签订《合作合同》，约定景某、周某将其持有的矿业公司90%的股权转让给刘某、张某，转让价款为178200000元。股权转让款的支付方式为：合同签订后两日内刘某、张某先支付60000000元；矿业公司向金融机构的贷款95000000元，由刘某、张某承担本息，以冲抵刘某、张某应支付给景某、周某的款项；2015年6月30日前刘某、张某支付给景某、周某剩余款项23200000元，若到期不能支付，所欠款项刘某、张某愿意以此款折算为矿业公司15%的股权给景某、周某，折算后景某、周某占25%，刘某、张某占75%。

景某、周某向一审法院起诉请求：判令刘某、张某支付股权转让款26200000元及违约金；矿业公司对上述债务承担连带保证责任。

法院裁判

一、二审法院判决支持景某、周某的诉讼请求。刘某、张某不服二审判

[①] 最高人民法院（2019）最高法民申4880号。

决,申请再审,再审法院驳回刘某、张某的再审申请。

生效裁判认为,本案的主要争议焦点是原审法院将《合作合同》第四条第四项约定认定为实现债权的担保是否正确。从双方争议的《合作合同》第四条第四项"乙方应付给甲方的剩余款项 2320 万元,于 2015 年 6 月 30 日前支付。若到期不能支付,所欠款项乙方愿意以此款折算为矿业公司 15% 的股权给甲方"的内容看,乙方承诺"若到期不能支付,所欠款项乙方愿意以此款折算为矿业公司 15% 的股权给甲方"是乙方针对尚未到清偿期的股权转让余款 2320 万元给付义务的履约保障。若按申请人主张的"股权转让余款 2320 万元到期不能支付,即以矿业公司 15% 的股权给甲方"观点,存在以下问题:一是按合同签订时双方认可的矿业公司的总价值为 1.98 亿元计算,15% 的股权对价为 2970 万元,而股权转让余款为 2320 万元,相差 650 万元,直接折抵有违公平原则且可能会损害矿业公司其他债权人的利益;二是股权对应的价值并不恒定,若赋予乙方可选择的履行方式,则可能出现在股权对应价值升值时,乙方选择支付剩余股权转让款,以获得升值利益,而股权对应的价值贬值时,乙方选择以股权折抵欠款的方式履行付款义务,以降低投资损失的情况,与诚实信用原则相悖。故原审法院认定诉争的《合作合同》第四条第四项的约定,不是附条件的履行方式变更,而是对实现债权的担保并无不当。

案例评析

本案的争议焦点是《合作合同》第四条第四项约定是实现债权的担保还是附条件的履行方式变更。《合作合同》第四条第四项约定,刘某、张某应付给景某、周某的剩余款项 2320 万元于 2015 年 6 月 30 日前支付。若到期不能支付,所欠款项刘某、张某愿意以此款折算为矿业公司 15% 的股权给景某、周某。双方签订《合作合同》时间是在 2012 年 12 月,约定的债务履行期限届满日是 2015 年 6 月 30 日,在履行剩余股权转让款期限还未届满时作出的以股权抵债的约定虽然是双方的真实意思表示,但双方缔约时矿业公司股权的价值与实现时的价值往往存在较大差距,如果直接认定矿业公司 15% 股权抵股权转让款 23200000 元,则可能导致双方利益显著失衡。因此,在双方对矿业公司 15% 股权折抵剩余股权款未实现时,对股权折抵股权转让款的约定应认定为履行剩余股权转让款 23200000 元提供担保，刘某、张某作为股权转让款的债权人，无权直接主张以矿业公司 15%股权折抵股权转让款 23200000 元。

五、适用定金罚则时是否可以对定金数额进行调整

根据《民法典》第五百八十七条的规定，债务人履行债务的，定金应当抵作价款或者收回。给付定金的一方不履行债务或者履行债务不符合约定，致使不能实现合同目的的，无权请求返还定金；收受定金的一方不履行债务或者履行债务不符合约定，致使不能实现合同目的的，应当双倍返还定金。

定金作为一种担保方式，其所担保的对象就是合同双方当事人的履约合意，并以适用定金罚则为手段实现担保之目的，因此，其本质特征是惩罚性。定金和违约金不同，违约金的性质以补偿性为主、惩罚性为辅，违约方为其违约行为付出的代价应与给对方造成的实际损失大致相当，在违约金约定过高的情况下，允许违约一方提出调减的请求。而在适用定金罚则时，违约方承受的丧失定金的责任仅取决于违约行为本身，并未考虑是否给对方造成损失，因此，法律亦未规定可对定金数额进行调整。

定金的数额由当事人约定，但不得超过主合同标的额的 20%。法律规定对当事人约定的定金数额进行限制，将定金的惩罚性限制在一定范围内，就是为了保证双方的公平。

典型案例 64　王某辉、刘某安与刘某牧、刘某琳股权转让纠纷案[1]

案例要旨

定金作为一种担保方式，其所担保的对象就是合同双方当事人的履约合意，并以适用定金罚则为手段实现担保之目的，因此其本质特征是惩罚性。定金与违约金不同，违约金的性质以补偿性为主、惩罚性为辅，违约方为其违约行为付出的代价应与给对方造成的实际损失大致相当，在违约金约定过

---

[1] 最高人民法院（2015）民二终字第 423 号。

高的情况下允许违约一方提出调减的请求。而在适用定金罚则时，从目前法律规定看，违约方承受的丧失定金的责任仅取决于违约行为本身，并未考虑是否给对方造成损失，因此法律亦未规定可对定金数额进行调整。

基本案情

2011年5月6日，刘某牧、刘某琳作为转让方并共同委托刘某士与受让方王某辉、刘某安签订《股权转让意向协议》（以下简称《意向协议》），约定：刘某牧将持有的W公司62.692%股权以87768800元的价格转让给王某辉，刘某琳将持有的W公司37.308%股权以52231200元的价格转让给刘某安；为保证股权转让协议的签署和股权转让目的的实现，在本协议签署的当日王某辉、刘某安应在刘某牧、刘某琳指定的账户内汇入共计1000万元（王某辉、刘某安各500万元）作为定金；如因刘某牧、刘某琳原因导致股权转让协议无法签署或者履行，刘某牧、刘某琳应在股权转让协议无法签署或履行的事实出现后10日内将定金返还给王某辉、刘某安；如因王某辉、刘某安原因导致股权转让协议无法签署或履行，定金不予退还；四方应当依照本协议的约定在本协议签订后30个工作日内签订股权转让协议，股权转让价款在双方开始着手签订及正式签订股权转让协议后，由王某辉、刘某安分三期支付履行。2011年5月7日，王某辉向刘某士账户支付定金1000万元。

2011年7月14日，刘某牧、刘某琳的委托代理人刘某士与王某辉、刘某安签订《补充协议》，约定：因王某辉、刘某安资金不到位，导致股权转让协议无法按照约定签订和履行，王某辉、刘某安同意支付20万元违约金，为了显示继续进行股权转让的诚意，王某辉、刘某安愿意在2011年7月20日之前共同再向刘某牧、刘某琳支付1000万元作为履约定金；如果王某辉、刘某安未按期支付该定金，《意向协议》自动解除，之前已经支付的1000万元定金不再退还。

王某辉、刘某安向一审法院起诉，请求判令：刘某牧、刘某琳双倍返还《意向协议》定金人民币2000万元；确认《补充协议》未生效；刘某牧、刘某琳返还《补充协议》定金1000万元及同期贷款利息。

法院裁判

一审法院判决：驳回王某辉、刘某安的全部诉讼请求。王某辉、刘某安不服一审判决，提起上诉。二审法院驳回上诉，维持原判。

生效裁判认为，本案的争议焦点问题是：刘某牧、刘某琳收取的定金及违约金应否返还。根据本案查明的事实，在《补充协议》将第一期股权转让款支付时间延期到2011年7月31日的情况下，王某辉、刘某安仍未能履行按期支付的合同义务，已构成违约。之后，刘某牧、刘某琳又于2011年8月3日分别向王某辉、刘某安送达了《关于尽快签订股权转让协议的催告函》，王某辉虽在该函上签字，但并未在该函所给予的宽限期即收到该函后三日内支付约定的股权转让款并签订股权转让协议；刘某安则予以拒收，以其行为表明其拒绝支付约定的股权转让款并签订股权转让协议的态度。此种情况下，刘某牧、刘某琳有权按照《补充协议》的约定向王某辉、刘某安主张违约责任，即已经支付的2000万元定金不再退还。

至于王某辉、刘某安上诉主张原审判决驳回其诉讼请求显失公平的问题，考虑定金的法律性质以及双方合同的约定，本案不存在显失公平的情形。定金作为一种担保方式，其所担保的对象就是合同双方当事人的履约合意，并以适用定金罚则为手段实现担保之目的，因此其本质特征是惩罚性。定金与违约金不同，违约金的性质以补偿性为主、惩罚性为辅，违约方为其违约行为付出的代价应与给对方造成的实际损失大致相当，在违约金约定过高的情况下允许违约一方提出调减的请求。而在适用定金罚则时，从目前法律规定看，违约方承受的丧失定金的责任仅取决于违约行为本身，并未考虑是否给对方造成损失，因此法律亦未规定可对定金数额进行调整。但对违约行为进行惩罚并非定金制度的根本目的，以惩罚为手段来实现合同目的才是制度的价值取向。本案不存在显失公平的情形，二审法院驳回上诉请求，维持原判。

案例评析

定金作为民商事行为中经常使用的担保手段，可以对当事人的履约意愿和违约行为起到一定的保障和提示作用。

1. 定金的金钱担保性质

根据《民法典》第五百八十六条"当事人可以约定一方向对方给付定金作为债权的担保"的规定，定金具有明确的债权担保性质，但是根据民法的一般理论，定金是一种法定的金钱担保，既不同于《民法典》第三百八十六条规定的物权担保，也不同于《民法典》第六百八十一条规定的债权担保。因此当事人在选择定金作为担保方式时，应当注意与物权担保和债权担保的区别。

2. 定金罚则的惩罚性赔偿功能

根据《民法典》第五百八十七条、第五百八十八条的规定，收受定金的一方构成违约的，不仅应当向给付定金的一方双倍返还定金，且在定金不足以弥补给付定金一方遭受的损失的，还应当赔偿超过定金数额的损失。由此可见定金罚则具有明显的惩罚性赔偿功能，其作为给付违约金的承担方式，也具有明显的惩罚性违约金性质。

3. 定金罚则适用的前提条件

根据《民法典》第五百八十七条"给付定金的一方不履行债务或者履行债务不符合约定，致使不能实现合同目的的，无权请求返还定金；收受定金的一方不履行债务或者履行债务不符合约定，致使不能实现合同目的的，应当双倍返还定金"的规定，选择定金条款的当事人存在违约行为的，应当根据定金罚则承担相应的违约责任。该条款强调的是定金的违约惩罚属性，因此需要满足以下相应的条件：（1）合同本身合法有效，根据《民法典》第一百五十五条"无效的或者被撤销的民事法律行为自始没有法律约束力"的规定，若当事人签订的合同本身是无效的，则定金条款也不具有法律约束力，当事人自然无从适用定金罚则，也即给付定金的一方无权要求收受定金的一方双倍返还定金。（2）定金数额限制，根据《民法典》第五百八十六条第二款"定金的数额由当事人约定；但是，不得超过主合同标的额的百分之二十，超过部分不产生定金的效力。实际交付的定金数额多于或者少于约定数额的，视为变更约定的定金数额"的规定，定金罚则适用的基数不得超过主合同标的额的百分之二十。（3）恶意违约行为认定，定金罚则本身具有惩罚性的制度意义，其惩罚的是当事人的恶意违约行为；在司法裁判中，当事人轻微的违约行为并不构成合同法意义上的违约，因此在适用定金罚则时，应当充分考虑当事人的违约程度，只有在当事人恶意违约时才能适用定金罚则。

（4）合同目的无法实现，根据《民法典》第五百六十三条"有下列情形之一的，当事人可以解除合同：（一）因不可抗力致使不能实现合同目的"的规定，合同目的无法实现是合同解除的法定适用情形，在此种情形下继续履行合同对当事人而言没有任何意义，也只有在当事人恶意违约且合同目的无法实现的情形下，适用定金罚则才能充分体现出其惩罚性的制度意义。

六、约定由质权人以固定价款处分质物（股权）构成流质

流质（又称流抵押或流押），是指当事人在签订抵押合同时或者债权清偿期届满前约定，在债务履行期届满抵押权人未受清偿时，抵押物的所有权转移为债权人所有。法律禁止流质或流押条款的原因主要是防止债务人为经济所迫，以价值较高的抵押物担保小额债权而利益受损；从债权人的角度看，抵押权设定后，若抵押物价值下降，债权人直接取得抵押物的所有权抵债也可能对其不利。因此，禁止流质条款既是为了保护抵押人的利益，也是为了保护债权人的利益。

实务中，当事人在签订抵押合同时约定"债务履行期届满抵押权人未受清偿的，抵押权人有权直接委托拍卖机构拍卖抵押物"，该约定不属于流质契约，不在法律禁止之列。如果当事人约定"债务履行期届满抵押权人未受清偿的，抵押权人有权直接依照双方已约定的折价率或者价格直接取得抵押物所有权"，该约定属于流质性质，属于法律禁止之列。

典型案例65　投资公司与实业公司、客车公司、朱某股权转让纠纷案[1]

案例要旨

在履行期限届满前已约定由质权人以固定价款处分质物（股权），相当于未届清偿期即已固定了对质物（股权）的处分方式和处分价格，此种事先约定实质上违反了《民法典》第四百二十八条的规定，只能依法就质押财产优先受偿。

---

[1]　最高人民法院（2015）民二终字第384号。

基本案情

2012年11月29日，朱某作为出借人与实业公司作为借款人签订《融资借款协议》约定：实业公司向朱某借款7000万元，并将其持有的客车公司32.1510%股权（对应出资额9785万元）质押给朱某，随后双方办理了股权质押登记。《融资借款协议》还约定：若实业公司届时未能及时清偿欠款的，朱某有权要求实业公司将其持有的客车公司32.1510%股权以约定的价格（7000万元）转让给朱某指定的第三方，由朱某指定的第三方将股权转让款直接支付朱某以偿还欠款。实业公司在借款放款前就股权转让事宜事先出具股权受让人和签署时间均为空白的《股权转让协议》，并承诺该协议生效时，实业公司同意由朱某指定的第三方作为受让主体并由朱某填补上述空白，实业公司对此表示认可；该协议各方签字或盖章且实业公司未按时还款时生效。后因实业公司未能如约还款，朱某指定投资公司收购实业公司持有的客车公司的股权，并在股权转让协议的受让方处填上了投资公司的名称，投资公司也签章确认。投资公司原就属于客车公司股东。

因实业公司拒绝办理股权转让变更登记手续，投资公司向一审法院提起诉讼，请求判令：实业公司立即将其所持有的客车公司32.1510%股权（对应出资额9785万元）转让至其名下并办理股权变更登记手续。

法院裁判

一审法院判决：驳回投资公司的全部诉讼请求。投资公司不服一审判决，提起上诉。二审法院驳回上诉，维持原判。

生效裁判认为，投资公司提出受让股权的依据为实业公司与朱某签订的《融资借款协议》及其项下的《股权质押合同》及《股权转让协议》，据协议相关条款内容来看，双方约定在实业公司未能及时清偿债务时，朱某有权要求实业公司将其持有的客车公司32.1510%（对应出资额9785万元）股权以7000万元价格转让给朱某指定的任意第三人，实业公司不得拒绝，且该第三人亦无须向实业公司支付股权转让款，而是直接支付给朱某以偿还欠款。其实质为在实业公司不能如约偿还朱某借款时，朱某可将实业公司质押的股权以事先约定的固定价格转让给第三方以清偿实业公司所负债务，即在履行期限届满前已约定由质权人朱某以固定价款处分质物，相当于未届清偿期即已固定了对质物的处分方式和处分价格，显然与法律规定的质权实现方式不符。此种事先约定质物的归属和价款之情形实质上违反了《物权法》第二百一十一条禁止流质的强制性规定，故该约定条款应属无效。在实业公司未按期还款的情况下，朱某将《融资借款协议》中的第三人确定为投资公司，并填补了实业公司事先出具的《股权转让协议》空白部分内容。在上述两份协议中涉及股权处置的内容已被确认无效的情况下，该《股权转让协议》亦为无效。在此情况下，投资公司要求据此受让实业公司持有的客车公司32.1510%股权即失去了事实基础，法院不予支持。

案例评析

事前约定"股权流质"条款无效。《融资借款协议》中约定在未能及时清偿债务时，朱某有权要求实业公司将其持有的客车公司32.1510%（对应出资额9785万元）股权以7000万元价格转让给其指定的任意第三人，实业公司不得拒绝，且该第三人亦无须向实业公司支付股权转让款，而是直接支付给朱某以偿还欠款。其实质为在实业公司不能如约偿还借款时，朱某可将质押的股权以事先约定的固定价格转让给第三方以清偿债务，即在履行期限届满前已约定由质权人朱某以固定价款处分质物，相当于未届清偿期即已固定了对质物的处分方式和处分价格，显然与法律规定的质权实现方式不符。此种事先约定质物的归属和价款之情形实质上违反了《民法典》第四百二十八条禁止流质的强制性规定，故该约定条款应属无效。虽然，朱某确定投资公司为收购第三人，并填补了事先出具的《股权转让协议》空白内容。但因该协议是基于《融资借款协议》中违反"禁止流质"的无效约定所形成，并非实业公司与投资公司在债务到期后自愿协商达成。在借款协议中涉及股权处置的内容已被确认无效的情况下，该《股权转让协议》亦为无效。故投资公司要求据此受让实业公司持有的客车公司32.1510%股权的诉讼请求无法得到法院的支持。

七、以变更股权持有人的方式进行质押担保的股权转让协议效力

典型案例 66 陈某、实业公司与王某、地产公司、投资公司股权转让纠纷案[①]

> **案例要旨**

双方之间签订《股东转让出资协议》，无偿转让标的公司的股权是对所借款项的质押担保，并非真实意图的转让股权，标的公司股权实际变更登记至受让方名下，以变更股权持有人的方式进行质押担保。《股东转让出资协议》因非各方当事人真实意思表示而不发生股权转让效力，故也不存在侵犯其他股东优先购买权问题。

> **基本案情**

地产公司成立于2006年5月31日，公司类型为有限责任公司，现工商登记的股东有实业公司，持股比例为2%，实缴80万元，投资公司持股比例为18%，实缴720万元，陈某持股比例5%，实缴200万元，王某持股比例75%，实缴3000万元。2012年1月10日，王某与实业公司签订《股东转让出资协议》，实业公司将其在地产公司75%的出资计3000万元转让给王某，并约定协议签订后3日内支付转让款，并由地产公司法定代表人签署了地产公司的章程修正案。

王某称其已将股权转让款2200万元支付给实业公司，实业公司则主张2200万元款项不是股权转让款而是借款，并提供了2012年1月11日王某作为甲方、实业公司作为乙方签订的《借款协议》，协议约定：乙方将地产公司的75%的股权无偿转让给王某，以保证按时足额向王某偿还借款。如实业公司到期未能还款，无偿转让的股权归王某所有并由王某自行处置；如实业公司能够按期还款，王某应以股权转让的形式将受让的股权以同样方式无偿再转回实业公司。甲方借款金额为600万元，借款利息按月息2%向乙方计收。

[①] 最高人民法院（2017）最高法民再171号。

借款期限限定为 3 个月，从乙方收到甲方借款之日起算至乙方实际还款之日止。乙方还清甲方借款本息，甲方向乙方退还担保转让股权并完成所有相关股权转让及工商变更登记后终止。2012 年 1 月 16 日王某作为甲方，实业公司作为乙方签订《补充借款协议》，约定了甲方向乙方出借款 600 万元，借款期限为 4 个月等内容。2013 年 6 月 4 日实业公司法定代表人胡某向王某出具《欠条》，内容为实业公司 2013 年 6 月 4 日确定借款为 2200 万元，利息 1470 万元，本金及利息共计 3670 万元。

陈某以实业公司在未通知及未经其表决的情况下，签订《股东转让出资协议》，违反法律规定侵犯其股东知情权及优先购买权为由，向一审法院起诉，请求确认王某与实业公司签订的《股东转让出资协议》无效。

法院裁判

一审法院判决：确认《股权转让出资协议》无效。王某、地产公司、投资公司不服一审判决，提起上诉。二审撤销一审判决，驳回陈某的诉讼请求。陈某不服二审判决，向最高人民法院申请再审。

最高人民法院再审认为，根据当事人的申请再审理由及答辩意见，确认本案的争议焦点是：2012 年 1 月 10 日签订的《股东转让出资协议》是否有效。根据本案事实并结合庭审情况认为，2012 年 1 月 11 日实业公司与王某签订《借款协议》，内容为王某出借 600 万元，借款期限为 3 个月；同日双方又签订《股权转让协议》约定实业公司同意将其持有的地产公司 75%股权转让给王某，王某同意接收上述股权，但未约定股权转让价款；同年 1 月 16 日双方签订《补充借款协议》，约定王某再次出借 600 万元，借款期限为 4 个月。《借款协议》及《补充借款协议》均约定"如乙方（实业公司）到期未能还款，无偿转让的股权归甲方（王某）所有并由甲方（王某）自行处置，如乙方（实业公司）能够按期还款，甲方（王某）应以股权转让的形式将受让的股权以同样的方式无偿再转回乙方（实业公司）"，《借款协议》及《补充借款协议》还约定：实业公司还清王某借款本息则王某向实业公司退还担保转让股权并完成所有相关股权转让及工商变更登记后终止。本院认为，据此可得，实业公司无偿转让其持有的地产公司 75%股权是对所借款项的质押担保，并非真实意图的转让股权，地产公司 75%股权实际变更登记至王某名下，以变更股权持有人的方式进行质押担保。实业公司所借的两笔款项虽然没有按照约定于借款到期后 3 个月和 4 个月归还，又在 2013 年 6 月 4 日，实业公司的法定代表人胡某以实业公司名义给王某出具《欠条》，该《欠条》写明"实业公司将持有的地产公司 75% 股权质押给王某，借款 2200 万元，2012 年 1 月 11 日至今共计利息 1470 万元，合计 3670 万元"。因此，双方没有因不偿还到期借款即产生地产公司 75% 股权归王某所有的结果，而是以《欠条》的方式对借款本息进行了重新确定并以地产公司 75% 股权作质押。

二审判决以 2013 年 3 月 15 日六方签订的《股权转让协议》中陈某一系列的行为认可了王某持有地产公司股权的合法性，认为陈某知情、系放弃优先购买权，认定 2012 年 1 月 10 日《股东转让出资协议》是实业公司向王某转让股权性质不当，属认定事实错误，本院予以纠正。2012 年 1 月 10 日《股东转让出资协议》因非各方当事人真实意思表示而不发生股权转让效力，故也不存在侵犯陈某对该股权的优先购买权，陈某认为侵犯其优先购买权的理由不能成立，依法予以驳回。

综上，二审判决认定事实及适用法律虽有瑕疵，但判决结果正确，应予维持。陈某申请再审认为 2012 年 1 月 10 日《股东转让出资协议》无效，因该《股东转让出资协议》属股权担保性质，不产生股权转让效力，故不侵犯陈某的优先购买权，陈某认为侵犯其优先购买权的申请再审理由不能成立；王某与实业公司借款关系中股权质押是否符合法律规定，可以另行法律途径解决。再审法院判决维持二审判决。

案例评析

股权让与担保是指债务人或者第三人为担保债务的履行，将其股权转移至债权人名下并完成变更登记，在债务人不履行到期债务时，债权人可就股权折价后的价款受偿的一种担保。而股权让与担保与其他担保形式相比，因股权的特性和公司这一主体的加入，导致其更为复杂，既需要充分知悉让与担保的理论，又需要考虑股权兼具财产权和人身权属性的特点。根据《全国法院民商事审判工作会议纪要》第七十一条关于"债务人或者第三人与债权人订立合同，约定将财产形式上转让至债权人名下，债务人到期清偿债务，债权人将该财产返还给债务人或第三人，债务人到期没有清偿债务，债权人可以对财产拍卖、变卖、折价偿还债权的,人民法院应当认定合同有效"的内容,通常让与担保强调债务人或第三人与债权人订立合同,约定将财产形式上转让至债权人名下。而在债务人到期没有清偿债务时,债权人可以请求人民法院对财产拍卖、变卖、折价偿还债权。

判定当事人之间的是转让还是担保,可以从以下方面综合判断:首先,应当考虑各方当事人是否存在主债权债务,担保权利系依附于主债权的附属权利,如果没有主债权,则担保并无存在的客观条件。其次,要进一步考究当事人之间的真实意思表示,如果当事人基于转让财产的目的签署协议,则当事人一方负有交付财产的义务,另一方负有支付对价的义务;如果转让财产系以担保债权实现为目的,通常指债务人或第三人为担保债务人的债务,将担保标的物的所有权等权利转移于担保权人,而使担保权人在不超过担保之目的范围内,于债务清偿后,担保标的物应返还于债务人或第三人,债务不履行时,担保权人就该标的物优先受偿,则买受方仅为名义上的所有人,买受方不需要向转让方支付对价,买受方的权利范围不同于完整意义上的所有者。再次,查看是否存有转让标的物的外观,如股权是否办理了工商变更登记。最后,要考虑受让方是否参与公司经营,行使股东才享有的权利。[①]

本案中,2012年1月11日实业公司与王某签订《借款协议》,内容为王某出借600万元,借款期限为3个月;同日双方又签订《股权转让协议》约定实业公司同意将其持有的地产公司75%股权转让给王某,王某同意接收上述股权,但未约定股权转让价款;同年1月16日双方签订《补充借款协议》,约定王某再次出借600万元,借款期限为4个月。《借款协议》及《补充借款协议》均约定"如乙方(实业公司)到期未能还款,无偿转让的股权归甲方(王某)所有并由甲方(王某)自行处置,如乙方(实业公司)能够按期还款,甲方(王某)应以股权转让的形式将受让的股权以同样的方式无偿再转回乙方(实业公司)",《借款协议》及《补充借款协议》还约定:实业公司还清王某借款本息则王某向实业公司退还担保转让股权并完成所有相关股权转让及工商变更登记后终止。据此可以看出,实业公司无偿转让其持有的地

---

① 禹海波:《股权转让案件裁判精要》,法律出版社2020年版,第198页。

产公司75%股权是对所借款项的质押担保,并非真实意图的转让股权,地产公司75%股权实际变更登记至王某名下,以变更股权持有人的方式进行质押担保。《股东转让出资协议》因非各方当事人真实意思表示而不发生股权转让效力。

第五章 股权转让合同的解除及撤销

一、股权转让中合同目的的认定

合同目的对于当事人是否享有法定解除权至关重要，同时当事人也常将能否实现合同目的的约定为解除合同的条件。实践中，确实存在合同目的与交易标的不一致的现象，给合同目的的解释带来困难，对此应在合同设计环节予以明确，以减少或避免合同履行中的纷争。

对于商事交易纠纷的裁判处理，时常存在三个审查维度：一是如何看待理解双方的合同文字约定；二是是否需要结合市场实践进一步把握双方的真实交易或真实交易目的，这一点很重要，因为商事纠纷本质上都是商人之间的交易纠纷，而不是表面的合同法律纠纷，所以要准确理解和把握合同约定的实质交易；三是充分了解分析影响合同实际履行的诸多因素，也即判断合同/交易是否能够得到合理履行、不能履行的责任归属和风险承担，以及在法律上不具备实际履行条件的情况下如何进行裁判更为公平合理并符合法律原则。

典型案例 67　董某华、董某玲与 B 公司、某银行青岛分行股权转让纠纷案[①]

> **案例要旨**

在股权转让合同中，出让方的合同目的一般为获得转让价款，受让方的合同目的为取得目标公司股权，但合同目的仍应依据双方当事人在协议中的

[①] 最高人民法院（2018）最高法民终 668 号。

具体约定来确定。在转让方的合同目的既包含获得股权转让补偿款，又包含解除转让方对目标公司贷款的担保责任的情形下，虽然受让方存在迟延履行债务的违约行为，但并不导致转让方的合同目的不能实现，转让方无权解除股权转让协议。

基本案情

2016 年 4 月 8 日，董某华、董某玲作为转让方，B 公司作为受让方，投资公司作为目标公司，三方签订《股权转让协议》，约定：转让方将目标公司 100% 的股权转让给受让方，转让价款由受让方在股权变更登记完成之日支付给转让方。受让方同意转让方对目标公司已经发生之某银行 30 亿元贷款不再承担担保责任，如需原担保人继续承担担保责任，则受让方提供反担保。同日，三方签署《补充协议》，约定：股权转让变更登记完成后，由受让方给付转让方补偿款人民币 3200 万元，该补偿款于股权转让变更登记完成后 1 个月内支付 2000 万元，余下款项于股权转让完成后 8 个月内付清。

董某华、董某玲将《补充协议》项下获得补偿款 3200 万元的权利转让给百润公司，并向 B 公司发送了债权转让通知书，该债权转让经法院生效判决确认。因 B 公司未解除董某华、董某玲的担保责任，董某华、董某玲向一审法院提起诉讼，请求判令：解除《股权转让协议》及《补充协议》；B 公司协助投资公司为董某华、董某玲办理投资公司 100% 股权变更登记。

法院裁判

一审法院判决驳回董某华、董某玲的全部诉讼请求。董某华、董某玲不服一审判决，提起上诉。二审法院驳回上诉，维持原判。

生效裁判认为，《股权转让协议》约定受让方完成股权转让后，对目标公司已经发生之某银行 30 亿元贷款，原有担保人不再承担担保责任；如需原担保人继续承担担保责任，则受让方提供反担保。同时，《补充协议》约定，股权转让变更登记完成后，由受让方给付转让方补偿款人民币 3200 万元。以上约定内容均应作为确定合同目的的主要依据，故董某华、董某玲与 B 公司订立《股权转让协议》《补充协议》的合同目的既包含获得股权转让补偿款 3200 万元，又包含解除董某华、董某玲对投资公司 30 亿元贷款的担保责任或由B公司对董某华、董某玲提供反担保。

投资公司股权变更登记后，B公司应在合理期限内履行协助解除董某华、董某玲担保责任或向董某华、董某玲提供反担保的义务，其未能在合理期限内履行上述义务，存在迟延履行行为，该违约行为虽可能导致董某华、董某玲财产权益受损，但可以通过承担相应违约责任的方式予以修补，即在董某华、董某玲因承担担保责任而受到财产损失时，可以向B公司主张违约损害赔偿责任。庭审过程中，B公司明确表示愿意继续履行合同义务，在案证据不足以证明董某华、董某玲的合同目的无法实现。为维护交易安全和既有交易秩序，以及各方主体的交易稳定性、商事利益可预期性，因B公司的迟延履行行为尚不足以导致合同目的无法实现，故董某华、董某玲主张解除案涉《股权转让协议》《补充协议》的诉讼请求，不予支持。

案例评析

在通常情形中，当事人缔约目的相对比较明确，无须在合同中专门定义其合同目的，如在买卖合同中，出卖人的缔约目的在于取得价款，买受人的缔约目的在于取得标的物所有权；在租赁合同中，出租人意在获取租金收入，承租人意在取得租赁物的使用权；在建设工程合同中，发包人的缔约目的在于获得质量合格的建设工程，承包人的缔约目的在于收取建设劳务价款等。在股权转让合同中，出让方的合同目的一般为获得转让价款，受让方的合同目的为取得目标公司股权，但合同目的仍应依据双方当事人在协议中的具体约定来确定。合同中常设定双方交易的重要条件（如矿权、资质、土地性质转性、商标专利无形资产等）作为股权交易的前提，而该前提是否满足，往往与合同目的能否实现直接关联，这时评价股权转让合同的目的，就有可能和收购方意欲通过股权转让形式取得相关的资产或公司控制权直接关联。

1. 合同目的与合同动机的区分

对于合同目的，民法学理上认为包括客观目的与主观目的，客观目的即典型的交易目的，是给付所欲实现的法律效果，合同的主给付义务通常体现了"合同目的"，具体而言是指合同标的在种类、数量、质量方面的要求及表现；主观目的是指当事人订立合同的动机。通常，合同动机不得作为合同目的，但是如果当事人在合同中明确将合同动机作为成交的基础，或者说作为合同条件，可以将此类合同动机作为合同目的。

司法实践中应当注意的是，履行合同是否能实现盈利，仅为合同动机而并非合同目的，当事人不能仅以其盈利目的落空为由主张合同目的不能实现。

2. "合同目的不能实现"是判定法定解除的实质标准

当事人是否具有法定解除权的关键，在于判断合同目的能否实现，不管是预期违约、迟延履行或者其他违约行为，如果不影响合同目的实现，通常不允许以法定解除权解除合同。

司法实践中关于如何认定"合同目的不能实现"，通说认为，其等同于根本违约，此时因债权人的履行利益落空，合同已无继续履行之必要。《民法典》第五百六十三条第一款列举的各种具体法定解除事由，均属于导致合同目的不能实现的具体事由。"合同目的不能实现"作为判定法定解除的实质标准，首要问题是应当正确识别当事人订立合同的目的，司法实践中许多争议源自对不同交易"合同目的"的认识差异。

本案的争议焦点为：《股权转让协议》及《补充协议》应否解除。董某华、董某玲与B公司订立《股权转让协议》及《补充协议》的合同目的包括解除对投资公司30亿元贷款的担保责任或在担保责任不能解除时由B公司提供反担保，以及获得3200万元股权转让补偿款。因此，判断《股权转让协议》及《补充协议》应否解除，应主要考察上述合同目的是否因B公司的违约行为而不能实现。本案中，《股权转让协议》未约定B公司提供反担保的具体方式，B公司与董某华、董某玲应就反担保具体事项进行协商并达成合意，否则B公司单方难以妥善履行该义务。董某华、董某玲及B公司均未提供有效证据证明《股权转让协议》签订后曾就提供反担保事宜向对方催告或要求协商，故不能认定B公司拒绝提供反担保。同时，B公司已于2018年7月9日向董某华、董某玲和某银行青岛分行发出《通知书》，表示愿为董某华、董某玲提供反担保，在本案二审中亦表示愿以案涉项目资产及油画作品提供反担保。董某华、董某玲尚未实际承担担保责任，而B公司已作出提供反担保的准备与承诺，董某华、董某玲应就担保方式、担保财产等事项与B公司积极磋商，达成反担保合同。同时，在B公司于2018年7月9日向董某华、董某玲和某银行青岛分行发出《通知书》，表示愿为董某华、董某玲提供反担保的情况下，只要董某华、董某玲表示接受并不提出异议，B 公司以保证方式提供的反担保就能够成立。综上，董某华、董某玲在案涉反担保事项上的合同目的并非不能实现。董某华、董某玲要求解除《股权转让协议》的诉求法院不予支持。

典型案例 68　建材公司、林某与混凝土公司、建筑公司股权转让纠纷案[①]

案例要旨

股权受让方签订股权转让合同并不仅是为了受让目标公司的股权，也包括受让股权所代表的财产利益，即土地使用权及地上附着物。因案涉房产已被司法拍卖，受让方因股权转让合同的目的已无法实现而请求解除《股权转让协议》，具有事实依据。

基本案情

2016 年 6 月 6 日，混凝土公司与建材公司、林某就目标公司建筑公司签订《股权转让协议》，约定项目收购标的为建材公司和林某所持有的建筑公司 100% 股权及其所代表的目标土地使用权及目标土地上的一切建筑物、附着物（不含可移动的办公设备、车辆、存货、生产设备、无形资产及转让前的所有债权债务），转让价款为 5300 万元；建材公司、林某保证建筑公司除已披露的债务外，不存在其他负债，其所持有的建筑公司股权不存在被质押、被查封等限制股权转让的情形或其他权利瑕疵；建材公司和林某违约超过 30 天仍未改正的，混凝土公司有权解除该协议。《股权转让协议》签订后，混凝土公司支付股权转让款计 1700 万元。

2017 年 3 月 9 日，案外人某银行以新材料公司、林某为被告，以借款合同为案由向福建省福州市鼓楼区人民法院提起诉讼。2017 年 6 月 7 日鼓楼区人民法院作出判决，内容为某银行有权对抵押物以折价、拍卖、变卖所得价款优先受偿。宣判后，当事人均未提起上诉。2018 年 3 月 4 日，作为抵押物的工业厂房车间两幢、库房一幢、办公楼一幢被司法拍卖。混凝土公司向一

[①] 最高人民法院（2021）最高法民申 3394 号。

审法院起诉：解除《股权转让协议》，并判令建材公司、林某返还混凝土公司已累计支付的股权转让款 1700 万元及违约金。

法院裁判

一、二审法院均判决解除《股权转让协议》，建材公司、林某于本判决生效之日起十日内向混凝土公司返还股权转让款 1700 万元，并支付违约金。建材公司、林某不服二审判决，申请再审，再审法院驳回建材公司、林某的再审申请。

生效裁判认为，根据《合同法》第九十四条规定，"有下列情形之一的，当事人可以解除合同：……（四）当事人一方迟延履行债务或者有其他违约行为致使不能实现合同目的……"基于合同约定及本案相关证据、庭审调查，本院认定，因建材公司和林某的违约行为导致林某持有的建筑公司 30% 股权已被司法冻结，建筑公司名下的厂房车间、库房、办公楼在本院审理过程中已被鼓楼区人民法院确认完成司法拍卖，故本案股权转让合同目的已无法实现。混凝土公司现主张建材公司和林某已构成根本性违约，诉请解除讼争《股权转让协议》，具有事实和法律依据，本院予以支持。建材公司、林某辩称混凝土公司未按时足额付款，违约在先，并直接导致林某的股权被司法冻结，作为先违约一方的混凝土公司无权要求解除《股权转让协议》，缺乏事实和法律依据，法院不予支持。

案例评析

混凝土公司与建材公司、林某就目标公司建筑公司签订的《股权转让协议》，是双方真实意思表示，合法有效，双方均应当依约履行。依协议约定，项目收购标的为建筑公司 100% 股权及其所代表的目标土地使用权及目标土地上的一切建筑物、附着物（不含可移动的办公设备、车辆、存货、生产设备、无形资产及转让前的所有债权债务）；建材公司、林某保证建筑公司除已披露的债务外，不存在其他负债，其所持有的建筑公司股权不存在被质押、被查封等限制股权转让的情形或其他权利瑕疵。虽然混凝土公司均迟延支付第一期、第二期股权转让款，迟延时间分别为 4 天、13 天，但均未超过合同约定的建材公司、林某有权行使解除权的 30 天期限，且建材公司、林某均按约主动配合混凝土公司阶段性地办理了第一期、第二期的相关手续，建筑公司70%股权变更及法定代表人变更的工商登记手续。因此，混凝土公司第一期、第二期迟延支付股权转让款的行为并未构成根本性违约，亦未影响协议的履行进程。

因建材公司和林某的违约行为导致林某持有的建筑公司30%股权已被司法冻结，建筑公司名下的厂房车间、库房、办公楼已被鼓楼区人民法院确认完成司法拍卖，故本案股权转让合同目的已无法实现。一、二审法院及再审法院均支持混凝土公司解除《股权转让协议》。

典型案例69　吴某与吕某股权转让纠纷案[①]

案例要旨

《股权转让协议》约定由双方共同办理工商变更登记手续，在案涉股权转让之前，股权受让方已通过受让股权的方式实际取得目标公司股权的情形下，该股权变更未办理工商登记并不影响受让方股权的取得。受让方以《股权转让协议》合同目的不能实现为由主张行使法定解除权，缺乏事实及法律依据。

基本案情

2014年12月12日，吴某与吕某签订《股权转让协议》，约定：吕某自本协议签订之日将其拥有的Q公司的50%的股权，以360万元的价格全部转让给吴某；签订协议之日吴某支付200万元，余下160万元，于2015年1月1日进场前一次性付清，其中10万元的消费冲抵安广网络广告费；本协议生效后，吕某、吴某共同办理相关变更手续，费用由吴某承担。该协议签订后，吴某向吕某支付股权转让费，吕某出具一份收条，载明收到Q公司50%股权股金360万元。吴某受让的股权，未办理有关股权变更登记。

吴某向一审法院起诉请求：判决解除《股权转让协议》；吕某返还吴某股权转让款360万元并赔偿吴某违约金及相关经济损失50万元。

[①] 最高人民法院（2018）最高法民申303号。

法院裁判

一、二审法院均判决驳回吴某的诉讼请求，吴某不服二审判决，申请再审，再审法院驳回吴某的再审申请。

生效裁判认为，本案主要争议焦点为吴某是否可以解除案涉《股权转让协议》，并要求吕某返还股权转让款、赔偿各项损失。关于案涉《股权转让协议》，双方当事人对其真实性、合法性均没有异议，其他股东亦未提出异议，故该协议合法有效。该协议约定由双方共同办理相关变更手续。但吴某并未提供证据证明未变更股权登记系因吕某的原因所致，且吕某并未明确表示拒绝配合吴某办理股东变更登记。因双方签订的《股权转让协议》并未约定吕某需将Q公司交付给吴某经营，且未办理股东变更登记手续不影响吴某实际取得股东权利。工商登记是工商行政管理部门通过对公司已经发生的事实的合法性、真实性予以审查，并向社会公众公示的一种行政管理手段。因公司股权变更而进行的工商登记，属于对抗性登记，而非设权性登记。故在案涉股权转让之前，吕某已通过受让股权的方式实际持有Q公司50%股权，该股权变更未办理工商登记并不影响吕某股权的取得。因此，吴某以《股权转让协议》合同目的不能实现主张行使法定解除权，缺乏事实及法律依据。

案例评析

何谓取得股权的标志？根据《全国法院民商事审判工作会议纪要》第八条"当事人之间转让有限责任公司股权，受让人以其姓名或者名称已记载于股东名册为由主张其已经取得股权的，人民法院依法予以支持，但法律、行政法规规定应当办理批准手续生效的股权转让除外。未向公司登记机关办理股权变更登记的，不得对抗善意相对人"的规定，受让方的姓名或者名称已记载于股东名册，即可认定为其已经取得股权，而不要求股权是否已变更登记至受让方名下作为认定标准。实践中，在公司没有置备股东名册的情况下，公司的相关股东会决议、章程已能明确反映出认可受让方股东身份的，即便未在登记机关办理登记，也应认定受让方已经取得股权。由此，取得股权的标志为受让方在股东名册记载，或者在股东会决议、公司章程明确反映，而并不一定以股权是否变更登记为确认条件。未向登记机关办理股权变更登记的，只是会产生不能对抗善意第三人的后果，并不影响受让方取得股权的事实。

在股权转让诉讼中，当事人往往以转让方未办理股权的变更登记要求解除合同。该类型诉讼中，如合同明确约定以办理变更登记为解约条件，转让方、目标公司拒不办理的，受让方可按照合同约定行使解约权。但若未将此作为解约条件，则适用法定解除的判断规则，确能证明转让方、目标公司无法办理（股权权利限制等）、不能办理（已由第三人善意取得）等情形的，才有可能以不能实现合同目的而解除合同。否则，可能认定受让方仅有权向目标公司、转让方主张进行变更登记。

本案中，吴某以《股权转让协议》合同目的不能实现为由申请再审。法院认为，虽然工商登记显示吕某仅持有 Q 公司 25% 股权，但现有在案证据显示，吕某实际持有 Q 公司 50% 的股权。根据《公司法》第三十二条第三款"公司应当将股东的姓名或者名称向公司登记机关登记；登记事项发生变更的，应当办理变更登记"的规定，吕某受让吴某 25% 股权后未及时办理变更登记，存在瑕疵，但不能据此即否认吕某实际持有 Q 公司 50% 股权的事实。吴某提出吕某不可能向其转让 50% 股权的主张，缺乏足够的事实依据。另外，自本案诉讼以来，吕某一直主张其随时可以配合吴某完成股权变更登记。而按照案涉 2014 年 12 月 12 日签订的《股权转让协议》"协议生效后双方共同办理变更手续"的约定，吴某作为股权受让人对 Q 公司的股权登记情况理应是知道的，但直至 2016 年 6 月吴某起诉，其间并无证据表明其曾向吕某提出过要求办理股权变更登记事宜且存在不能办理的情形。故吴某以《股权转让协议》合同目的不能实现主张行使法定解除权，缺乏事实及法律依据。

典型案例 70 电器公司、实业公司、矿产资源公司与栾某、乔某股权转让纠纷案[①]

案例要旨

股权系公司资产价值的动态载体，股权价值与公司资产价值直接相关。

[①] 最高人民法院（2015）民二终字第 402 号。本案例经过笔者加工改写。

目标公司的探矿权作为公司的无形资产以及蕴含的巨大利益无疑构成影响该公司股权价值的主要因素，现目标公司探矿权已经转让第三人，导致受让方通过签订股权转让协议取得探矿权的合同目的不能实现，双方签订的《股权转让合同》理应解除。

基本案情

2011年10月25日，电器公司、矿产资源公司、实业公司作为转让方，乔某、栾某作为受让方签订《股权转让合同》，约定转让方将所拥有的目标公司全部股权转让给受让方，合同价款21亿元。合同签订后，乔某、栾某向电器公司等交付19张银行承兑汇票共计140033300元，同时通过银行转账汇款5000000元，共计145033300元。2012年1月9日，乔某出具收条称"今收到冯某退回定金（银行汇票）64760000元"。2011年5月5日青海省国土资源厅出具《关于矿区二井田勘探矿权转让公示》载明，目标公司的探矿权以0元价格转让给案外人木里煤业开发公司。

栾某、乔某向一审法院起诉，请求解除《股权转让合同》；电器公司、矿产资源公司、实业公司共同偿还栾某、乔某支付的股权转让定金1.45亿元。

法院裁判

一审法院判决解除《股权转让合同》；电器公司、实业公司、矿产资源公司共同退还栾某、乔某股权转让款80273300元。电器公司、实业公司、矿产资源公司不服一审判决，提起上诉。二审法院驳回上诉，维持原判。

生效裁判认为，本案的争议焦点问题是：一审判决以合同目的无法实现为由判令解除《股权转让合同》是否正确。二审法院认为《股权转让合同》的合同目的不能实现、合同理应解除。理由如下：1. 目标公司的探矿权在《股权转让合同》之前即转让给了案外人木里煤业开发公司，没有证据证明电器公司等三公司将该重大事实告知乔某、栾某，电器公司等三公司称乔某、栾某应该知道该事实只是基于推断并没有证据证明。2. 股权系公司资产价值的动态载体，股权价值与公司资产价值直接相关。电器公司等三公司没有证据证明目标公司除探矿权外还存在其他的经营项目或资产，目标公司的探矿权作为公司的无形资产以及蕴含的巨大利益无疑构成影响该公司股权价值的主要因素，且合同约定的股权转让价款亦达21亿元之巨，乔某、栾某称其签订《股权转让合同》的目的系取得目标公司探矿权符合客观事实。3. 现目标公司探矿权已经转让第三人，导致乔某、栾某通过签订股权转让协议取得探矿权的合同目的不能实现。4. 按照2011年12月青海省国资委等部门文件的规定，目标公司作为木里矿区整合企业，整合期间公司股权不允许转让，因此电器公司等三公司与栾某、乔某之间的《股权转让合同》因政府政策限制原因亦不可能再履行。综上，一审判决以合同目的不能实现为由判令解除双方的《股权转让合同》并无不当，本院予以维持。

案例评析

股权转让与资产转让是有区别的，资产转让的客体是为资产，而股权转让的客体是股权。公司资产的价值是股权定价的基本因素，但是两者并非完全相等。股权的所有者为公司股东，除了国有股权，现行法律并未对股权转让的价格做出限定。股权转让不能等同于公司资产转让，虽然目标公司的资产价值并非认定股权转让价格高低的唯一因素，公司的经营状况、产业前景等均会对股权转让价格的确定产生重大影响。但股权价值与公司资产价值直接相关，尤其是目标公司的探矿权、土地使用权等公司的无形资产以及蕴含的巨大利益无疑构成影响该公司股权价值的主要因素，关系到当事人双方缔约目的能否实现。

本案中，目标公司除探矿权外不存在其他的经营项目或资产，目标公司的探矿权作为公司的无形资产以及蕴含的巨大利益无疑构成影响该公司股权价值的主要因素，且合同约定的股权转让价款亦达21亿元，乔某、栾某称其签订《股权转让合同》的目的系取得目标公司探矿权符合客观事实。现目标公司探矿权已经转让第三人，导致乔某、栾某通过签订股权转让协议取得探矿权的合同目的不能实现，其要求解除《股权转让合同》，股权转让方退回已经支付的股权转让款具有事实和法律依据，一、二审法院均予以支持。

二、股权转让中根本违约的认定

（一）根本违约的认定标准

1. 根本违约的相关法律规定

《民法典》第五百六十三条第一款第四项规定："有下列情形之一的，当事人可以解除合同：……（四）当事人一方迟延履行债务或者有其他违约行为致使不能实现合同目的……"上述条文虽然未使用"根本违约"一词，但是实际上对根本违约制度进行了规定。此外《民法典》第五百七十七条规定："当事人一方不履行合同义务或者履行合同义务不符合约定的，应当承担继续履行、采取补救措施或者赔偿损失等违约责任。"第五百七十八条规定："当事人一方明确表示或者以自己的行为表明不履行合同义务的，对方可以在履行期限届满前请求其承担违约责任。"这两条虽然是对违约行为的一般性规定，但是其中规定的"不履行合同义务""履行合同义务不符合约定"及预期违约这三类违约行为均有可能构成根本违约。

2. 根本违约的认定

理论界将根本违约进行了具体化和类型化，分为预期根本违约和实际根本违约。预期根本违约情形又根据其意思表示方式分为了明示的预期根本违约情形和默示的预期根本违约情形。明示的预期根本违约情形是指当事人一方在合同有效成立后履行期限届满之前明确肯定的表示不履行合同义务导致合同目的无法实现而构成根本违约。默示的预期根本违约情形是指当事人一方虽未明确表明不履行债务，但是其状况或行为已经表明其已经无法继续履行合同（如经营状况恶化、履行能力下降），此时合同的继续履行已经不具备可期待性。实际根本违约根据履行情况分为完全不履行导致的根本违约、不适当履行导致的根本违约、迟延履行导致的根本违约、部分履行导致的根本违约这四种根本违约情形。完全不履行导致的根本违约是指合同期限已届满，一方当事人无正当理由拒绝履行合同约定的全部义务，此时导致守约方依据合同应得利益完全受损，违约方行为构成根本违约。不适当履行导致的根本违约是指一方当事人虽然履行了债务但履行不符合合同规定的要求，即履行有瑕疵，瑕疵涉及合同的主要义务，导致另一方当事人的合同目的落空，即构成根本违约。迟延履行导致的根本违约是指合同中约定的履行期限对一方当事人合同目的的实现至关重要时，违约方未在合同期限内履行义务导致守约方合同目的未实现的根本违约情形。部分履行导致的根本违约是指违约方履行了部分合同义务，在守约方要求其继续履行剩余部分合同义务时拒绝履行而导致合同目的的无法实现的根本违约情形。

3. 根本违约的法律后果

根本违约场合下所造成的严重后果往往使合同目的落空或不可期待，从而使合同的履行丧失意义，继续履行无异于是对非违约方的严重侵害，对合同当事人和市场交易都是弊大于利，因此法律赋予合同非违约方解除合同的权利。所以违约方的违约行为构成根本违约时，守约方可提出解除合同，要求赔偿损失。

但是根本违约制度的重要意义，主要不在于使债权人在另一方违约的情况下获得解除合同的机会，而在于严格限定解除权的行使，限制一方当事人在对方违约以后滥用解除合同的权利。如果单纯地赋予守约方在违约方的行为构成根本违约时的法定解除权，而未作出一定的限制，势必会破坏市场交易活动。

(二) 股权转让中根本违约的认定标准

股权转让中一方当事人的违约行为是否导致合同目的的不能实现。当然需要遵循上述一般的判断标准。但是与一般的买卖合同相比，股权转让在转让标的、履行程序、交付标准等方面有其特殊性，判断违约股权转让中违约后果是否重大、是否导致合同目的的不能实现，还需要结合股权转让合同的特点综合考虑。

按照一般商业交易习惯，有偿性质的股权转让法律关系中，合同目的体现为出让方取得转让价款，受让方取得股权，这需要受让方按照约定向出让方支付股权转让对价，出让方按照约定向受让方转移交付股权。因此，判断股权转让中的违约行为是否构成根本违约主要包含两个维度：一是受让方金钱给付义务的延迟履行或拒绝履行是否导致合同目的的不能实现；二是出让方股权交付义务的延迟履行或拒绝履行是否导致合同目的的不能实现。当然，一些从义务、附随义务的延迟履行或拒绝履行也可能导致合同目的不能实现，这需要结合具体的案情进行分析①。

典型案例71　置业公司与投资公司、H公司、L公司股权转让纠纷案②

案例要旨

股权转让合同的签订与履行不仅直接影响合同当事人的利益，而且会影响目标公司的员工、债权人及其他相关第三人的利益。因此，解除股权转让合同除应依据法律的明确规定外，还应考虑股权转让合同的特点。尤其在股权已经变更登记，受让方已经支付大部分款项且实际控制目标公司的情况下，解除股权转让合同应结合合同的履行情况、违约方的过错程度以及股权转让合同目的能否实现等因素予以综合判断。

基本案情

2015年2月9日，置业公司与投资公司及H公司签订《股权转让协议》，约定，置业公司将持有的H公司80%的股权全部转让给投资公司，总价款3.75亿元，同时约定需另外支付D公司股权转让款（咨询服务费）6900万元。随后，各方签订《备忘录》，对《股权转让协议》部分内容进行变更。上述协议签订后，置业公司持有的H公司80%的股权于2015年11月19日过户登记至投资公司名下，投资公司向置业公司支付了股权转让款2.25亿元，约定的6900万元（咨询服务费）投资公司未支付，双方均认可该6900万元与股权转让款无关。置业公司以投资公司未按协议约定履行付款义务，属于延迟履行债务，导致置业公司的合同目的不能实现为由，请求法院解除《股权转让协议》，投资公司将股权返还置业公司，并承担其他责任。

法院裁判

一审判决驳回置业公司的诉讼请求。置业公司不服，提起上诉。二审法院驳回上诉，维持原判。

---

① 禹海波：《股权转让案件裁判精要》，法律出版社2020年版，第402页。
② 最高人民法院（2017）最高法民终919号。本案例经过笔者加工改写。

生效裁判认为，本案不存在合同目的不能实现的情形。《股权转让协议》约定的主要合同义务已经基本履行完毕。本案系股权转让纠纷，股权转让合同是股权转让方与股权受让方签订的，约定在股权转让中双方各自权利义务的契约。股权的转移及对价款的支付应为股权转让方和受让方最为主要的合同义务。置业公司持有的 H 公司 80% 的股权已于 2015 年 11 月 19 日过户登记至投资公司名下，投资公司已向置业公司支付了 2.25 亿元股权转让款，占股权转让总价款 3.75 亿元的 60%。剩余 40% 股权转让款尚未支付的原因是支付条件不成就。虽然《股权转让协议》约定的 6900 万元（咨询服务费）投资公司尚未支付，但双方均认可该 6900 万元与股权转让款无关。

股权是一种综合性的财产权利，不仅包括财产收益权还包括公司经营决策权等多种权利。股权转让合同的签订与履行不仅直接影响合同当事人的利益，而且会影响目标公司的员工、债权人及其他相关第三人的利益。因此，解除股权转让合同除应依据法律的明确规定外，还应考虑股权转让合同的特点。尤其在股权已经变更登记，受让方已经支付大部分款项且实际控制目标公司的情况下，解除股权转让合同应结合合同的履行情况、违约方的过错程度以及股权转让合同目的能否实现等因素予以综合判断。本案中，置业公司已将 H 公司 80% 的股权变更登记至投资公司名下，投资公司已经实际接管 H 公司达两年多，H 公司在中国银行海口海甸支行的贷款本息已经还清，H 公司也于 2016 年 2 月 19 日分立为 H 公司和 L 公司。与 2015 年 11 月 19 日案涉股权过户时相比，投资公司持有的 H 公司股权的价值及股权结构均已发生较大变化，案涉股权客观上已经无法返还。综上，投资公司虽然存在迟延支付股权转让款的违约行为，但是依据本案事实和法律规定，《股权转让协议》不符合法定解除条件，置业公司上诉请求不成立，法院不予支持。

案例评析

股权转让纠纷中，常出现因受让人迟延履行付款义务而引起的股权转让协议解除之诉。由于《公司法》并未对此作出规定，因此裁判依据的仍是《民法典》中关于合同解除的条款。可适用于本案的是《民法典》第五百六十三条第一款规定："……（三）当事人一方迟延履行主要债务，经催告后在合理期限内仍未履行；（四）当事人一方迟延履行债务或者有其他违约行为致使不能实现合同目的……"法院在判断是否符合以上两项解除条件时认为，受让方愿意继续履行且尚有履约能力，未达到合同目的不可实现的程度，不可解除股权转让协议。

实践中，法院出于维护交易稳定、安全的角度，对解除股权转让协议的考量极为谨慎，一般会结合违约债务的比例、工商登记变更情况、受让人履约的主观意愿、违约是否导致合同目的无法实现等因素综合判断。因此，如果仅仅因为迟延履行部分债务而请求解除股权转让协议的，法院一般不会支持。即使双方在股权转让协议中达成意思一致，约定当一方违约时，另一方有权单方解除合同的，法院也不一定会尊重双方的意思自治，仍会以诚实信用原则以及维护交易秩序为出发点，维持股权转让协议的效力。

本案中，虽然投资公司存在尚未支付剩余 1.5 亿元股权转让款的违约行为，但本案逾期付款行为不构成根本违约。理由如下：

（1）投资公司已支付股权转让款 2.25 亿元，占全部股权转让款的 60%，尚未支付剩余 1.5 亿元，只占 40%；（2）《股权转让协议》并未约定投资公司迟延支付该部分款项，置业公司将不接受《股权转让协议》的履行；（3）双方没有约定置业公司除收取转让款外有其他合同目的，由于投资公司的逾期付款行为导致合同目的不能实现；（4）置业公司已将 H 公司 80% 的股权变更登记至投资公司名下，投资公司已经实际接管 H 公司达两年多，与 2015 年 11 月 19 日案涉股权过户时相比，投资公司持有的 H 公司股权的价值及股权结构均已发生较大变化，案涉股权客观上已经无法返还。综上，一、二审法院均未支持置业公司解除《股权转让协议》的诉讼请求。

典型案例 72　实业公司与投资公司股权转让纠纷案[①]

案例要旨

双方签订的《股权转让协议》名为转让股权，实为转让土地使用权。在《股权转让协议》约定受让方受让目标公司股权，包括股权项下的土地使用权的情形下，案涉土地能否使用开发影响着《股权转让协议》的履行。受让方

---

① 最高人民法院（2021）最高法民申 6074 号。

以案涉土地无法进行开发建设，其无法实现《股权转让协议》目的为由主张解除协议具有事实和法律依据。

基本案情

2009年12月7日，实业公司、林某、翁某、陈某、许某作为甲方与投资公司作为乙方签订《股权转让协议》，约定甲方将其持有的实业公司100%股份转让给乙方，所转让的股权，包括该股权项下的位于海南省万宁市日月湾78亩土地，股权转让价款为7000万元。万宁市国土资源局于2016年7月20日作出《万宁市国土资源局关于万宁市总体规划情况告知书》，告知实业公司案涉土地不再规划保留为建设用地。由于案涉土地因万宁市总体规划确定属于生态红线保护范围，不再规划保留为建设用地，该土地已不可能再进行开发建设。2018年12月18日，投资公司以实业公司、林某、翁某、陈某、许某已经构成根本违约，造成投资公司签订协议的目的无法实现为由，发出《解除协议告知函》通知解除案涉协议。

法院裁判

一审判决驳回投资公司的诉讼请求。二审撤销一审判决，解除《股权转让协议》，实业公司返还定金1000万元、投资款500万元。实业公司不服二审判决，提起再审，再审法院驳回实业公司的再审申请。

生效裁判认为，本案双方名为转让股权，实为转让土地使用权。实业公司、林某、翁某、陈某、许某签订合同的目的是基于实业公司的土地使用权，获取土地使用权转让的收益。投资公司签订合同的目的是以受让股权的方式取得涉案土地使用权并进行开发建设。但从查明的事实来看，本案股权尚未办理过户，投资公司也仅支付部分转让款。如前所述，投资公司签订合同的目的是以受让股权的方式取得涉案土地使用权并进行开发建设，现案涉土地因万宁市总体规划确定属于生态红线保护范围，不再规划保留为建设用地，该土地已不可能再进行开发建设。因此，投资公司已无法实现签订《股权转让协议》的合同目的，其主张解除双方签订的《股权转让协议》，具有事实和法律依据，法院予以支持。

案例评析

本案的争议焦点为涉案《股权转让协议》是否应当解除。一审法院和二审法院、再审法院作出了截然不同的认定。一审法院认为，双方签订的《股权转让协议》约定的是投资公司受让实业公司100%股权，该公司的主要资产为涉案的土地使用权。虽然双方约定的是股权转让，但《股权转让协议》的内容中主要涉及涉案土地的开发建设事项。投资公司名为受让股权，实为以受让股权的方式对涉案土地进行开发建设。涉案土地能否合法使用影响着双方签订的《股权转让协议》的履行。本案中，投资公司参与并指派工作人员何某办理实业公司企业改制的具体事务，实业公司改制后，公司的注册资本变更为50万元，由林某持有公司60%股份，陈某持有公司40%股份，投资公司对此明知且无异议，并推动《股权转让协议》的继续履行。虽改制后的股东构成与《股权转让合同》载明的股东不一致，但股东的变化是投资公司参与实业公司改制的结果，是为了更好履行《股权转让协议》所做的变更，且现有股东与改制之前的股东重合，法定代表人也相同，实业公司及现有股东也表示要继续履行合同，故股东及股权比例的变化并不影响实业公司股权的转让。投资公司受让的是实业公司的股权，实业公司的改制是以《股权转让协议》为基础的，只要继续履行合同，投资公司的合同目的并非不能实现。虽然案涉土地存在权属争议，在解决该土地权属争议之前，实业公司对未能办理股权转让手续不存在违约行为，投资公司无权单方通知解除合同。因此，投资公司单方催告及通知的行为不产生合同解除的法律后果。

而二审法院和再审法院认为，案涉《股权转让协议》约定，投资公司受让实业公司100%股权，包括股权项下的土地使用权。由于实业公司的主要资产系案涉土地使用权，协议内容也主要涉及对案涉土地进行开发建设，故投资公司的合同目的是以受让股权的方式取得案涉土地使用权并进行开发建设，现案涉土地因万宁市总体规划确定属于生态红线保护范围，不再规划保留为建设用地，该土地已不可能再进行开发建设。因此，投资公司已无法实现签订《股权转让协议》的合同目的，其主张解除双方签订的《股权转让协议》，具有事实和法律依据，二审法院和再审法院予以支持。

典型案例 73　孟某与孙某股权转让纠纷案[①]

案例要旨

双方签订《框架协议》后股权转让方收到部分股权转让款，未履行《框架协议》约定的交付相关证照、配合签署股权转让协议及协助变更股权登记等义务，在目标公司已经进入清算程序的情况下，《框架协议》已经不能实际履行。受让方以转让方的违约行为致使其合同目的不能实现为由，要求解除《框架协议》具有事实和法律依据。

基本案情

2013 年 7 月初，孙某与孟某双方签订《框架协议》，约定，孟某拟将其持有的 W 公司 34%股权转让给孙某，股权转让价款为 3154.35 万元，扣除相互拆借款项后，孙某应付孟某的股权转让款为 2560 万元。协议同时约定，孟某应当配合签订用于股权过户登记的法律文件，并辞去其担任的 W 公司董事职务，由孙某另行指定董事人选；向孙某移交公章、财务章、合同章、土地证、营业执照及组织机构代码证、税务登记证、项目资料等。

孟某并未按照《框架协议》相关约定，配合孙某签订股权转让协议及股权过户登记所必备的法律文件，亦未按约定辞去 W 公司董事职务，也未将 W 公司的公章、财务章、合同章、土地证、营业执照、组织机构代码证及税务登记证等重要文件向孙某进行交付。2015 年 10 月 25 日，三亚市中级人民法院就孟某起诉公司解散纠纷案，作出民事裁定，解散 W 公司，目前正在清算中。孙某以孟某违约致使其合同目的不能实现为由，要求解除《框架协议》，返还股权转让款。

法院裁判

一、二审判决解除《框架协议》，孟某于判决生效之日起十日内，返还股权转让款 1500 万元及利息 1544687.50 元。孟某不服二审判决，提起再审，再

[①] 最高人民法院（2020）最高法民申 6761 号。

审法院驳回孟某的再审申请。

生效裁判认为，案涉《框架协议》系孙某和孟某的真实意思表示，且不违反法律和行政法规的禁止性规定，合法有效，双方当事人应当按照协议约定履行各自义务。孙某将1500万元于《框架协议》约定日，即2013年7月6日的前一日转给孟某，其中一笔500万元转入《框架协议》商定的孟某银行账户，另外两笔合计1000万元亦转至孟某个人银行卡。在本案中，孙某与孟某之间订立《框架协议》的目的是，孙某以自然人身份支付对价，收购孟某持有的W公司34%股权，双方订立的并不是普通借款合同。孙某已按《框架协议》约定，履行了给付义务，但孟某自收到部分股权转让款后，并未将所持W公司的部分股权交付孙某，且又提起诉讼解散了W公司。现W公司处于清算程序中，股权转让已不能实际履行。孟某的违约行为致使双方合同目的不能实现，孙某诉请解除案涉《框架协议》符合法律规定，予以支持。合同解除后，孟某应返还孙某已支付的股权转让款1500万元，并支付资金占用期间利息1544687.50元。

案例评析

本案的争议焦点为涉案《框架协议》是否应当解除。孙某诉请解除《框架协议》，并要求孟某返还已支付的股权转让款1500万元。虽孟某辩称其未签订过该《框架协议》，并在一审期间申请对签字及指纹进行司法鉴定，但未在规定期间内缴纳鉴定费用，二审期间亦未申请对该协议进行鉴定，也未提供其他证据证明《框架协议》系伪造，故应当认定案涉《框架协议》系孟某所签，该协议为当事人真实意思表示，不违反法律、行政法规的效力性强制性规定，合法有效。《框架协议》签订后，孙某于2013年7月5日分三笔，每笔500万元，共计向孟某付款1500万元，履行了协议所约定的支付部分股权转让价款义务。孟某并未按照《框架协议》相关约定，配合孙某签订股权转让协议及股权过户登记所必备的法律文件，亦未按约定辞去W公司董事职务，也未将W公司的公章、财务章、合同章、土地证、营业执照、组织机构代码证及税务登记证等重要文件向孙某进行交付，反而向三亚市中级人民法院起诉解散公司。2015年10月25日，三亚市中级人民法院作出民事判决，认定孟某系W公司的股东、董事长，其出资980万元占注册资本的49%，W公司公章、法人印章、房产土地证等均由孟某掌控，同时判决解散 W 公司。2016 年 3 月 2 日，三亚法院作出民事裁定，裁定"受理申请人孟某对被申请人 W 公司提出的强制清算申请"。现 W 公司有关土地及地上附着物已评估，正在清算中。

孟某违反合同的约定，未将 W 公司交给孙某，也未办理股权转让过户登记手续，且标的公司已被法院裁定解散，目前正在清算中，孟某的行为构成根本违约，导致孙某合同目的不能实现，孙某诉请解除案涉《框架协议》符合法律规定，法院予以支持。

典型案例 74　章某与资产管理公司股权转让纠纷案①

案例要旨

案涉股权因民间借贷案件被司法查封，从形式上看，属于继续履行股权转让协议的障碍。但双方约定受让方支付完毕全部股权转让款后再办理工商变更登记，股权查封不构成股权转让协议继续履行的根本障碍，受让方以此为由主张合同目的不能实现解除《股权转让协议》没有事实和法律依据。

基本案情

2016 年 3 月 15 日，章某作为转让方与资产管理公司作为受让方签订《股权转让协议》，约定：转让方将目标公司 12% 的股权转让给受让方，转让价款为人民币 6803.16 万元，受让方于协议签订后的 10 个工作日内，支付首笔股权转让款 965 万元，2016 年 4 月 30 日之前，支付完全部转让款余款 5838.16 万元。转让方在收到全部股权转让款之日起 5 日内办理股权变更登记手续。协议签订后，资产管理公司于 2016 年 3 月 23 日向章某支付了首笔股权转让款 965 万元。

因资产管理公司未支付剩余股权转让款，章某向一审法院起诉请求继续履行《股权转让协议》，资产管理公司支付股权转让款 5838.16 万元及逾期付款利息。资产管理公司提出反诉，请求解除《股权转让协议》，章某返还股权转让款 965 万元。

---

① 最高人民法院（2019）最高法民终 686 号。

法院裁判

一审法院判决继续履行《股权转让协议》，资产管理公司支付股权转让款5838.16万元及逾期付款利息，驳回资产管理公司的反诉请求。资产管理公司不服一审判决，提起上诉。二审法院驳回上诉，维持原判。

生效裁判认为，本案争议的焦点是：案涉《股权转让协议》是应解除还是继续履行。资产管理公司主张章某持有的H公司股权已因章某涉诉被另案查封，资产管理公司可能面临无法办理股权变更登记的风险，其合同目的不能实现。二审法院认为，案涉股权被司法查封并非《股权转让协议》继续履行的根本障碍。案涉章某的股权因民间借贷案件被司法查封，从形式上看，这的确是继续履行股权转让协议的障碍。但根据《股权转让协议》第三条"股权变更手续"部分约定，章某配合完成股权变更手续的义务是在收到资产管理公司全部股权转让款之后。即如果资产管理公司按照约定支付转让款，相关民间借贷就可能被偿还，股权查封就可能被解除。且根据章某的主张，正是因为资产管理公司逾期支付转让款，才通过资产管理公司股东的协调进行了对外举债。资产管理公司在二审庭审中也对其公司股东协调借债事宜予以承认。综上，股权查封产生与解除都与资产管理公司是否支付转让款密切相关，并非股权转让协议继续履行的根本障碍，资产管理公司主张解除《股权转让协议》没有事实和法律依据，法院不予支持。

案例评析

查封作为一种民事诉讼中财产保全或执行的强制措施，是法院依法作出的具有法律强制力的行为，被查封财产不得转让。但查封债务人的财产，仅仅只是限制了处分权，而非剥夺其所有权。在未进一步由法院代为处分其财产，并清偿债务之前，被执行人仍不丧失其对该财产的所有权，被执行人对财产的处分权也不因此而彻底丧失。且由于查封具有一定的期限性，一旦查封到期或者被解除，查封对被执行人的权利限制即消失。本案股权被查封使过户受阻，但并不意味过户可能完全丧失，也不意味着股权丧失，协议双方还保有通过履行相关债务从而解除对股权的查封，消除合同履行障碍的权利。此系法律上的一时性履行不能，不能因该查封事实的存在而认定双方的股权转让协议的目的不能实现。

本案中《股权转让协议》签订后，虽资产管理公司提交的 H 公司内资企业登记基本情况表，载明章某所持 H 公司股份被司法冻结，但并无证据证实，章某须以其所持 H 公司股份承担责任，且按照《股权转让协议》第三条的约定，资产管理公司在付清全部转让款之后，章某才负有履行股权变更手续的义务，章某在收取资产管理公司全部股权转让款后，亦可通过申请变更执行标的等方式，解除对其所持 H 公司股份的冻结，《股权转让协议》并非不能继续履行。资产管理公司认为章某无法继续履行《股权转让协议》的主张不能成立，不予支持。

三、协商解除及约定解除

协商解除，是指合同成立后，未履行或未完全履行之前，当事人双方通过协商而解除合同，使合同效力消灭的行为。在《股权转让协议》签订后，只要双方当事人均同意解除合同，且就解除合同后双方的权利或义务进行了约定的，可以认定为协商解除合同。

约定解除权，是指当事人可以约定一方解除合同的事由，当解除合同的事由发生时，解除权人可以解除合同。相较于法定解除权，约定解除权在证明方面较为简单，也较易得到法官的支持。只要当事人举证股权转让合同约定了解除条件，当条件达成时，一方即有权解除合同。值得注意的是，约定解除的条件应当明确，当约定不明时，司法实践认为，不能直接适用约定解除，而应当结合合同履行情况、违约程度等因素，从合理平衡双方利益出发，慎重判断合同是否符合法定解除条件。《全国法院民商事审判工作会议纪要》第四十七条规定："合同约定的解除条件成就时，守约方以此为由请求解除合同的，人民法院应当审查违约方的违约程度是否显著轻微，是否影响守约方合同目的实现，根据诚实信用原则，确定合同应否解除。违约方的违约程度显著轻微，不影响守约方合同目的的实现，守约方请求解除合同的，人民法院不予支持；反之，则依法予以支持。"

协商解除不同于约定解除。协商解除与约定解除的区别为：（1）约定解除是事前便在协议中约定了解除条件，协商解除是在股权转让过程中由于情况发生变化，双方就协议的解除达成了一致意见。（2）协商解除的情况下，只要双方当事人愿意就可以解除合同，但约定解除往往是在一方当事人违约的情况下，另一方当事人享有解除权。（3）协商解除是双方解除，约定解除一般是单方解除。

典型案例 75　酒店管理公司与实业公司股权转让纠纷案[①]

案例要旨

诉讼中虽然双方对于合同解除的理由不一致，但双方对于解除合同的意思表示一致，故认定案涉合同已经依法解除，并无不当。一方主张撤回起诉导致双方当事人未就解除合同达成书面合意，且提出的解除合同的原因和理由不同不能导致合同解除的抗辩不能成立。

基本案情

酒店管理公司与实业公司于 2016 年 6 月 16 日签订《股权收购意向协议书》，在履行协议的过程中，双方发生纠纷。酒店管理公司于 2018 年 5 月 29 日向厦门市中级人民法院起诉，要求解除双方签订的《股权收购意向协议书》，案号：（2018）闽 02 民初 484 号。后酒店管理公司于 2018 年 12 月 12 日提出撤诉申请。酒店管理公司不服二审法院判决解除《股权收购意向协议书》，提起再审。主要事实和理由是：第一，原审法院认定案涉合同已经依法解除错误。在（2018）闽 02 民初 484 号案件中，合同双方并未就合同解除达成一致意见。首先，从形式上看，酒店管理公司原诉请为请求人民法院判令解除合同，由于诉讼过程中，部分证据表明合同解除后无法恢复原状，无法实现酒店管理公司在该案中的诉讼目的，酒店管理公司遂撤回起诉。实业公司虽然在该案中辩称同意解除合同，但双方并未形成书面的合意，人民法院亦未判令解除，故不能认定合同已经解除。其次，从内容上看，酒店管理公司主张解除合同的诉因系实业公司存在违约，然而，实业公司并不认同其违约，而是以酒店管理公司存在违约行为作为其同意解除的原因，且双方并未

[①] 最高人民法院（2021）最高法民申 1178 号。

就合同解除后作为核心资产的月子中心场所、经营管理权、人事权交接等事宜达成一致。因此，无论是从形式上还是内容上，都不应认定双方就合同解除达成一致。原审法院忽视实质审查，仅根据（2018）闽02民初484号案件中酒店管理公司请求判令解除合同，实业公司同意解除合同的表述，即认定双方当事人对解除合同已经达成合意，合同已经依法解除，属于认定事实不清、适用法律错误。第二，一审法院认定合同已经解除，但未向酒店管理公司释明，直接驳回酒店管理公司的诉讼请求，程序明显错误。第三，因实业公司无法就转让合同已履行的部分恢复原状，合同解除将导致酒店管理公司损失惨重，双方利益严重失衡，有失公平。

法院裁判

再审法院驳回酒店管理公司的再审申请。

生效裁判认为，关于案涉合同应否认定已经解除。本案原审法院综合考虑酒店管理公司在（2018）闽02民初484号案件中起诉请求解除讼争《股权收购意向协议书》《股权收购意向协议书之补充协议》等系列协议，实业公司提交答辩状同意解除上述系列协议，酒店管理公司的起诉状与实业公司的答辩状均已送达对方，虽然双方对于合同解除的理由不一致，但双方对于解除合同的意思表示一致等因素，认定案涉合同已经依法解除，并无不当。酒店管理公司提出的其在（2018）闽02民初484号案件诉讼中发现解除合同不能实现其诉讼目的后即撤回起诉，双方当事人未就解除合同达成书面合意，且提出的解除合同的原因和理由不同，案涉合同不应认定已解除的主张，不能成立，本院不予支持。案涉合同已经解除，但并不影响酒店管理公司依据相关法律规定主张权利，要求实业公司承担违约责任、赔偿损失，依法也不会出现因合同解除而导致酒店管理公司合法权益得不到保障的情形。酒店管理公司提出的因合同解除将导致酒店管理公司损失惨重、有失公平的理由缺乏依据。其以此及案涉合同具备继续履行条件为由，主张不应认定案涉合同已经解除，本院不予支持。综上，酒店管理公司提出的再审事由不能成立，最高人民法院驳回再审申请。

案例评析

《民法典》第五百六十二条第一款规定，当事人协商一致，可以解除合同。第一百四十三条对民事法律行为有效条件有明确规定，即只要行为人具有相应的民事行为能力，意思表示真实，且不违反法律、行政法规的强制性规定，不违背公序良俗，其作出的民事法律行为应认定有效。第一百一十九条规定，依法成立的合同，对当事人具有法律约束力。根据《民法典》的上述规定，双方就解除合同事宜达成合意时，应认定合同于此时已解除，对双方具有约束力；即使原告此后撤回起诉，也不能改变合同已解除的事实。

通过以上分析可以看出，当双方就解除合同形成合意时，合同即已解除，此类解除源自法律的规定，并非依赖于法院判决。相反，在合同已依法解除的情况下，法院判决只能对合同解除事实进行确认，而无权对已依法解除的合同作出未解除的裁判。

本案中虽然双方对于合同解除的理由不一致，但双方对于解除合同的意思表示一致，案涉合同已经解除，但并不影响酒店管理公司依据相关法律规定主张权利，要求实业公司承担违约责任、赔偿损失，依法也不会出现因合同解除而导致酒店管理公司合法权益得不到保障的情形。酒店管理公司提出的因合同解除将导致酒店管理公司损失惨重、有失公平的理由缺乏依据。其以此及案涉合同具备继续履行条件为由，主张不应认定案涉合同已经解除，没有事实和法律依据。

典型案例 76　地矿公司与水泥公司股权转让纠纷案[①]

案例要旨

双方当事人在《股权转让意向协议书》中约定，"如本协议项下股权转让未能得到政府部门的审批认可，则双方同意解除本协议且互不承担责任"，属于双方约定的《股权转让意向协议书》的解除条件。在案涉股权转让未能得到政府部门认可的情形下，《股权转让意向协议书》约定的合同解除条件已经成就。

---

① 最高人民法院（2019）最高法民申 2963 号。

基本案情

2014年2月10日,水泥公司与地矿公司签订《股权转让意向协议书》,约定,水泥公司向地矿公司转让其持有的矿业公司100%的股权;地矿公司向水泥公司支付5750万元,作为上述全部股权转让的对价。同时约定,本协议项下股权转让未能得到市政府等政府部门的审批认可,则双方同意解除本协议且互不承担责任。2016年2月26日,水泥公司持有的矿业公司100%的股权经工商变更登记至地矿公司名下。2016年12月4日,市政府作出《关于矿业公司股权转让意见函》,明确本级政府不同意将包含采矿权的矿业公司全部股权转让给非整合主体地矿公司。2017年10月16日,水泥公司向地矿公司作出《关于解除〈股权转让意向协议书〉等相关协议的函》,称:鉴于市政府等政府部门明确的反对意见,以及至今没有取得采矿权证变更和换发的审批等情况,根据《股权转让意向协议书》的约定,通知贵司解除矿业公司股权转让意向协议书、采矿权转让合同、备忘录等所有相关协议。

水泥公司向一审法院起诉请求:确认《股权转让意向协议书》已经于2017年10月19日解除;地矿公司将持有的矿业公司100%股权变更至水泥公司名下。

法院裁判

一、二审判决均确认《股权转让意向协议书》于2017年10月19日解除;地矿公司于判决生效之日起十日内将其名下的矿业公司100%的股权变更至水泥公司名下。地矿公司不服二审判决,提起再审。再审法院驳回再审申请。

生效裁判认为,《股权转让意向协议书》转让的股权为矿业公司的100%股权,而矿业公司系水泥公司为履行其与市政府之间《投资协议书》约定义务而设立的公司,也即市政府与水泥公司合作完成凹凸棒黏土材料项目的载体。根据《投资协议书》的内容,市政府给予水泥公司在税费等方面的优惠政策,而水泥公司也应履行项目规模年产30万吨、建设总投资5亿元、首期项目建设投资不少于5000万元的合同义务。但水泥公司在协议有效期50年远未届满的情形下,擅自与地矿公司签订《股权转让意向协议书》,背离了其与市政府签订的《投资协议书》的订约初衷及履约主体，实质是水泥公司将其在《投资协议书》中的权利和义务通过股权转让的方式一并转让给地矿公司。由此表明，《股权转让意向协议书》第7.3条约定内容实际为地矿公司和水泥公司约定的《股权转让意向协议书》的解除条件。而政府明确以发函的方式表示不同意案涉股权的转让，故案涉股权的转让因未能得到政府的认可，《股权转让意向协议书》第7.3条约定的合同解除条件已经成就。地矿公司关于《股权转让意向协议书》第7.3条不是约定的合同解除条件，即使是解除条件，由于政府不具有行政审批权，故该条件永远不能成就的理由，是割裂上述履约背景对合同约定的曲解，不能成立。

案例评析

合同解除属于合同救济的方式之一，通过合同解除，能够使得当事人在合同目的不能实现时，摆脱现有合同权利义务关系的约束，重新获得交易的自由，使得当事人不再负有对待给付义务、受领义务，在解除具有溯及力时还可以请求返还已经作出的给付。在合同解除中，应当考量意思自治和社会整体信赖之间的关系，在意思自治和合同约束之间形成平衡。

《民法典》规定的解除形态主要有法定解除、约定解除和协议解除三种，法定解除和约定解除首先要求解除权人必须享有解除权。如果当事人不享有解除权，即使解除通知到达对方，也不发生合同解除的效果。《民法典》第五百六十二条第二款和第五百六十三条分别规定了约定解除权和法定解除权，如果不具备上述条件，一方当事人不享有解除权，自然不能行使解除权而单方解除合同。因协议解除实为当事人双方合意"以第二次之契约终止原有之契约"，其行使不以解除权发生为必要，本质上属于债的消灭。

约定解除权并不当然产生合同解除的效力，其本身也不导致合同解除。出现合同约定的解除事由，但解除权人并未行使解除权，合同依然有效；只有在约定的解除事由出现时，享有解除权的一方通过行使解除权才能产生合同解除的效果。同时，应当遵循《民法典》第五百六十四条、第五百六十五条关于解除权行使期限、解除权行使程序的规定行使解除权，才能摆脱原有合同关系的束缚，重新获得交易自由。

本案的争议主要焦点在于案涉的《股权转让意向协议书》是否已经解除。

根据《民法典》第五百六十二条第二款的规定，当事人可以约定一方解除合同的条件。解除合同的条件成就时，解除权人可以解除合同。本案中，《股权转让意向协议书》第 7.3 条约定，"如本协议项下股权转让未能得到政府部门的审批认可，则双方同意解除本协议且互不承担责任"，该条约定属于约定解除合同的条件。综观本案，双方争议的矿业公司 100%的股权，原由水泥公司持有，而水泥公司设立矿业公司并持有股权的原因是源于其于 2002 年 6 月 28 日与市政府签订了《投资协议书》，矿业公司系水泥公司为履行上述项目协议书约定的义务而设立，矿业公司实质为市政府与水泥公司合作完成凹凸棒黏土材料项目的载体。根据上述项目协议书的内容，市政府给予水泥公司在税费等方面的优惠政策，而水泥公司也应履行项目规模年产 30 万吨、建设总投资 5 亿元、首期项目建设投资不少于 5000 万元的合同义务。根据水泥公司提交的证据，市政府明确以发函的方式表示不同意案涉股权的转让。案涉股权的转让因未能得到市政府的认可，《股权转让意向协议书》第 7.3 条约定的解除合同的条件已然成就。水泥公司以发函的方式通知解除《股权转让意向协议书》具有事实和法律依据。

典型案例 77　房地产公司与邝某、投资公司股权转让纠纷案[①]

案例要旨

《股权转让协议书》约定，"任何一方违约，并给对方造成损失的，另一方均有权解除合同"，泛化了作为合同约定解除条件的违约行为，将所有违约行为不加区分同质化，将造成解除合同过于随意，增加了合同被解除的风险，不利于交易安全和稳定。因此，此类约定虽在形式上约定了合同解除的条件，但实属对解除条件约定不明，不能当然以此为由主张解除合同，而应当结合合同履行情况、违约程度等因素，从合理平衡双方利益出发，慎重判断合同是否符合法定解除条件。

基本案情

2017 年 12 月 2 日，邝某与房地产公司及投资公司签订《股权转让协议

---

① 最高人民法院（2018）最高法民终 863 号。

书》，约定：邝某将其持有的投资公司70%的股权和在投资公司享有的全部债权权益，整体转予房地产公司，房地产公司以1.5亿元的货币资金及建筑面积为2000平方米不动产（使用权），支付邝某股权和债权转让对价利益，扣除借款3250万元，房地产公司再向邝某支付股权转让对价款1.175亿元。协议同时约定，任何一方违反本协议约定条款，即构成违约，违约方应向守约方承担违约责任，任何一方违约，并给对方造成损失时，守约方有权向违约方要求损失赔偿，并有权单方解除合同。

2018年1月14日，邝某以房地产公司未在该协议书签订后7个工作日内支付股权转让款1250万元，构成违约为由，通知解除《股权转让协议书》。房地产公司于2018年1月31日向一审法院提起诉讼，请求确认邝某解除《股权转让协议书》的行为无效，双方继续履行协议。

法院裁判

一审判决驳回房地产公司的诉讼请求。房地产公司不服，提起上诉。二审法院撤销一审判决，确认邝某解除《股权转让协议书》的行为无效，双方继续履行协议。

生效裁判认为，本案的争议焦点为邝某对本案《股权转让协议书》是否享有合同解除权及解除行为是否有效。案涉《股权转让协议书》第4.1条约定："……任何一方违约，并给对方造成损失时，守约方有权向违约方要求损失赔偿，并有权单方解除合同。"第4.2条约定："房地产公司若不能按期向邝某支付股权转让对价款，即构成违约，违约责任为逾期支付款项的金额，按延期时间计算，以月利率2%的标准向邝某支付逾期违约金，直至所欠款项给付完毕。"单从上述第4.1条来看，任何一方只要有任何违约行为并给对方造成损失的，不论违约程度轻重、损失后果大小，守约方均有权解除合同。虽然该约定将守约方行使合同解除权的条件限定为一方违约且同时造成对方损失，但由于客观上违约与损失息息相关，该条款实质仍着眼于只要发生了违约，则守约方即有权解除合同。如此一来，显然泛化了作为合同约定解除条件的违约行为，将所有违约行为不加区分同质化，若简单依此履行，必将造成解除合同过于随意，增加了合同被解除的风险，不利于交易安全和稳定。故，上述第4.1条虽在形式上约定了合同解除的条件，但实属对解除条件约定不明。合同当事人出现违约情形时，不能当然以此为由主张解除合同，而应当结合合同履行情况、违约程度等因素，从合理平衡双方利益出发，慎重判断合同是否符合法定解除条件。再从上述第4.2条来看，该条明确在房地产公司未按期向邝某支付股权转让款时，由房地产公司以支付违约金的方式承担违约责任。据此约定，房地产公司就逾期付款应当直接承担的是支付违约金而非合同解除的法律后果，邝某可就此另行主张权利。综上，案涉协议有关合同解除的条件约定不明，根据合同约定邝某不享有约定解除权。

案例评析

本案中一审法院和二审法院对于邝某是否享有约定解除权作出了截然不同的认定。一审法院认为，《股权转让协议书》第4.1条明确约定："任何一方违反本协议约定条款，即构成违约，违约方应向守约方承担违约责任，任何一方违约，并给对方造成损失时，守约方有权向违约方要求损失赔偿，并有权单方解除合同。"如上所述，房地产公司并不能证明邝某存在违约行为，而房地产公司除在《股权转让协议书》签订前支付股权转让款3250万元外，在该协议书签订后未再向邝某支付过任何款项，其中双方约定的协议书签订后的第一期股权转让款已于2017年12月12日到期，房地产公司逾期支付该期全部股权转让款1250万元，已构成违约。故根据《股权转让协议书》的上述约定及《合同法》第九十三条第二款"当事人可以约定一方解除合同的条件。解除合同的条件成就时，解除权人可以解除合同"的规定，邝某有权解除该《股权转让协议书》，房地产公司请求确认邝某解除协议书的行为无效，没有事实和法律依据，不予支持。

二审法院认为，任何一方只要有任何违约行为并给对方造成损失的，不论违约程度轻重、损失后果大小，守约方均有权解除合同。虽然该约定将守约方行使合同解除权的条件限定为一方违约且同时造成对方损失，但由于客观上违约与损失息息相关，该条款实质仍着眼于只要发生了违约，则守约方即有权解除合同。如此一来，显然泛化了作为合同约定解除条件的违约行为，将所有违约行为不加区分同质化，若简单依此履行，必将造成解除合同过于随意，增加了合同被解除的风险，不利于交易安全和稳定。故，上述第4.1条虽在形式上约定了合同解除的条件，但实属对解除条件约定不明。合同当事人出现违约情形时,不能当然以此为由主张解除合同,而应当结合合同履行情况、违约程度等因素,从合理平衡双方利益出发,慎重判断合同是否符合法定解除条件。再从上述第 4.2 条来看,该条明确在房地产公司未按期向邝某支付股权转让款时,由房地产公司以支付违约金的方式承担违约责任。据此约定,房地产公司就逾期付款应当直接承担的是支付违约金而非合同解除的法律后果,邝某可就此另行主张权利。综上,案涉协议有关合同解除的条件约定不明,邝某不享有约定解除权。

对合同中约定解除条件,的确是合同各方当事人的意思自治,属于契约自由,然而法律上的自由只能是相对意义上的自由,这种自由不能无限放大。换言之,当事人自行约定的合同解除条款亦应受到一定限制。从另一个角度来看,约定解除条款如设定不明确,或者直接赋予一方主体任意解除权,显然会使一些合同主体获得投机取巧、利用法律漏洞肆意解除合同、滥用权利的机会。所以,在约定解除条款能否得以适用的判定过程中,以诚实信用原则进行适度约束,合理确定合同主体的权利义务,有利于维护交易稳定。《全国法院民商事审判工作会议纪要》第四十七条规定,合同约定的解除条件成就时,守约方以此为由请求解除合同的,人民法院应当审查违约方的违约程度是否显著轻微,是否影响守约方合同目的实现,根据诚实信用原则,确定合同应否解除。违约方的违约程度显著轻微,不影响守约方合同目的实现,守约方请求解除合同的,人民法院不予支持;反之,则依法予以支持。

《全国法院民商事审判工作会议纪要》第四十七条要求依据诚实信用原则对约定解除条件的适用条件进行考量。但基于法律原则的模糊性及不确定性,《全国法院民商事审判工作会议纪要》从两个方面对如何认定是否违反诚实信用原则作出指引,即从违约方的违约程度是否显著轻微,以及违约行为是否影响守约方合同目的实现来进行考察。考察违约程度,就是要看违约方的过错程度是轻微过失、严重过失还是故意,以及违约行为的形态是轻微违约抑或严重违约,是违反了主合同义务还是违反了附随义务等。如果违约方系轻微过失,且违约程度轻微,即便违约也不影响合同目的的实现,则不能轻易依据合同约定解除条件来认定解除合同。

四、解除权的行使和消灭

《民法典》第五百六十五条是合同解除权行使的一般规则，依本条规定提起之诉讼为确认之诉，解除权行使主体一般仅为守约方。

1. 合同解除权行使前提

首先，解除权行使的一般前提为合同成立有效，在合同成立但未生效的情形下，亦有解除适用余地。对于因未办理法律规定的批准手续而未生效的合同，其已具备合同的有效要件并非无效合同，一方因另一方不履行报批义务，可以请求解除合同。对于未约定条件成就期限的附生效条件合同，在双方亦未达成解除合意的情况下，因合同效力长期不确定，赋予一方解除权使其从合同中解脱出来亦甚为合理。

其次，解除权行使还需要以解除权现实发生作为逻辑前提，否则即使解除通知到达对方亦不发生效力。约定解除权以约定事由发生为必要，而关于法定解除权的规范模式则存在争议，原则上违约必须严重到致使合同目的不能实现的程度。

2. 合同解除权行使主体

约定解除的情形下，解除权行使主体依保留合意决定，既可以依合意保留给当事人一方，也可以保留给双方；法定解除的情形下，理论界和实务界普遍认为"解除权由守约方享有"。

3. 作为意思表示的解约通知

基于兼顾合同交易安全与便捷的立法价值取向，为防止一方当事人因不确定对方是否已实际行使合同解除权而继续履行，同时使双方当事人及时从合同的沉疴中解脱出来，区别于域外裁判解除和当然解除立法例，合同法采行为解除模式，即符合解除权条件的合同并不自动解除，还须由解除权人行使解除权，向对方作出解除之意思表示，也即必须使对方知悉。

根据《民法典》第五百六十五条的规定，可以通过两种方式让对方知悉解除合同的意思：一是通知对方当事人；二是直接向法院提起诉讼或向仲裁机构申请仲裁。对于第一种方式，《民法典》没有规定通知的具体方式，当事人可以选择口头通知、纸质信件、电子邮件、微信或手机短信等方式作出解除合同的意思表示，而不以书面形式的通知为限。

4. 人民法院能否依职权判决解除合同

合同解除权诉讼是形成之诉，当事人未提出解除合同的诉讼请求，人民法院不得依职权直接判决解除合同。合同解除权为形成权，当事人关于形成权的纠纷即为形成之诉，形成权的行使必须基于权利人的意思表示。

当事人在诉讼中若想达成解除合同的目的，必须提出相应的诉讼请求，人民法院也必须依据该请求作出相应裁判。例如，当事人未提出解除合同的诉讼请求的，人民法院不能依职权裁判解除合同。

典型案例 78　物业公司与投资公司股权转让纠纷案[①]

案例要旨

《股权转让协议》履行过程中一方出现违约行为，守约方有权选择解除合同，也有权选择继续履行合同。案涉合同是否解除，须以守约方是否行使解除权为前提，在守约方未行使解除权的情况下，法院判决继续履行合同并无不当。

基本案情

物业公司与投资公司在 2017 年 12 月 17 日签订《股权转让协议》，约定：物业公司持有管理公司 100% 的股权，信托公司与管理公司于 2016 年签订《借款协议》，约定：管理公司向信托公司借款 9.5 亿元。物业公司拟将其持有的管理公司 100% 的股权转让给投资公司。交易总价款为 15.5 亿元，投资公司向物业公司支付的全部股权转让款 1 亿元、向管理公司提供借款 4.9 亿元、债权追讨保证金 1000 万元以及承接管理公司对信托公司的债务 9.5 亿元。

物业公司不服二审法院判决继续履行《股权转让协议》，提起再审。主要事实和理由是：1. 涉案《股权转让协议》依据第 6.3.2 条约定，已经于 2018 年 3 月 8 日附条件解除，合同早已终止，二审法院判决继续履行合同错误。

[①]　最高人民法院（2021）最高法民申 2241 号。

2. 投资公司未履行且已实际无法履行《股权转让协议》第 5.1 条款约定的合同义务，合同目的已经无法实现，没有继续履行的可能，二审法院认为投资公司已经履行大部分合同义务错误。3. 投资公司履行合同过程中存在诸多严重的违约行为，导致双方信任基础缺失、合同目的无法实现，物业公司有权以此作为不履行合同义务的合理抗辩。

法院裁判

再审法院驳回物业公司的再审申请。

生效裁判认为，《股权转让协议》第 6.3.2 条约定，投资公司支付第一笔款项后，若物业公司、管理公司未履行或未完全履行后续合同义务，未达到后续款项的支付条件，投资公司有权选择解除合同，也有权选择给予物业公司、管理公司一定的宽限期。本案中，投资公司于 2018 年 3 月 2 日向物业公司、管理公司发出《办理工商登记变更督促函》。上述事实表明，投资公司在物业公司、管理公司未履行办理股权转让工商变更登记义务时，并未选择解除合同，而是选择给予其一定的宽限期。但物业公司、管理公司在宽限期内仍未履行办理股权转让工商变更登记的义务，此时投资公司仍未选择解除合同，而是选择继续履行合同，并要求物业公司、管理公司向其支付违约金。虽然《股权转让协议》第 6.3.2 条还约定，投资公司选择解除合同或宽限期内物业公司、管理公司未达到履行条件的本协议解除。但合同是否解除，须以投资公司是否行使解除权为前提，在投资公司未行使解除权的情况下，原审判决继续履行合同并无不当。物业公司关于《股权转让协议》已经于 2018 年 3 月 8 日自动解除的申请再审理由不能成立。

案例评析

本案中，双方的争议焦点为案涉《股权转让协议》是否已经解除，对于约定解除条件成就的主张，物业公司以《股权转让协议》第 6.3.2 条约定为依据，认为该条约定的解除条件已经成就，该协议已经自动解除。但从该条约定内容看，物业公司的该项主张不能成立。投资公司在物业公司违约时，有权选择解除合同或者给予物业公司宽限期继续履行合同。投资公司在物业公司、管理公司未依约办理工商变更登记时选择了给予宽限期继续履行合同，而未选择解除合同。

关于《股权转让协议》是否存在物业公司主张的投资公司根本违约、合同目的不能实现的法定解除情形的问题。从本案纠纷的性质看，本案属于股权转让纠纷，物业公司作为股权转让方，其主要合同目的是取得股权转让款，主要义务则是将管理公司的股权转让给投资公司；投资公司作为股权受让方，其主要合同目的是受让取得管理公司股权，主要义务则是支付股权转让对价；作为目标公司的管理公司，则通过投资公司履行合同解决对信托公司以及其他债务人的债务负担。关于交易价款，《股权转让协议》第5.1条约定总额为15.5亿元，包括投资公司向物业公司支付全部股权转让款1亿元、向管理公司提供借款4.9亿元、债权追讨保证金1000万元以及承接管理公司对信托公司的债务9.5亿元。而从本案查明的事实看，2017年12月18日投资公司向管理公司付款2.25亿元，12月26日管理公司向信托公司付款9.5亿元。据此应认为，投资公司已经履行了大部分合同义务。物业公司上诉称合同目的不能实现的主张，与事实不符，法院不予支持。

典型案例79　置业公司与投资公司、G公司及H公司股权转让纠纷案[①]

案例要旨

在股权转让合同履行过程中，如果一方当事人以通知的方式要求解除合同，不能一律视为合同解除。认定合同解除通知的效力，应当看合同解除的要件是否具备，既要符合法律规定的实质性要件，又要符合形式要件。如果一方通知解除不符合法定或约定的条件，则不发生解除合同的效力，对方当事人有权要求其继续履行合同义务。

基本案情

2015年10月15日，投资公司、G公司作为甲方，置业公司作为乙方，H公司作为丙方，共同签订《股权转让框架合同》，其中约定：丙方分两期开发某房地产项目，甲方负责从丙方分立出独立的项目公司并取得其全部股权，

---

① 最高人民法院（2019）最高法民终120号。

并在协议签订后120日内将二期地块土地证过户到项目公司名下、将项目公司100%股权出让并变更至乙方名下。股权转让款总额为6.8亿元，乙方向甲方支付定金5000万元；一方违约致使合同目的不能实现的，如擅自解除合同的，适用定金罚则，违约方就对方实际损失承担赔偿责任。合同签订后，乙方向G公司账户支付了5000万元定金。后甲方未按合同约定履行转让土地证、向乙方转让股权等合同义务。

2017年3月22日，G公司向乙方发函要求解除《股权转让框架合同》，并根据合同中约定的定金罚则双倍返还定金。同年5月16日，乙方回复表示不同意解除合同，但要求G公司根据双倍罚则先行支付1亿元。2017年7月5日，H公司、G公司与置业公司作为甲方，某公司作为乙方，置业公司作为丙方，投资公司作为丁方，共同签订一份《海港城项目备忘录》。因甲方只履行了返还双倍定金1亿元的义务，而未履行在60日内完成1亿元资金共管等义务，备忘录未生效，原股权转让协议也未另行签订解除协议。此后，置业公司要求继续履行《股权转让框架合同》，对方则主张合同已解除，双方就此产生纠纷并诉至法院。

法院裁判

一、二审法院均判决双方继续履行《股权转让框架合同》。

生效裁判认为，本案最大的争议焦点是涉案《股权转让框架合同》是否已经解除。一方能够以通知方式解除股权转让合同的前提是约定解除条件成就或者满足法定解除合同的情形。本案未达到约定解除或法定解除的条件，股权转让合同目的尚能够实现，故合同未解除应继续履行。理由如下：第一，涉案的《股权转让框架合同》是签约各方当事人的真实意思表示，且未违反法律、行政法规的强制性规定，合法有效。在股权转让合同履行过程中，投资公司、G公司未能按照合同约定转让土地证和股权，构成违约。所以投资公司、G公司作为违约方不能行使法定解除权。第二，本案投资公司、G公司未按合同约定履行应尽义务，合同也并未就收取定金一方双倍返还定金即可解除合同作出明确约定。综合判断，已支付的定金属于违约定金而不是解约定金，不能以双倍返还定金为代价而主张解除股权转让合同。第三，涉案的《海港城项目备忘录》就有关解除《股权转让框架合同》的约定内容属于效力待定，只有在约定时间内履行完毕1亿元双倍定金返还款，并在60日内完成1亿元资金共管等应尽义务时才生效。备忘录生效后才会对原股权转让合同另行商议解除。备忘录未生效，也未签订正式的股权转让解除协议，故未达到约定解除合同的条件。第四，投资公司、G公司认为置业公司未在收到解约通知后3个月内提起诉讼，涉案股权转让合同已实际解除的主张没有法律依据。合同解除的异议期间超过，合同解除是有前提条件的，发出解除通知的一方解除合同需要符合《民法典》第五百六十二条第二款、第五百六十三条（原《合同法》第九十三条第二款、第九十四条）规定的约定解除或法定解除的情形。本案G公司发函解除合同不符合法律规定的情形，合同未解除，置业公司有权要求投资公司、G公司继续履行股权转让合同。

案例评析

本案的争议焦点是G公司向置业公司发送《关于解除〈股权转让框架合同〉的函》是否能达到解除《股权转让框架合同》的目的。

1. 通知解除合同以解除条件成就为前提

《民法典》第五百六十五条第一款规定："当事人一方依法主张解除合同的，应当通知对方。合同自通知到达对方时解除；通知载明债务人在一定期限内不履行债务则合同自动解除，债务人在该期限内未履行债务的，合同自通知载明的期限届满时解除。对方对解除合同有异议的，任何一方当事人均可以请求人民法院或者仲裁机构确认解除行为的效力。"这是《民法典》关于合同解除权行使形式的规定。该条款规定了合同解除权的行使是采取通知的方式，以通知到达另一方时生效，且通知解除合同的条件应当符合关于"约定解除"和"法定解除"的规定，解除条件成就是通知解除合同的前提条件，条件不成就的解除通知不发生解除合同的效力。

《全国法院民商事审判工作会议纪要》第四十六条通知解除的条件也规定，审判实践中，部分人民法院对《最高人民法院关于适用〈中华人民共和国合同法〉若干问题的解释（二）》第二十四条的理解存在偏差，认为不论发出解除通知的一方有无解除权，只要另一方未在异议期限内以起诉方式提出异议，就判令解除合同，这不符合合同法关于合同解除权行使的有关规定。对该条的准确理解是，只有享有法定或者约定解除权的当事人才能以通知方式解除合同。不享有解除权的一方向另一方发出解除通知，另一方即便未在异议期限内提起诉讼，也不发生合同解除的效果。人民法院在审理案件时，应当审查发出解除通知的一方是否享有约定或者法定的解除权来决定合同应否解除，不能仅以受通知一方在约定或者法定的异议期限届满内未起诉这一事实就认定合同已经解除。

2. 解除时间的确定

对于以不同方式提出的解除通知，要根据具体情况来确定合同解除时间。（1）当事人直接交付对方解除通知的，自通知交付对方当事人的时间作为合同解除的时间。采用传真、电子邮件等能够确认其收悉的方式送达的，以传真、电子邮件等到达受送达人特定系统的日期为送达日期。如果对方有异议提起诉讼，经法院审理认为行使合同解除权并无不当的，解除合同通知送达之日为合同解除之日；对方有异议提起诉讼，经法院审理认为该当事人无合同解除权的，但双方当事人在诉讼中均同意解除合同的，可以在判决书或者调解书中明确合意解除之日为合同解除之日。（2）如当事人是直接提起诉讼（仲裁）的方式请求解除合同的，经人民法院确认原告确有解除权的，一般可以认定合同从起诉状副本送达之日起解除。

本案中投资公司、G公司未按合同约定履行应尽义务，合同也并未就收取定金一方双倍返还定金即可解除合同作出明确约定，其作为违约方无权以通知的方式解除股权转让合同。

典型案例80　建设公司与投资公司、刘某股权转让纠纷案[①]

案例要旨

1. 合同当事人因对合同履行情况发生争议，起诉到人民法院后，对于该合同的效力及履行情况，应当由人民法院依法作出认定。在诉讼期间，发出解除合同通知的行为，并不能改变本案诉讼前已经确定的合同效力及履行状态。

2. 在提起诉讼前，合同当事人在享有合同解除权的情况下，未行使合同

[①] 最高人民法院（2013）民二终字第54号。本案例经过笔者加工改写。

解除权，并接受了违约方逾期支付的价款而未提出异议，表明其已接受违约方继续履行合同的事实，在诉讼过程中再行使合同解除权免除合同义务的，有违诚信原则，解除无效。

基本案情

2009年7月22日，投资公司、刘某与建设公司签订《股权转让协议》，约定：投资公司与刘某以5.4亿余元的价格将Z公司等5个公司的100%股权转让给建设公司，建设公司先付1000万元保证金，并在2010年3月22日前付清全款。该《股权转让协议》还约定：逾期支付任何款项超过10日的，不论延迟支付金额多少，一律视为建设公司单方违约，投资公司、刘某有权随时单方解除合同，建设公司必须予以配合并承担违约金2000万元。在2010年3月22日前，建设公司共支付2亿元款项，在2010年6月24日至7月29日又陆续支付了5460万元，至此涉及Z公司的股权转让款全部到位，投资公司与刘某应办理Z公司股权的工商变更登记。投资公司与刘某接受了迟延支付的5460万元，且未提出异议，也无证据证明在诉讼前向建设公司发出了解除《股权转让协议》通知。2010年8月至11月，投资公司与刘某在未告知建设公司的情形下又将涉事股权转让给了其他第三方并办理了工商登记。

2010年12月30日，建设公司提起诉讼要求继续履行合同；诉讼中，投资公司、刘某以迟延支付为由于2011年2月22日向建设公司发出了解除通知，并于2011年4月7日提起反诉要求确认合同解除；建设公司于2011年8月9日增加诉讼请求，要求确认解除无效。

法院裁判

一、二审法院均判决《股权转让协议》未解除。

生效裁判认为，本案最大的争议焦点是涉案《股权转让协议》是否已经解除。因建设公司未按合同约定于2010年3月22日前付清全部股权转让款，已构成违约。根据《股权转让协议》及其《补充协议》的约定，投资公司、刘某享有合同解除权。但投资公司、刘某无证据证明其在本案诉讼程序开始前曾经向建设公司发出过解除合同的通知，且其接受了建设公司陆续支付的5460万元价款，而未就建设公司的逾期付款行为提出异议。据此，可以认定

《股权转让协议》及其《补充协议》仍在履行，投资公司、刘某在本案诉讼程序开始前并未行使合同解除权，《股权转让协议》及其《补充协议》并未解除，对双方当事人仍有法律约束力。

投资公司、刘某以其于2011年2月22日、7月26日、7月28日发出的三份《解除函》为据，主张其再次向建设公司发出了解除合同的通知，并主张其在建设公司违约的情况下，有权根据合同约定随时行使合同解除权，该权利并不因建设公司向法院提起诉讼而消灭。此三份《解除函》虽明确包含了投资公司、刘某解除合同的意思表示，但在合同当事人因对合同履行情况发生争议，起诉到人民法院后，对于该合同的效力及履行情况，应当由人民法院依法作出认定。投资公司、刘某在本案一审诉讼期间发出解除合同通知的行为，并不能改变本案诉讼前已经确定的合同效力及履行状态。投资公司、刘某在建设公司逾期付款已经违约的情形下，既未对逾期支付的款项提出异议，也未办理Z公司的股权变更手续，而是将已经约定转让给建设公司的案涉股权再次转让给了D公司并办理了工商登记变更手续，阻碍生效合同的继续履行，已构成违约。投资公司、刘某在建设公司提起本案的诉讼过程中行使合同解除权，以对抗建设公司要求其继续履行合同的诉讼请求，有违诚信原则，法院不予支持。

案例评析

本案的争议焦点是诉讼过程中一方发函通知解除《股权转让协议》是否能达到解除合同的目的。

《民法典》第五百六十四条规定："法律规定或者当事人约定解除权行使期限，期限届满当事人不行使的，该权利消灭。法律没有规定或者当事人没有约定解除权行使期限……经对方催告后在合理期限内不行使的，该权利消灭。"由此可见，合同解除权应在合理期限内行使，否则，合同是否解除处于不确定的状态不利于合同的履行。根据《民法典》第五百六十四条的规定，解除权在以下两种情形下消灭：其一，因解除权行使期限的届满而消灭；其二，在对方催告后因合理的期限届满而消灭。当事人可以约定解除权行使期限，如果法律未规定或者当事人未约定，自解除权人知道或者应当知道解除事由之日起一年内不行使，或者经对方催告后在合理期限内不行使的，该权利消灭。

同时,《民法典》第五百四十三条规定:"当事人协商一致,可以变更合同。"因此,如双方通过协商的方式继续履行合同,应视为有解除权的一方放弃解除权,解除权消灭。

解除权的消灭除上述提及的《民法典》的规定外,如果当事人在实际履行过程中以自己的行为放弃了解除权的行使,如继续履行合同,接受对方的履行,或者双方通过补充协议的方式继续履行合同,则也应视为解除权的消灭。这是因为在合同约定的解除条件成就与违约责任之间,解除权人应当就是解除合同还是继续履行择其一行使,解除权人既然选择了继续履行合同,就意味着其放弃解除合同,若解除权人接受了相对方的履行,还允许其享有解除权,无疑将损害对方的利益,有违诚实信用原则。

本案中,在起诉前,投资公司与刘某有合同解除权而未行使,故《股权转让协议》未解除,对双方当事人仍有法律约束力。因建设公司未按合同约定在2010年3月22日前付清全部股权转让款,已构成违约,投资公司、刘某享有合同解除权。但投资公司、刘某无证据证明其在本案诉讼程序开始前曾经向建设公司发出过解除合同的通知,且其接受了建设公司迟延支付的5460万元价款而未提出异议。据此,可以认定《股权转让协议》仍在履行。

投资公司、刘某在诉讼期间发出的解除通知虽明确包含了解除合同的意思表示,但在合同当事人因对合同履行情况发生争议,起诉到人民法院后,对于该合同的效力及履行情况,应当由人民法院依法作出认定。投资公司、刘某在本案一审诉讼期间发出解除合同通知的行为,并不能改变本案诉讼前已经确定的合同效力及履行状态。基于在诉讼前合同仍在履行的事实,根据合同约定,5460万元款项支付完毕后,建设公司已将Z公司的股权转让款支付完毕,合同的履行义务转移到投资公司、刘某一方,即应当由投资公司、刘某负责办理Z公司的股权变更手续。此时投资公司、刘某既未对逾期支付的款项提出异议,也未办理Z公司的股权变更手续,而是将已经约定转让给建设公司的案涉股权再次转让给第三人并办理了工商登记变更手续,阻碍了生效合同的继续履行,已构成违约。二者诉讼过程中行使合同解除权,以对抗建设公司要求其继续履行合同的诉讼请求,有违诚信原则,解除无效。

典型案例 81　实业公司与化工公司股权转让纠纷案[①]

案例要旨

在本案《股权转让协议》与《补充协议》的主要权利义务均已履行完毕，且已实际以目标公司第一大股东的身份经营、管理 S 公司长达十余年之久的情形下，受让方此时要求解除双方签订的《股权转让协议》与《补充协议》，已超过行使合同解除权的合理期间，既无事实依据又无法律依据，亦不利于社会经济秩序的稳定和商事交易的安全。

基本案情

2001 年 5 月 11 日，实业公司与化工公司签订《股权转让协议》，主要约定：实业公司以 4860 万元的价格收购化工公司持有的 S 公司 2700 万股国有股。以上协议签订后，实业公司即以 S 公司第一大股东的身份进入 S 公司参与经营管理，并向 S 公司投入资金进行技改及生产启动。因历史包袱沉重，债务纠纷不断等原因，S 公司经营难以为继，不久后即停产，S 公司申请公开上市发行股票的工作也因故未能完成。此后，实业公司多次向化工公司、衡阳市政府请求减免相关费用，给予优惠政策并改变目前的经营方式，但 S 公司的经营状况仍未好转，并于 2004 年 9 月全面停产。

2006 年 1 月，化工公司以实业公司违反了合同约定的投资义务，向一审法院提起诉讼，请求解除双方签订的《股权转让协议》《补充协议》，并请求判令实业公司支付违约金、返还财产并赔偿损失。实业公司则以双方之间的股权转让行为已经完成，《股权转让协议》已实际履行为由进行抗辩。

2015 年 5 月，实业公司认为其受让的 S 公司的股权至今未办理过户手续，且 S 公司被宣告破产，主要资产均已在破产程序中被处置，化工公司存在严重违约行为，向一审法院起诉，请求：解除《股权转让协议》，返还股权转让款及赔偿经济损失。

[①] 最高人民法院（2015）民二终字第 225 号。

法院裁判

一、二审法院均判决驳回实业公司诉讼请求。

生效裁判认为，2006年1月，化工公司向一审法院起诉请求解除与实业公司之间签订的《股权转让协议》及《补充协议》，实业公司则辩称协议已实际履行，双方之间的股权转让行为已经完成。该事实表明，涉案《股权转让协议》及《补充协议》在2006年之前不存在合同解除的法定情形，各方应按约定继续履行合同义务。此后，S公司因涉债务纠纷，土地及厂房被法院查封拍卖。2011年12月27日，S公司进入破产清算程序，实业公司向S公司的破产管理人申报了债权。实业公司对S公司未办理股权过户手续、企业改制、资产置换等事实是明知的。但在此期间，实业公司既未要求化工公司履行办理股权过户手续等义务，亦未以此主张解除《股权转让协议》及《补充协议》，至2015年5月5日才以其受让的S公司的股权未办理过户手续，化工公司严重违约为由，请求解除《股权转让协议》及《补充协议》。《合同法》第九十五条规定："法律规定或者当事人约定解除权行使期限，期限届满当事人不行使的，该权利消灭。法律没有规定或者当事人没有约定解除权行使期限，经对方催告后在合理期限内不行使的，该权利消灭。"自2001年5月双方当事人签订《股权转让协议》，至S公司进入破产清算，合同履行十多年后，实业公司于2015年5月才提出解除《股权转让协议》及《补充协议》，已超过行使合同解除权的合理期间，也与其在一审法院（2006）湘高法民二初字第12号民事案件中的辩称相悖。综上，法院对于实业公司解除合同的诉讼请求不予支持。

案例评析

本案的争议焦点是实业公司行使合同解除权是否超出合理期限，即解除权是否消灭的问题。

解除权是一种破坏性权利，为维护合同法律关系的稳定性，平衡当事人之间的利益，必须对解除权予以限制。当合同解除权产生后，解除权人即已获得了决定解除或继续履行合同的选择权，若解除权人行使该项权利就会使合同进入一种效力不稳定的状态，这会对合同交易的安全秩序产生不利影响①。

《民法典》第五百六十四条规定："法律规定或者当事人约定解除权行使期限，期限届满当事人不行使的，该权利消灭。法律没有规定或者当事人没有约定解除权行使期限……经对方催告后在合理期限内不行使的，该权利消灭。"由此可见，合同解除权应在合理期限内行使，否则，合同是否解除处于不确定的状态不利于合同的履行。根据《民法典》第五百六十四条的规定，解除权在以下两种情形下消灭：其一，因解除权行使期限的届满而消灭；其二，在对方催告后因合理的期限届满而消灭。当事人可以约定解除权行使期限，如果法律未规定或者当事人未约定，自解除权人知道或者应当知道解除事由之日起一年内不行使，或者经对方催告后在合理期限内不行使的，该权利消灭。

本案中，涉案合同签订后，实业公司依约向化工公司支付了全部股权转让款，化工公司则将其持有的S公司的全部股权让度给实业公司，实业公司已实际以S公司第一大股东的身份派驻人员对S公司进行了经营、管理，依法行使了参与重大决策、选择管理者等股东权利，并以S公司最大股东的身份参与了相关诉讼。与之对应的，化工公司不再是S公司股东，丧失了原有的股东权利。虽然实业公司在受让S公司股权后未办理股权变更手续，未修改公司章程和股东名册，但并不影响实业公司实际取得了S公司的股东身份或者股东权利的行使。实业公司提出化工公司未完成股权和资产移交，其并未实际取得S公司股权，化工公司的行为构成根本违约的主张与客观事实不符。

自2001年5月双方当事人签订《股权转让协议》，至S公司进入破产清算，合同履行十多年后，实业公司于2015年5月提出解除《股权转让协议》及《补充协议》，已超过行使合同解除权的合理期间，也与其在一审法院民事案件中的辩称相悖。故一、二审法院均未支持实业公司解除合同的诉讼请求。

---

① 禹海波：《股权转让案件裁判精要》，法律出版社2020年版，第432页。

五、成立未生效股权转让合同的解除

已经成立的合同具有形式拘束力，受到双方合意的拘束，除当事人同意或有解除、撤销原因外，不允许任何一方随意解除或撤销，但当事人不得请求履行合同约定的义务。而成立后的合同产生效力则表现为当事人应当按照合同约定履行义务，否则将承担债务不履行的法律责任。因此，从当事人解除合同的目的看，固然主要是通过解除成立且有效的合同，让自己不再需要履行合同义务，但由于合同成立未生效时也对当事人有形式上的拘束力，故也不排除当事人通过解除成立但未生效合同以摆脱合同形式拘束力的需要和可能。

典型案例 82　郭某与投资公司股权转让纠纷案[1]

案例要旨

附条件生效的合同，在生效条件未成就时，一方拒绝履约，另一方是否享有法定解除权，要视拒绝履约或者违约的行为是否足以导致合同目的不能实现而定。当一方拒绝履约或者违约的行为足以导致合同目的不能实现时，违约方构成根本违约，相对方享有法定解除权；当一方拒绝履约或者违约的行为不足以导致合同目的不能实现时，相对方无权行使合同解除权。

基本案情

2012 年 9 月 27 日，郭某（甲方）与投资公司（乙方）签订《股权转让协议》，乙方受让甲方所持矿业公司 100% 股权，约定：1. 定金。双方同意乙方已支付的 3.5 亿元定金及甲方受让乙方拥有珠拉公司的 2500 万元债权作为乙方购买甲方所持矿业公司 100% 股权的定金。2. 协议的成立与生效。本协议自甲方签字、乙方加盖公章之日起成立；本协议自质押人与甲方签订《质押担保合同》、办理质押登记手续且矿业公司取得国土资源部出具的储量评审备

---

[1] 最高人民法院（2017）最高法民终 607 号。

案证明之日起生效。

2013年9月5日,投资公司向郭某发出《解除合同的通知函》,解除双方签订的《股权转让协议》,要求郭某自收到通知函后10日内将3.75亿元返还。2013年9月13日,郭某回函给投资公司称:"双方于2012年9月27日签订的《股权转让协议》依第十八条的约定,尚未生效,不存在郭某履行合同义务的问题,投资公司《解除废止合同的通知函》中关于应'履行协议前期义务'属强加给郭某的非法义务,解除函无任何事实和法律依据。郭某及矿业公司不存在违约的问题,投资公司无权单方解除协议,向郭某发送通知函的行为系单方毁约,应承担违约责任,不存在退还定金的问题。"2015年8月17日国土资源部矿产资源储量评审中心出具《矿产资源储量评审意见书》。2016年2月5日,国土资源部出具《关于矿产资源储量评审备案证明》,同意备案。

投资公司向一审法院提起诉讼请求,要求郭某立即向投资公司返还定金3.75亿元及利息。

法院裁判

一审法院判决郭某在判决生效后十日内返还投资公司定金3.75亿元及利息。郭某不服一审判决,提起上诉。二审法院撤销一审判决,驳回投资公司的诉讼请求。

生效裁判认为,《股权转让协议》经双方合意签署,已经成立,但双方约定的生效条件尚未成就,故此协议并未生效。《股权转让协议》第六条第四款虽然约定了郭某负有出具实现本次股权转让所必需的全部法律文件、协助矿业公司为投资公司办理相关股东名册登记、工商变更登记等手续的义务,但这是以《股权转让协议》生效后各方应实际履行协议、办理股权变更登记手续为前提的。在《股权转让协议》尚未生效、办理股权变更登记的条件尚不具备的情况下,投资公司要求郭某履行《股权转让协议》第六条第四款约定的合同义务,并无法律依据;郭某拒绝履行,不构成违约。本案双方的交易为转让郭某持有的矿业公司股权,投资公司的合同目的是获得股权,在《股权转让协议》生效条件没有成就、实际办理股权转让手续事宜并未提上日程的情况下,郭某拒绝提供办理股权转让所必需的矿业公司相关资料,并不导致股权转让不能，合同目的亦未因此而落空。故此，2013年9月5日，投资公司向郭某发出《解除合同的通知函》，以郭某拒绝提供矿业公司相关资料导致储量备案证明无法取得、合同目的无法实现为由，主张解除合同，不符合《合同法》第九十四条规定的情形，投资公司不享有法定解除权。

郭某在签订协议后通过持续开展工作，并于2016年取得了国土资源部储量评审备案证明，履行了促成合同生效的义务，原审法院认定郭某未积极促使合同生效，证据不足。一审判决认定郭某的违约行为致使案涉协议的合同目的不能实现、投资公司有权行使解除权有误，本院予以纠正。但从事实上看，因郭某在收到投资公司的解约通知后未依司法解释的规定在合理期限内提出异议，投资公司此后转让了所持的D公司股票，《股权转让协议》中约定的由投资公司以D公司的股权提供质押担保的生效条件已经无法成就，《股权转让协议》事实上已经无法继续履行。仅就此而言，原审法院认定协议解除，处理结果上也并无不当。合同解除后的清理事宜，双方可另行解决。

案例评析

成立未生效的合同能否被解除，尚无明确法律规定，司法实践中也有争议。最高人民法院在个别相关司法解释及规范性文件中，肯定特殊情形下成立未生效合同的拘束力及其解除。《最高人民法院关于审理外商投资企业纠纷案件若干问题的规定（一）》第五条规定："外商投资企业股权转让合同成立后，转让方和外商投资企业不履行报批义务，经受让方催告后在合理的期限内仍未履行，受让方请求解除合同并由转让方返还其已支付的转让款、赔偿因未履行报批义务而造成的实际损失的，人民法院应予支持。"第六条第二款规定："转让方和外商投资企业拒不根据人民法院生效判决确定的期限履行报批义务，受让方另行起诉，请求解除合同并赔偿损失的，人民法院应予支持。赔偿损失的范围可以包括股权的差价损失、股权收益及其他合理损失。"《最高人民法院关于审理矿业权纠纷案件适用法律若干问题的解释》第八条规定："矿业权转让合同依法成立后，转让人无正当理由拒不履行报批义务，受让人请求解除合同、返还已付转让款及利息，并由转让人承担违约责任的，人民法院应予支持。"

《全国法院民商事审判工作会议纪要》第四十条规定："人民法院判决一

方履行报批义务后,该当事人拒绝履行,经人民法院强制执行仍未履行,对方请求其承担合同违约责任的,人民法院依法予以支持。一方依据判决履行报批义务,行政机关予以批准,合同发生完全的法律效力,其请求对方履行合同的,人民法院依法予以支持;行政机关没有批准,合同不具有法律上的可履行性,一方请求解除合同的,人民法院依法予以支持。"从上述司法解释的立场来看,最高人民法院不仅认可了这类合同可以解除,甚至认为此时会产生违约责任,而且赔偿的是履行利益。

本案中,案涉《股权转让协议》属附生效条件的合同,据查明的事实质押人与郭某并未签订《质押担保合同》,亦未办理质押登记手续,矿业公司是在诉讼中的2016年2月5日才取得国土资源部出具的储量评审备案证明,故生效条件未成就,该《股权转让协议》尚未生效。因郭某在收到投资公司的解约通知后未依司法解释的规定在合理期限内提出异议,投资公司此后转让了所持的D公司股票,《股权转让协议》中约定的由投资公司以D公司的股权提供质押担保的生效条件已经无法成就,《股权转让协议》事实上已经无法继续履行。投资公司在不享有解除权的情况下,擅自向郭某发出解除通知,明确表示不履行合同,有违法律规定,构成根本违约,不能依合同适用定金罚则。投资公司的违约行为符合司法解释关于定金罚则的适用条件,郭某上诉主张投资公司无权要求返还3.75亿元定金,于法有据。郭某向第三方转让股权,虽亦属违约,应承担相应的违约责任,但并未导致合同目的不能实现,不符合定金罚则的适用条件,投资公司要求郭某返还定金,法院不予支持。

六、分期付款股权转让合同的解除

典型案例83 周某与汤某股权转让纠纷案①

案例要旨

有限责任公司的股权分期支付转让款中发生股权受让人延迟或者拒付等违约情形,股权转让人要求解除双方签订的股权转让合同的,不适用《民法

---

① 最高人民法院(2015)民申字第2532号。

典》第六百三十四条关于分期付款买卖中出卖人在买受人未支付到期价款的金额达到合同全部价款的五分之一时即可解除合同的规定。

基本案情

汤某与周某于2013年4月3日签订《股权转让协议》，约定：周某将其持有的变压器集团某电器公司6.35%股权转让给汤某。股权价款合计710万元，分四期付清，即2013年4月3日付150万元；2013年8月2日付150万元；2013年12月2日付200万元；2014年4月2日付210万元。协议签订后，汤某于2013年4月3日支付第一期股权转让款150万元。此后，周某所持有的6.35%股权变更登记至汤某名下。因汤某逾期未支付约定的第二期股权转让款，周某于同年10月11日，向汤某送达了《解除通知》，以汤某根本违约为由，提出解除双方签订的《股权转让资金分期付款协议》。次日，汤某即向周某转账支付了第二期150万元股权转让款，并按照约定的时间和数额履行了后续第三期、第四期股权转让款的支付义务。周某以其已经解除合同为由，如数退回汤某支付的4笔股权转让款。汤某遂向人民法院提起诉讼，要求确认周某发出的解除协议通知无效，并责令其继续履行合同。

法院裁判

一审法院判决：驳回原告汤某的诉讼请求。汤某不服，提起上诉。二审法院判决：撤销原审判决；确认周某要求解除双方签订的《股权转让资金分期付款协议》行为无效。周某不服二审判决，提起再审，最高人民法院驳回周某的再审申请。

生效裁判认为，分期付款买卖的主要特征为：一是买受人向出卖人支付总价款分三次以上，出卖人交付标的物之后买受人分两次以上向出卖人支付价款；二是多发、常见在经营者和消费者之间，一般是买受人作为消费者为满足生活消费而发生的交易；三是出卖人向买受人授予了一定信用，而作为授信人的出卖人在价款回收上存在一定风险，为保障出卖人剩余价款的回收，出卖人在一定条件下可以行使解除合同的权利。而本案中由于买卖的标的物是股权，因此具有与以消费为目的的一般买卖合同不同的特点：一是汤某受让股权是为参与公司经营管理并获取经济利益,并非满足生活消费;二是周某作为有限责任公司的股权出让人,基于其所持股权一直存在于目标公司中的特点,其因分期回收股权转让款而承担的风险,与一般以消费为目的分期付款买卖中出卖人收回价款的风险并不同等;三是双方解除股权转让合同,也不存在向受让人要求支付标的物使用费的情况。

综上特点,股权转让分期付款合同,与一般以消费为目的分期付款买卖合同有较大区别。对案涉股权转让合同不宜简单适用《合同法》第一百六十七条规定的合同解除权。

本案中,双方订立《股权转让资金分期付款协议》的合同目的能够实现。汤某和周某订立《股权转让资金分期付款协议》的目的是转让周某所持变压器集团某电器公司6.35%股权给汤某。根据汤某履行股权转让款的情况,除第2笔股权转让款150万元逾期支付两个月外,其余3笔股权转让款均按约支付,周某认为汤某逾期付款构成违约要求解除合同,退回了汤某所付710万元,不影响汤某按约支付剩余3笔股权转让款的事实的成立,且本案一、二审审理过程中,汤某明确表示愿意履行付款义务。因此,周某签订案涉《股权转让资金分期付款协议》的合同目的能够得以实现。另查明,2013年11月7日,变压器集团某电器公司的变更(备案)登记中,周某所持有的6.35%股权已经变更登记至汤某名下。

综上所述,本案中,汤某主张的周某依据《合同法》第一百六十七条之规定要求解除合同依据不足的理由,于法有据,应当予以支持。

案例评析

股权与一般动产客体有所不同,是股东对公司享有的一系列权利集合体。股权兼具财产性和身份性,较之有体物买卖,股权的价值始终存在于目标公司之中,尽管不存在标的物毁损灭失的风险,但存在股权价值市场波动的折损风险。对于分期付款股权转让合同能否通过行使分期付款买卖中的合同解除权,各地法院的实践仍存在较大的争议。故最高人民法院于2016年9月19日发布第67号指导案例,以期对未来类似案件的审理提供指导。本案确定了如下裁判规则:有限责任公司的股权分期支付转让款中发生股权受让人延迟或者拒付等违约情形,股权转让人要求解除双方签订的股权转让合同的,不适用《民法典》第六百三十四条关于分期付款买卖中出卖人在买受人未支付到期价款的金额达到合同全部价款的五分之一时即可解除合同的规定。

七、股权转让合同的撤销

在一般情况下，如果双方当事人主体适格，意思表示真实，并且不违反法律的强制性规定的，合同就是有效的，但是如果合同签订有瑕疵的，可能是可撤销的合同。那么，合同可撤销的五种情形的具体内容是怎样的呢？合同具备可撤销的原因，是行使合同撤销权的前提条件。根据《民法典》以下规定，第一百四十七条：基于重大误解实施的民事法律行为，行为人有权请求人民法院或者仲裁机构予以撤销；第一百四十八条：一方以欺诈手段，使对方在违背真实意思的情况下实施的民事法律行为，受欺诈方有权请求人民法院或者仲裁机构予以撤销；第一百四十九条：第三人实施欺诈行为，使一方在违背真实意思的情况下实施的民事法律行为，对方知道或者应当知道该欺诈行为的，受欺诈方有权请求人民法院或者仲裁机构予以撤销；第一百五十条：一方或者第三人以胁迫手段，使对方在违背真实意思的情况下实施的民事法律行为，受胁迫方有权请求人民法院或者仲裁机构予以撤销；第一百五十一条：一方利用对方处于危困状态、缺乏判断能力等情形，致使民事法律行为成立时显失公平的，受损害方有权请求人民法院或者仲裁机构予以撤销。

就股权转让而言，股权的价格条款是主要条款。股权转让价格不仅包括目标公司的投入经营状况、市场前景、技术水平，还包括公司控制权的溢价因素、负债情况等影响公司净资产价值等多方面的内容，股价也是在此基础上评估或协商确定。因此股权转让中，出让方应当如实告知的信息包括与股权直接相关的信息及其掌握的公司信息，包括登记情况、实缴出资情况、有无设定担保及查封等，公司情况包括公司的财务及经营情况、重大潜在涉诉情况、其他重要情况等，以避免受让方作出不真实的意思表示。实践中，即使股权转让合同约定了受让方负有对公司的资产情况进行尽职调查、尽到合理审慎的注意义务，但并不能因此而免除出让方应披露真实信息的义务。

典型案例 84　蒙某与韦某股权转让纠纷案[①]

案例要旨

本案中，转让方并未将目标公司在当地并不享有合法的矿山经营权的重要信息告知受让方，构成欺诈，导致受让方购买矿山进行经营的合同目的难以实现。法院判决撤销《股权转让协议》，具有事实和法律依据。

基本案情

2012年4月19日，蒙某与韦某签订《股权转让协议》，约定：蒙某转让Y公司股权和现有位于某国某处矿山经营权及机械设备30%给韦某，股权转让价款800万元。2013年10月30日，原告经委托律师事务所到某国基础工业及矿产局调查，该局复函告知Y公司并没有获得采矿特权的批准或其他相关的专利许可。该告知函上某国的印章以及经办人签字的真实性得到了我国驻当地总领馆领事的认证。韦某向一审法院起诉，请求：撤销《股权转让协议》；蒙某返还800万元转让款。

法院裁判

一、二审均判决撤销《股权转让协议》，蒙某返还转让款。蒙某不服，申请再审。再审法院驳回蒙某的再审申请。

生效裁判认为，案涉《股权转让协议》，转让标的为Y公司30%的股权以及该公司现有位于某国境内的矿山经营权及机械设备的30%，韦某为此向蒙某支付了800万元转让价款。2013年10月30日，韦某经委托律师事务所到某国基础工业及矿产局调查，该局复函告知Y公司并没有获得采矿特权的批准或其他相关的专利许可。Y公司在当地并不享有合法的矿山经营权，而该公司除涉矿相关业务外无其他业务。蒙某作为让与人，在与韦某签订《股权转让协议》时未如实披露出让标的公司的真实信息，导致韦某购买矿山进行经营的合同目的难以实现。一、二审判决对韦某撤销《股权转让协议》的

[①] 最高人民法院（2021）最高法民申2234号。

请求予以支持，判令蒙某退还抵扣货款后实际支付的股权转让款 735 万元并按中国人民银行同期同类贷款利率支付利息，具有事实和法律依据。韦某收集的证明 Y 公司没有获得矿石开发权、采矿特权的批准或其他相关的专利许可的相关证据，于 2014 年 1 月 2 日获得中华人民共和国驻某国总领事馆的认证，韦某于 2014 年 10 月 31 日向一审法院提起本案诉讼主张权利，二审判决认定韦某未超过撤销权行使期限，并无不当。韦某在签订协议前是否进行考察、签订协议后是否实际派人进驻管理，均不能作为蒙某不履行如实告知义务的合理抗辩理由。蒙某作为新的证据向本院提交的 Y 公司股东、法定代表人的证人证言，不属于原审中由于客观原因而无法提交的证据，不足以推翻原判决。

案例评析

《民法典》第一百四十八条规定，一方以欺诈手段，使对方在违背真实意思的情况下实施的民事法律行为，受欺诈方有权请求人民法院或者仲裁机构予以撤销。构成欺诈一般应当具备如下条件：(1) 必须有欺诈人的欺诈行为，主要表现情形有三种，即捏造虚伪的事实、隐匿真实的事实、变更真实的事实。(2) 必须有欺诈人的欺诈故意。欺诈故意是由于欺诈人的欺诈行为而使他人陷于错误，并基于此错误而为意思表示的故意。(3) 必须有受欺诈人因欺诈人的欺诈行为而陷入的错误。这里所说的"错误"，是指对合同内容及其他重要情况的认识缺陷。(4) 必须有受欺诈人因错误而为的意思表示。

本案的争议焦点在于，案涉《股权转让协议》应否予以撤销。双方签订的《股权转让协议》明确约定了蒙某转让给韦某的是 Y 公司 30% 的股权以及该公司现有位于某国境内的矿山经营权及机械设备的 30%。但事后根据某国基础工业及矿产局的回函显示，Y 公司并没有获得采矿特权的批准或其他相关的专利许可，即意味着 Y 公司在当地并不享有合法的矿山经营权，当然也就不具备合法转让的条件，而该重要条件的缺失足以影响韦某通过支付对价以取得当地合法采矿权的合同目的。蒙某作为出让人在与韦某签订合同时没有如实披露出让标的的真实信息，主观上具有过错，客观上也使韦某违背真实意思订立了合同，导致合同目的难以实现。至于韦某在签订合同之前是否进行了考察，并不能成为蒙某不履行如实告知义务的合理抗辩，而蒙某也未能举证证明韦某在明知或已知的情况下仍然签订合同。此外，韦某在签订合同之后是否实际派人进驻管理，也不影响其在获知真实情况后提出权利主张。因此，根据《民法典》第一百四十八条的规定，韦某有权请求人民法院予以撤销案涉《股权转让协议》。

典型案例 85　侯某与王某股权转让纠纷案[①]

案例要旨

股权转让的出让方负有股权的权利瑕疵担保义务，即负有股权不存在被查封、冻结、质押的情况或其上不存在第三方权利等瑕疵担保义务，同时亦负有将股权真实状况如实告知的义务。若转让方将此事项进行隐瞒，相对方可以受欺诈为由要求撤销合同。

基本案情

2010 年 11 月 28 日，王某与侯某、张某达成《股东转让出资协议》，约定：侯某将其拥有 M 公司 51% 股权转让给王某，转让金 255 万元；王某拥有公司 51% 股权，为公司法定代表人及执行董事，侯某不再享有股东权利和义务。上述股权转让协议签订后，王某支付股权转让款 255 万元，并对公司进行经营管理。法院另查明：2011 年 3 月 28 日，M 公司、侯某、张某与刘某勇、靳某签订借款合同，约定借款 300.93 万元用于修缮厂房、购买原材料，借款方自愿以 M 公司作抵押，并以 M 公司所有动产和不动产、公司股东名下动产和不动产及股东在其公司股份作为还款保证。

王某向一审法院起诉请求：撤销《股东转让出资协议》及《股权转让补充协议》；侯某、张某返还股权转让款 255 万元。

法院裁判

一、二审均判决撤销《股东转让出资协议》，侯某返还转让款。侯某不服，申请再审。再审法院驳回侯某的再审申请。

生效裁判认为，王某与侯某、张某签订的《股东转让出资协议》及《股

[①] 最高人民法院（2018）最高法民申 993 号。

权转让补充协议》是否因欺诈而应予以撤销。侯某作为股权转让的出让方不仅负有股权的权利瑕疵担保义务，即负有股权不存在查封、冻结、质押、第三方权利等法律瑕疵，同时亦应当负有如实告知义务，即有义务告知股权受让人公司及股权的真实情况，并对告知事项的真实性负责，如有违反，则构成欺诈。《合同法》第五十四条第二款规定："一方以欺诈、胁迫的手段或者乘人之危，使对方在违背真实意思的情况下订立的合同，受损害方有权请求人民法院或者仲裁机构变更或者撤销。"本案中，王某与侯某、张某签订《股东转让出资协议》及《股权转让补充协议》的目的是取得 M 公司 51% 的股权及 51% 的总资产支配权益，并享有完整的股东权利，而侯某、张某在签订《股权转让补充协议》前，已向刘某勇、靳某借款 300.93 万元，并承诺以 M 公司资产作为抵押及股东股份等资产作为还款担保，该行为使 M 公司的资产权益发生重大变化，亦与王某所受让的股权之间存在利害关系。股权作为一种财产权，其价值不仅包括实物资产也包括无形资产等，且公司股权价值亦因公司经营状况的变化而产生变化。在涉案股权转让协议签订时，M 公司已属资不抵债，侯某应当将借款事实向受让方王某明确告知，侯某主张王某作为公司管理人员，对于公司财务中的巨额或大宗收支情况知道或应当知道的再审理由，本院不予支持。

案例评析

本案的争议焦点在于案涉《股东转让出资协议》及《股权转让补充协议》是否因欺诈而予以撤销。本案中，王某与侯某、张某于 2010 年 11 月 28 日签订《股东转让出资协议》、2011 年 4 月 1 日签订《股权转让补充协议》，协商一致转让 M 公司股权，王某支付转让款 255 万元取得侯某 51% 的公司股权及 51% 的公司总资产支配权。在王某与侯某、张某签订股权转让补充协议前，即 2011 年 3 月 28 日，M 公司、侯某、张某向案外人刘某勇、靳某借款 300.93 万元，并承诺以 M 公司资产作抵押及股东股份等个人资产作还款保证。该借款通过曹某个人银行卡汇入侯某个人银行卡。侯某、张某辩称已将对外借款一事告知王某，但其提交的证据不能证明其抗辩理由。因该借款是汇入侯某个人银行卡内，王某不能从公司账户往来款项知晓此事。侯某、张某辩称该借款归还了 M 公司欠信用社的贷款，未损害公司利益，但因该借款未予归还，导致人民法院冻结 M 公司财产。侯某、张某以王某 2011 年 6 月 10 日签署的向曹某还款 28 万元的电汇凭证来证明王某知晓借款的事实，王某予以否认。由于还款 28 万元与借款 300.93 万元二者金额相差巨大，不能以王某偿还公司股东变更前 28 万元债务，就当然认定其知道在股权补充协议签订前借款 300.93 万元之事实。此外，《股权转让补充协议》中约定，原公司的债务问题应在公司变更前妥善处理，在王某在场知情情况下由张某和债权人签订债务偿还协议。根据该条约定亦应确认侯某、张某对股权变更前 M 公司所有债务负有向受让方王某如实告知和自行偿还的义务。上述股权转让协议签订后，2011 年 4 月 6 日至 25 日王某三次支付股权转让款 255 万元，因 M 公司拖欠农村信用社贷款的原因未能办理变更股权登记。且因 M 公司未及时归还上述 300.93 万元借款，导致 M 公司财产被人民法院采取保全措施。后经法院终审判决，判令 M 公司归还曹某借款 2344395.4 元、支付违约金 338291.4 元，侯某、张某承担连带责任。综上，上述 300.93 万元借款及以 M 公司资产抵押、股东股份保证等行为与侯某、张某和王某转让股权及公司资产权益有重大利害关系，必将影响转让双方对股权价值及公司资产权益的判断。侯某、张某作为 M 公司原股东应当负有向受让方王某如实告知的义务。因此，对王某所称受欺诈订立股权转让协议，请求予以撤销的诉讼请求，法院予以支持。

典型案例 86　范某与许某、陈某股权转让纠纷案[①]

案例要旨

本案中，转让方在被限制人身自由期间，签署了案涉《股权转让协议》。案涉《股权转让协议》签订后，转让方很快恢复了人身自由，且未再因此被限制人身自由和追究相关刑事责任。并且《股权转让协议》约定的转让价格，与标的公司当时应有的股权价值明显不符。该事实足以认定双方之间的《股权转让协议》存在胁迫，故而转让方起诉主张撤销合同具有事实和法律依据，依法应予以支持。

---

① 最高人民法院（2021）最高法民申 6226 号。

基本案情

李某、范某、徐某、许某为某集团股东，也是公司董事会成员，董事之间产生矛盾，无法形成有效股东会决议。2008年9月11日，邗江公安局以许某涉嫌假冒注册商标罪将其刑事拘留，羁押在扬州市看守所。邗江检察院检察长王某进入看守所与许某见面，劝说许某转让股权事宜，在王某的劝说下，许某与陈某签订《股权转让协议》，约定，许某向陈某转让的股权占某集团注册股本的15.51%，出资4859594元，股权转让价款为1660万元转让给陈某，陈某应于本协议生效之日起15日内，向许某支付1000万元，剩余股权转让款分两次支付。股权转让协议签订次日，即2008年10月17日，邗江公安局作出取保候审决定，载明：因证据不足不批捕，需要继续侦查，决定对许某取保候审，许某于该日离开看守所。2016年6月16日，陈某与范某签订《股权转让协议书》，约定陈某将其所持某集团17.02%股权转让给范某，并于同年7月15日办理了工商变更登记。

许某向一审法院起诉请求：撤销许某、陈某于2008年10月16日签订的《股权转让协议》；陈某、范某共同将某集团15.51%的股权返还给许某。

法院裁判

一、二审均判决撤销《股权转让协议》，陈某、范某将集团15.51%的股权返还给许某。范某不服，申请再审。再审法院驳回范某的再审申请。

生效裁判认为，本案再审审查的重点在于原审认定许某与陈某之间的案涉《股权转让协议》因存在胁迫而判决撤销该协议并判令陈某、范某向许某返还诉争股权，是否存在认定事实不清、适用法律错误的问题。第一，关于许某与陈某之间的案涉股权转让协议是否存在胁迫、应否撤销的问题。胁迫是指胁迫人向被胁迫人预示某种不利情况，并使被胁迫人相信胁迫人有能力使这种不利情况发生；且如果被胁迫人不作出胁迫人所希望的意思表示，胁迫人一定会使这种不利情况发生。胁迫人利用这种预示来使被胁迫人陷入一种心理上的困境，使其只能在两害之中相权衡并作出取舍。本案中，从原审已经查明的事实看，某集团的五位自然人股东同时担任某集团董事会成员，负责公司的经营管理。后公司股东之间在某集团的经营管理上产生分歧，部分公司股东提议召开公司定期董事会，但均未能按期召开董事会并作出公司决议，形成了公司僵局。与此同时，某集团针对公司部分股东实施向有关部门举报、向有关人民法院提起诉讼行为，后许某因涉嫌刑事犯罪被采取了限制人身自由的强制措施。在被限制人身自由期间，当地有关司法机关工作人员前往许某被限制人身自由的场所与其协调，并向许某预示了其目前存在的困境以及以后可能面临的不利境况，许某在此困境下于被限制人身自由的场所内签署了案涉《股权转让协议》。案涉《股权转让协议》签订后，许某很快恢复了人身自由，且未再因此被限制人身自由和追究相关刑事责任。并且该股权转让协议约定的转让价格，与某集团当时应有的股权价值明显不符。上述事实足以认定许某与陈某之间的案涉《股权转让协议》存在胁迫，原审法院依据许某的诉讼请求判决撤销该《股权转让协议》适用法律正确。

第二，关于原审判令范某承担返还案涉股权的责任，是否违反合同相对性问题。范某作为某集团的股东之一以及公司的经营管理者，在2008年案涉股权转让协议签订前后均牵涉到某集团公司股东之间的纷争，现其辩称对许某与陈某之间的案涉股权转让相关事实不知情，不符合生活常理。其在许某与陈某之间有关案涉股权转让纠纷涉裁、涉诉期间，与陈某就诉争的股权签订转让协议并办理工商变更登记手续，显然具有为许某行使合法权益设置法律障碍的目的。在许某与陈某之间的案涉股权转让协议因存在胁迫被撤销的前提下，因胁迫被撤销的民事法律行为自始不发生法律效力。我国民事法律虽未明确规定在胁迫情形下实施的民事法律行为在被撤销前，受让人处分因胁迫而取得的标的物是否有效。但衡诸民法基本理论，胁迫的情形相当于恶意欺诈，无论是第三人胁迫还是相对人胁迫，相对人对于因胁迫所获得的利益，应属不当得利；在权利人已就该可撤销民事法律行为申请仲裁、提起诉讼的情况下，其对所获利益进行处分，显属滥用民事权利，故陈某对案涉股权的处分应被认定为无权处分。而范某亦非善意第三人，其同样不能基于第三人善意取得制度取得诉争的股权。因此，无论范某与陈某之间是否存在恶意串通的事实，因范某不能基于第三人善意取得制度而取得诉争股权，原审法院判令其与陈某向许某返还诉争股权具有事实和法律依据。

案例评析

本案的争议焦点在于，案涉《股权转让协议》是否因胁迫而予以撤销。

《民法典》第一百五十条规定，一方或者第三人以胁迫手段，使对方在违背真实意思的情况下实施的民事法律行为，受胁迫方有权请求人民法院或者仲裁机构予以撤销。故受胁迫签订的合同应予撤销的法定要件：一是合同一方在合同订立的过程中对对方采取胁迫的手段；二是对方是在因受胁迫而违背真实意思的情况下签订合同。由于案涉《股权转让协议》签订于许某因刑事拘留被羁押的最长期限即将届满，面临是否转为逮捕的特殊时间，地点是在许某失去人身自由的看守所内，该协议是否受胁迫所签订、许某转让股权的意思表示是否真实，法院结合股权转让的背景、过程、内容等具体情况综合分析判断本案存在胁迫。

1. 《股权转让协议》签订的背景特殊

2008年某集团董事会面临换届，各方为争夺公司控制权，相互之间的矛盾已非常尖锐，滋生大量诉讼纠纷，在许某已起诉要求召开股东会的情况下，若能以举报方式迫使许某退股，则徐某等一方难以在公司董事会、股东会上形成多数决以对抗李某、范某。

2. 《股权转让协议》签订的场所和时间特殊

案涉《股权转让协议》系许某被羁押于看守所，失去人身自由，被刑拘已达35天，羁押期限即将届满，之后面临可能批捕的情况下所签订。事实上，正是出于对范某等举报行为目的非法的认知，被拘留后，许某心生恐惧，进入看守所不久即向范某、李某写信求饶，愿意协商股权转让以求给予宽松环境。许某的恐惧来源于其认为范某、李某欲借助公权力对其不当刑事追责。许某基于可能被逮捕及追加罪责的恐惧，同意签订《股权转让协议》以求尽早离开看守所恢复人身自由。

3. 《股权转让协议》签订的过程特殊

结合案涉《股权转让协议》签订主体或参与者许某、陈某、王某等的相关陈述以及仲裁案中的调查笔录等证据，李某和范某作为某集团实际经营控制者，对于许某因恐惧希望商谈退股事宜系属明知。王某在劝说许某同意转让股权后即告知李某，并与李某商谈价格，随后由李某安排陈某随王某进入看守所与许某签订股权转让协议。在此之前，陈某并未与许某就股权转让这一重大财产处置行为存在相互磋商的过程，也并无证据证明陈某与许某就股权受让经过了工会、股东会相关决议程序。虽然许某对协议有些许修改，但看不出许某对股权转让的大局有更多自主权，该修改仅是许某在意思自由受压迫的有限空间里所为，并不能据此认定案涉股权转让是其真实意思表示。

4. 股权转让的价格偏低

王某在调查笔录中陈述，"在任董事要求另三人退出，三人提出要按市场评估，但一直在务虚""许某知道按市场价肯定不止这个价"，而实际签订协议并未就股权转让价格进行评估。根据某集团财务数据，2005 年税前利润为 79444313.04 元、2006 年税前利润为 102549424.98 元；2006 年净资产 28033 万元，年终盘盈 16946 万元。再结合某集团被评为 2008 年度江苏省民营企业纳税大户、董事会多次讨论上市事宜，能够证明许某转让案涉股权的价格明显低于实际价值。

综上，一、二审法院及再审法院均认定许某系受胁迫签订股权转让协议，其起诉要求撤销案涉股权转让协议具有事实和法律依据，法院予以支持。

典型案例 87　李某平、李某辉与李某军股权转让纠纷案[①]

> **案例要旨**

本案中，涉案股权的转让人因涉嫌诈骗犯罪，被采取刑事强制措施，以致其无法对其开办的 Y 公司及作为股东的目标公司进行经营和管理。在此情况下其不得已委托，刚从国外留学回国，基本上不具有对企业的管理经营经验，对于涉案股权转让更缺乏相应的判断能力的女儿代为行使权利。因《股权转让协议》约定股权转让价仅为股权评估价最低值的 63% 左右，可以认定涉案《股权转让协议》系一方利用对方在处于危困状态、缺乏判断能力的情形下而签订的；涉案《股权转让协议》约定的股权转让款显失公平，故而转让方起诉主张撤销合同具有事实和法律依据，依法应予以支持。

---

① 最高人民法院（2020）最高法民申 1231 号。

基本案情

2015年3月19日,作为Y公司董事长的李某军因涉嫌诈骗罪被检察机关羁押,同时被追查的还有该公司的其他高管,李某军的妻子田某因担心被牵扯也外出躲避。2015年2月,李某蕾从学校毕业回国后,自当年4月开始参与W公司的经营管理。2016年7月13日,李某蕾作为李某军(甲方)的委托人与李某平、李某辉(乙方)签订了《股权转让协议》,约定,甲方同意将其在W公司所持股份及相应的实际投资转让给乙方,股权转让价款为11600万元。2016年11月10日,李某蕾与李某平、李某辉办理了W公司的股权变更手续。现W公司在工商局的企业登记基本情况显示,李某辉的3280万元股权数额(工商登记所持W公司49%股权)、李某平的3920万元股权数额(所持W公司51%股权)于2017年3月10日质押于邵阳农发行营业部。

2017年1月,李某军被取保候审,得知自己在W公司的股权及实际投资被转让,认为显失公平和受欺骗,找李某平、李某辉协商返还事宜未果,遂诉至一审法院,请求:判决撤销李某蕾代李某军与李某平、李某辉签订的《股权转让协议》,李某平、李某军返还李某军所有的W公司40%股权。

法院裁判

一、二审均判决撤销《股权转让协议》,李某平、李某辉不返还李某军的股权,由李某平、李某辉支付李某军补偿款107027444.05元。李某平、李某辉不服,申请再审。再审法院驳回李某平、李某辉的再审申请。

生效裁判认为,本案的焦点问题为:1.《股权转让协议》是否显失公平,应否撤销;2.如果《股权转让协议》被撤销,案涉股权应如何处理。

1. 关于《股权转让协议》是否显失公平,应否撤销的问题

显失公平须包括两项要件:一是主观上,民事法律行为的一方当事人利用了对方处于危困状态、缺乏判断能力等情形。这意味着,一方当事人主观上意识到对方当事人处于不利情境,且有利用这一不利情境之故意。所谓危困状态,一般指因陷入某种暂时性的急迫困境而对于金钱、物的需求极为迫切等情形。所谓缺乏判断能力,是指缺少基于理性考虑而实施民事法律行为或对民事法律行为的后果予以评估的能力。二是客观上,民事行为成立时显

失公平。此处的显失公平是指双方当事人在民事法律行为中的权利义务明显失衡、显著不相称。基于上述分析，结合本案相关证据，对本案评判如下：第一，2015年3月19日李某军因涉嫌诈骗犯罪被采取刑事强制措施，其客观上不能对其开办的Y公司及作为股东和执行董事的W公司进行经营和管理。在其妻田某外出躲避的情况下，李某军唯有特别授权其刚大学毕业回国的女儿李某蕾代其行使权利。2016年4月30日，Y公司所借邵阳农发行2000万元贷款到期，逾期后该行多次与李某蕾协商还款事宜，并明确告知李某蕾，如逾期贷款不能按时归还，该行将采取诉讼保全措施。李某蕾多方筹措资金未果。以上事实说明股权转让前，李某军及其Y公司已处于危困状态，如处理不及时，随时面临Y公司被纳入失信人、抵押担保的财产被处分的危险境地。第二，李某蕾于2015年2月从学校毕业回国，在其父亲李某军被羁押后，于同年4月开始参与W公司的经营管理。从原审查明的事实来看，李某蕾刚从学校毕业步入社会，其是在父亲李某军被羁押，母亲田某外出躲避的情况下，才仓促代表李某军参与W公司管理，其缺少对企业管理经营经验，且参与W公司管理时间短，对W公司的基本情况未全面摸清。在此情形下，原审法院认定李某蕾缺乏对李某军持有W公司股权正确估值的判断能力，并无不当。第三，《最高人民法院关于适用〈中华人民共和国合同法〉若干问题的解释（二）》第十九条第二款规定，转让价格达不到交易时交易地的指导价或者市场交易价百分之七十的，一般可以视为明显不合理的低价……案涉股权价值在原审中经专业评估机构鉴定的最低评估值为181961122.38元，案涉股权转让价仅为股权评估价最低值的63%左右。据此原审法院根据《最高人民法院关于适用〈中华人民共和国合同法〉若干问题的解释（二）》第十九条第二款规定，认定11600万元股权转让款为明显不合理低价、显失公平，符合法律规定。

2. 关于《股权转让协议》被撤销后，案涉股权应如何处理的问题

李某军原持有股权在案涉《股权转让协议》签订后，已实际变更登记为李某平、李某辉所有，且上述股权业已按《代偿及担保协议》质押给邵阳农发行营业部并办理了相应的质押登记。另按二审查明的事实，李某军被羁押后，李某平、李某辉另投资新建成滨江时代城新楼盘并可发售，上述房屋系属于W公司资产，如判决返还股权，意味着李某军对未投资的上述房屋享有

40%的股权权益，也可能对邵阳农发行实现债权产生影响，因此原审法院认定案涉股权属于"合同被撤销后不能返还或者没有必要返还"的情形，不支持返还涉案股权，理据充足，应予维持。在案涉股权无法返还李某军的情况下，依法应当折价补偿。二审法院采信评估机构的意见折算补偿款并无不当，本院予以维持。

案例评析

本案的争议焦点在于，案涉《股权转让协议》是否因显失公平而撤销。

《民法典》第一百五十一条规定："一方利用对方处于危困状态、缺乏判断能力等情形，致使民事法律行为成立时显失公平的，受损害方有权请求人民法院或者仲裁机构予以撤销。"按照本条规定，显失公平行为的构成要件是：第一，须给付与对待给付之间显失均衡，称为客观要件；第二，须一方利用了对方处于危困状态、缺乏判断能力等不利情势，称为主观要件。其法律效果为可撤销，法律赋予因法律行为显失公平而受不利益的一方当事人以撤销权。

1. 存在一方故意利用对方处于危困状态、缺乏判断能力等情形

此构成要件主要强调的是行为人的主观要件，即相对人在明知行为人处于危困状态、缺乏判断能力等情形的情况下，恶意利用该情形，使当事人作出迎合自己意思的表示。实践中，相对人较难举证证明行为人有"利用危困状态、缺乏判断能力"的故意。不仅是因为行为人的主观心态很难从客观事实中找到证据，更是因为论证行为人是否故意利用危困状态、缺乏判断能力，存在很大争议。因此，法院较少把主观要件作为判断"显失公平"的核心要点，或者说，一般客观要件的成立，也可以侧面推断主观要件的成立。例如，当事人一方相较于另一方更具有经济上的优势地位，或者更具有信息、知识技能等可能影响谈判地位等优势，比较典型的是用人单位相较于劳动者更具有优势，某一行业的生产经营企业相较于其他行业的经营者或者消费者更具有优势等。而且，在不少的司法判例中，法院并不要求主观要件具备，只依据显失公平的客观结果就认为构成"显失公平"，支持了撤销合同的诉讼请求。

2. 民事法律行为成立时显失公平

其一，显失公平应以民事法律行为成立时的市场条件来判断，而非民事

法律行为订立之后。因为民事法律行为成立之后，可能因市场的客观情况变化导致利益失衡，这属于正常的商业风险，而不能由司法介入干涉。其二，对于显失公平的判断标准，一方给付与相对人支付对价在价值量明显不成比例，属于重大的、违反公平原则，而这种对价失衡行为人在作出民事法律行为时并不知晓。

本案中，李某军因涉嫌诈骗犯罪被采取刑事强制措施，其客观上不能对其开办的Y公司及作为股东和执行董事的W公司进行经营和管理。股权转让前，李某军及其Y公司已处于危困状态，如处理不及时，随时面临Y公司被纳入失信人、抵押担保的财产被处分的危险境地。在此情形下，李某蕾刚从学校毕业步入社会，其是在父亲李某军被羁押、母亲外出躲避的情况下，才仓促代表李某军参与W公司管理，其缺少对企业管理经营经验，且参与W公司管理时间短，对W公司的基本情况未全面摸清。法院认定李某蕾缺乏对李某军持有W公司股权正确估值的判断能力。转让价格达不到交易时交易地的指导价或者市场交易价70%的，一般可以视为明显不合理的低价，案涉股权转让价仅为股权评估价最低值的63%左右。法院认定股权转让款为明显不合理低价、显失公平，符合法律规定。

综上，一、二审法院及再审法院均认定案涉《股权转让协议》显失公平，李某军起诉要求撤销案涉协议具有事实和法律依据，法院予以支持。

八、股权转让合同中情势变更的认定

《民法典》第五百三十三条第一款规定：合同成立后，合同的基础条件发生了当事人在订立合同时无法预见的、不属于商业风险的重大变化，继续履行合同对于当事人一方明显不公平的，受不利影响的当事人可以与对方重新协商；在合理期限内协商不成的，当事人可以请求人民法院或者仲裁机构变更或者解除合同。

1. 时间要件。《民法典》第五百三十三条规定，作为合同基础条件的重大变化，应当发生在合同有效成立后至合同履行完毕之前的期间，即通常是在合同履行过程中发生的不属于商业风险的重大变化导致合同基础条件动摇。

2. "不可预见"。情势变更中的不可预见是指如果合同履行过程中出现的

客观事实是当事人在合同订立时能够预见或者应当预见的，当事人可以选择放弃交易或者在合同中对相关风险进行预先安排，当事人选择订立合同，表明其自愿承担由此产生的风险或者损失，不能以此为由请求变更或者解除合同。

3. 导致合同基础条件重大变化的客观事实不属于商业风险。商业风险是市场主体从事商业经营活动的固有风险，如果导致合同基础条件重大变化的客观事实属于正常的商业风险，则应当遵循风险自负原则，不能以此为由冲击合同严守原则。交易价格的涨跌是否构成情势变更或者当事人是否有权要求调整交易价款，司法实践中存在较大的争议。

4. 情势变更具有不可归责性。情势变更的事实，属于不可归责于当事人的客观事实，对于该事实的发生当事人均无过错，故在适用情势变更解除合同的情形中，当事人不存在违约责任的问题。

5. 继续履行合同对当事人一方明显不公平。合同严守是合同制度的基石性原则，情势变更制度只是在关乎实质公平的场景下的一种例外适用，在司法实践中应当严格把握适用的标准，避免当事人以此为由随意破坏合同严守原则，损害正常的交易秩序。故此，继续履行合同对当事人一方明显不公平，属于情势变更制度的核心要件，如果不在法律上提供一种特殊的救济方式，极有可能在实质上违反等价有偿与公平原则。司法实践中，是否适用情势变更制度，其中一个关键的问题是如何认定继续履行合同是否会导致显失公平的结果。

典型案例 88　Q 公司、Q 能源公司与设备安装公司等股权转让纠纷案[①]

案例要旨

本案中，受让方事实上早在 2012 年就完成了目标公司股权变更登记并全面接收 M 煤矿，对于股权转让出让方而言，其合同义务已经完成，依照协议约定，受让方最晚应于 2014 年支付股权转让余款。之所以至今股权转让余款未支付完毕，是由于股权受让方的违约行为所致。相关文件发布关停 M 煤矿，

[①] 最高人民法院（2016）最高法民终 224 号。本案例经过笔者加工改写。

是受让方在受让股权后所应当独自承担的经营风险。转让方并无刻意隐瞒相关政策性文件，Q公司、Q能源公司亦具备获知该政策规定的能力和途径。既然该事由出现在合同订立之前，就并非为当事人所不能预见，亦表明其知晓可能产生的相应风险，并自愿予以承担。

基本案情

2012年2月3日，Q公司为受让方与设备安装公司等作为转让方签订《股权转让协议》，约定：转让方将目标公司M煤矿100%的股权转让给受让方或者其指定的子公司，股权转让价款为7亿元，分四次付到转让方指定的银行账户。2012年3月16日，设备安装公司等作为甲方，Q能源公司作为乙方，Q公司作为丙方，三方共同签订《协议书》，约定：Q能源公司认可设备安装公司与Q公司签订的《股权转让协议》；因Q公司或Q能源公司未履行协议，给转让方造成损失的，Q公司和Q能源公司对转让方承担连带赔偿责任。2012年3月5日至7月4日，Q能源公司支付股权转让款合计4.5亿元。2012年3月30日，M煤矿（目标公司）的股东由设备安装公司等变更登记为Q能源公司，并办理了公章、财务等公司交接手续。

设备安装公司等向一审法院起诉请求：Q公司和Q能源公司连带支付股权转让价款2.5亿元及违约金4400万元。Q公司、Q能源公司反诉请求：解除《股权转让协议》及《协议书》，返还股权转让款4.5亿元。

法院裁判

一审法院判决：1.Q公司、Q能源公司支付股权转让款2.5亿元及违约金4400万元；2.驳回Q公司、Q能源公司的反诉请求。Q公司、Q能源公司不服，提起上诉，二审法院驳回上诉，维持原判。

生效裁判认为，关于案涉情形是否符合情势变更，Q公司、Q能源公司能否据此解除合同的问题。本案中，Q公司、Q能源公司提出情势变更的事由系因M煤矿所在区域不再进行煤矿改扩建工作的审批，因政策原因导致其年产120万吨的改扩建目的不能实现。而从查明的事实可知，2011年11月4日，政府即已下发了《相关矿区和煤矿进行综合整治的通知》，该时点早于各方签订《股权转让协议》之时，表明在合同成立之前，Q公司、Q能源公司所主张的情势变更事由已经出现。并无证据表明股权转让方刻意隐瞒相关政策性文件，Q 公司、Q 能源公司亦具备获知该政策规定的能力和途径。既然该事由出现在合同订立之前，就并非为当事人所不能预见，亦表明其知晓可能产生的相应风险，并自愿予以承担。况且，双方在 2012 年已经办理完股权变更手续，股权转让方的主要合同义务已经履行完毕。因此，Q 公司、Q 能源公司以政策变化作为情势变更的事由诉请解除合同的上诉理由亦欠缺事实与法律依据，依法不能成立。

案例评析

所谓情势变更，系指合同有效成立后，因不可归责于双方当事人的事由发生重大变化而使合同的基础动摇或者丧失，若继续维持合同会显失公平，因此允许变更合同内容或解除合同的原则。通常而言，情势变更的适用需具备以下几项要素：1. 应有情势变更的事实，即合同赖以存在的客观情况确实发生变化。2. 须为当事人所不能预见。3. 情势变更必须不可归责于双方当事人，即由除不可抗力外的其他意外事故所引起。4. 情势变更的事实发生于合同成立之后，履行完毕之前。5. 须情势变更使履行原合同显失公平或者不能实现合同目的。

本案中 Q 公司、Q 能源公司主张，根据 2014 年 2 月的文件规定，M 煤矿最终将会被关停，其受让股权的目的无法实现。但是，当地煤炭工业管理局 2014 年 12 月 19 日的《关于 M 煤矿有限公司机械化改造设计的意见》载明，鉴于 M 煤矿 120 万吨/年改扩建项目列入"十一五"发展规划，项目可行性研究报告、初步设计、安全专篇已经煤炭工业管理局、煤矿安全监察局批复，该项目应继续按基本建设相关程序进行。因此，Q 公司、Q 能源公司的上述主张明显不能成立。此外，上述规范性文件颁布于 2014 年，而 Q 能源公司早在 2012 年就完成了目标公司的股权变更登记，且全面接收了 M 煤矿。即使 M 煤矿因上述规范性文件的颁布而面临关停，也是 Q 公司、Q 能源公司在受让目标公司以后所应当独自承担的经营风险，而不属于情势变更。

典型案例 89　能源公司与郑某股权转让纠纷案[①]

案例要旨

能源公司作为专业的矿业公司，在其收购股权时，应当做好充分的尽职调查，并对地方区域政策调整做出预判，对交易进行及时调整。能源公司签订《股权转让协议》后，在其同年 7 月 8 日、7 月 9 日召开的相关会议的纪要内容可以反映，能源公司对案涉矿区位于乌鲁木齐市风景旅游区内、相关部门将对探矿权证的延续不予审批的政策调整的事实是明知的。能源公司对政策的制定下发没有充分的预见，在政策公布后，其仍以自己的行为表示愿意继续履行合同，并甘愿承担政策调整带来的交易风险，故本案不具备情势变更原则适用的前提条件。

基本案情

2010 年 3 月 29 日，郑某与能源公司签订《股权转让协议》约定：郑某向能源公司转让其持有的 H 公司 51% 的股权，包括松树头煤矿区的探矿权证，转让价款为 10284 万元。付款方式为能源公司在协议签订后 3 日内支付定金 1500 万元，在收到定金后 10 日内双方办理股东变更登记及法定代表人变更登记，并将公司各类证照、公章等资料移交能源公司指定人员，变更登记手续办理完毕后 3 日内能源公司支付全部转让余款 8784 万元，先期支付的定金自动转为转让款。

郑某向一审法院起诉请求：能源公司支付股权转让款 67416000 元及逾期付款违约金。能源公司反诉请求：解除《股权转让协议》及《补充协议》，郑某返还股权转让款 62570234.79 元。

法院裁判

一审法院判决：1. 能源公司支付股权转让款 67416000 元及逾期付款违约金 37769000 元；2. 驳回能源公司的反诉请求。能源公司不服，提起上诉，二

[①] 最高人民法院（2019）最高法民终 827 号。

审法院驳回上诉,维持原判。

能源公司以情势变更为由,请求法院解除双方签订的《股权转让协议》及《补充协议》。

生效裁判认为,情势变更是当合同原有利益平衡因无法预见的客观情况发生后导致不公正的结果,造成不公平的状态存在,为调整这种状态施以的法律救济。该条情势变更属于合同成立的基础环境发生了异常的变动,所造成的风险属于意外的风险。本案中,首先,案涉矿区位于风景名胜区内,能源公司在《股权转让协议》签订时对于案涉矿区位于风景名胜区内应当知晓,即能源公司在行政法规有明确的规定下,其对政策的走向应当有预见,之后当地政策逐步收紧导致探矿权不能延续对于能源公司而言不属于意外风险。能源公司明知行政法规禁止在风景名胜区采矿,而甘愿冒风险通过签订《股权转让协议》成为H公司股东享有矿业权所带来的利益,此种风险属于商业风险,不适用情势变更。其次,政策变化对本案合同的影响。能源公司与郑某签订《股权转让协议》的原因是郑某持有H公司的股权,H公司的财产包括案涉探矿权。当地政策的变化可能导致案涉探矿权无法延续,但目前探矿权仍然存在,能源公司签订《股权转让协议》的基础没有丧失,能源公司仍持有H公司51%的股权,并享有股东权益。最后,2012年11月9日,能源公司对郑某来函意见的复函中记载,双方对该矿区煤炭资源开发存在的政策性不确定因素已取得共识,愿继续推进项目开发建设或争取政策补偿。能源公司在2010年7月9日已经明知政策调整,但在2012年11月9日的复函中明确表示继续推进,2013年5月8日仍支付股权转让价款,以实际行为继续履行合同。因此,本案并不适用情势变更的规定,能源公司以情势变更为由解除合同的主张法院不予支持。

案例评析

所谓情势变更,系指合同有效成立后,因不可归责于双方当事人的事由发生重大变化而使合同的基础动摇或者丧失,若继续维持合同会显失公平,因此允许变更合同内容或解除合同的原则。通常而言,情势变更的适用需具备以下几项要素:1. 应有情势变更的事实,即合同赖以存在的客观情况确实发生变化。2. 须为当事人所不能预见。3. 情势变更必须不可归责于双方当事人，即由除不可抗力外的其他意外事故所引起。4. 情势变更的事实发生于合同成立之后，履行完毕之前。5. 须情势变更使履行原合同显失公平或者不能实现合同目的。

本案的争议焦点为能源公司以情势变更为由主张解除《股权转让协议》是否成立。情势变更原则适用的前提是合同订立后客观情况发生了当事人在订立合同时无法预见的、非不可抗力造成的、不属于正常的商业风险的重大变化。如果当事人于订约时能够预见，则表明其知道该客观情况变更之后所产生的风险，并甘愿承担，在此情形下不能适用情势变更原则主张解除合同。本案中，能源公司作为专业的矿业公司，在其收购股权时，应当做好充分的尽职调查，并对地方区域政策调整做出预判，对交易进行及时调整。能源公司签订《股权转让协议》后，在其同年7月8日、7月9日召开的相关会议的纪要内容可以反映，能源公司对案涉矿区位于乌鲁木齐市风景旅游区内、相关部门将对探矿权证的延续不予审批的政策调整的事实是明知的。能源公司向郑某支付股权转让款的时间证明，在相关部门的政策颁发后，能源公司仍向郑某继续履行支付部分股权转让价款的义务，并在《对郑某来函意见的复函》中称：双方对该矿权煤炭资源开发存在的政策性不确定因素已取得共识，能源公司愿意继续推进项目开发建设或争取政策补偿。综上，首先能源公司对政策的制定下发没有充分的预见，在政策公布后，其仍以自己的行为表示愿意继续履行合同，并甘愿承担政策调整带来的交易风险，故本案不具备情势变更原则适用的前提条件。案涉《股权转让协议》合同目的是转移公司股权，郑某移交公司公章、各类证照等资料，配合能源公司完成股权和法定代表人的变更登记手续，全部履行《股权转让协议》项下的合同义务。能源公司在获得股权之后，迟延支付股权转让款，在长达六年多的时间内其并未提出解除合同的主张。直至2016年5月24日，郑某提起诉讼向能源公司主张股权转让款之后，能源公司遂于2016年7月11日以《解除股权转让协议和股权转让补充协议通知书》通知郑某解除合同。郑某无任何违约行为，能源公司作为违约方，在迟延履行合同期间，不能基于自身利益而援用情势变更原则主张解除已经存在的合同关系。能源公司亦不具备《民法典》可以行使法定解除权的情形，其向郑某送达的《解除股权转让协议和股权转让补充协议通知书》不发生解除合同的效力。

典型案例 90　G 集团与矿业集团股权转让纠纷案[①]

案例要旨

本案中，受让方作为从事煤矿经营的企业对于经营煤矿的商业风险应有所了解，其所提出的国家关于煤炭行业化解过剩产能的政策变化，并不属于案涉《股权转让协议书》履行过程中发生的无法预见的、非不可抗力造成的情形，而是受让方受让目标公司股权后在经营过程中的商业风险。受让方以情势变更为由诉请解除案涉《股权转让协议书》没有事实和法律依据。

基本案情

2012 年 7 月 19 日，矿业集团与 G 集团签订《股权转让协议书》约定：矿业集团向 G 集团转让其持有的 S 公司 51% 的股权，转让价款为 187892160 元。付款方式为签订协议后一个月内支付 8000 万元（首付款）；余款 107892160 元在首付款支付完成后的 12 个月之内一次性付清。上述协议签订后，G 集团支付了首付款 8000 万元。2012 年 9 月 11 日，S 公司进行股东变更工商登记，由矿业集团、G 集团分别持股 51%、49%，变更为 G 集团持股 100%。因 G 集团未按期支付股权转让款，双方多次协商沟通款项支付情况未果。

矿业集团向一审法院起诉请求：1. 判令 G 集团支付剩余股权转让价款 107892160 元及逾期付款违约金。G 集团反诉请求：解除《股权转让协议书》，判令矿业集团退还 8000 万元股权转让款。

法院裁判

一审判决：1. G 集团支付股权转让款 107892160 元及违约金；2. 驳回 G 集团的反诉请求。G 集团不服，提起上诉，二审法院驳回上诉，维持原判。

生效裁判认为，本案的争议焦点为 G 集团以情势变更为由诉请解除案涉《股权转让协议书》，并要求矿业集团返还股权转让价款 8000 万元是否有事实

[①] 最高人民法院（2018）最高法民终 387 号。

和法律依据。其一,《股权转让协议书》是双方当事人真实意思表示,且不违反法律及行政法规的强制性规定,应为合法有效。协议签订后,G集团按约支付了8000万元首付款,矿业集团遂依约将其持有的S公司51%的股权于2012年9月11日变更登记至G集团名下,此时G集团受让S公司51%股权的合同目的已经实现。其二,G集团主张本案适用情势变更的主要依据的三份文件均形成于2016年,在案涉股权转让完成四年之后。而按照《股权转让协议书》的约定,G集团应在首付款支付完成后的12个月之内向矿业集团履行完毕支付全部股权转让款的义务。G集团作为从事煤矿经营的企业对于经营煤矿的商业风险应有所了解,其所提出的国家关于煤炭行业化解过剩产能的政策变化,并不属于案涉《股权转让协议书》履行过程中发生的无法预见的、非不可抗力造成的情形,而是G集团受让S公司股权后在经营过程中的商业风险。其三,经一、二审查明,G集团在受让矿业集团持有的S公司股权后,将S公司37%股权转让给了L物流公司,将63%的股权转让给了某煤矿,并办理了股东变更登记。G集团已经将其持有的S公司股权处分完毕,G集团以继续履行合同对其明显不公平而要求解除《股权转让协议书》亦缺乏事实和法律依据。因此,G集团以情势变更为由解除合同的主张法院不予支持。

案例评析

本案中,首先,矿业集团将S公司51%股权以187892160元转让给G集团,即在本案股权转让关系中,G集团的合同义务为支付价款,矿业集团合同义务为交付S公司的股权,双方签订股权转让协议的目的为G集团受让矿业集团持有的S公司51%股权。故协议签订后,G集团依约支付首笔股权转让款8000万元,矿业集团于2012年9月11日将其持有的S公司股权变更至G集团名下,并完成了股东变更工商登记,G集团遂持有S公司100%股份。即矿业集团全面履行了案涉《股权转让协议书》约定的义务,此时G集团受让矿业集团持有的S公司51%股权的合同目的已经实现。且G集团亦在2012年10月30日,与L物流公司签订《股权转让协议书》,以同股同价的方式,转让S公司股权37%给L物流公司,L物流公司已经支付首付款5000万元。其次,G集团所称情势变更的事由为国家政策变化,即A省人民政府与A省

B 市人民政府于 2016 年 8 月签订的《煤炭行业化解过剩产能实现脱困发展目标责任书》、B 市 C 区人民政府 2016 年 10 月作出的《关于 S 公司矿井关闭退出的批复》《关于依法推进 S 公司关闭退出工作的实施意见》。但上述 3 份文件形成之时，已是 G 集团受让矿业集团持有的 S 公司股权四年之后。即 G 集团所称的情势变更的事实发生在案涉《股权转让协议书》履行完毕之后，不符合《民法典》规定的情势变更事实应发生在合同成立之后，履行完毕之前的条件。此外，就本案而言，G 集团受让 S 公司股权四年后的国家政策变化，并不属于案涉《股权转让协议书》履行过程中情势变更事由，而是 G 集团受让 S 公司股权后，S 公司经营过程中的风险。因此，G 集团以情势变更为由主张解除《股权转让协议书》的反诉请求法院不予支持。

第六章　股东优先购买权

股权转让作为原股东退出及新股东进入公司的途径，已经成为公司资本重整、焕发活力的重要模式，且股权转让能促进公司良性治理。《公司法》第八十四条规定了股东在某一股东欲对外转让股权时，享有同等条件下优先于外部第三人受让该转让股权的权利，这是维护有限责任公司人合性和股东信赖关系的一个重要制度设计。但当其他股东的优先购买权被侵犯时，股权转让协议的效力是否受到影响，受到何种影响，是无效、可撤销、未成立或效力待定，在理论和实务上存在争议。

一、股东优先购买权的法律界定

《公司法》第八十四条属于规制股东股权转让的条款，区别对内转让和对外转让。股东之间可以相互转让全部或者部分股权，不需要经过其他股东同意，但股东向股东以外的人转让股权，应当经其他股东过半数同意。该条同时规定：有限责任公司的股东之间可以相互转让其全部或者部分股权。股东向股东以外的人转让股权的，应当将股权转让的数量、价格、支付方式和期限等事项书面通知其他股东，其他股东在同等条件下有优先购买权。股东自接到书面通知之日起三十日内未答复的，视为放弃优先购买权。两个以上股东行使优先购买权的，协商确定各自的购买比例；协商不成的，按照转让时各自的出资比例行使优先购买权。公司章程对股权转让另有规定的，从其规定。该条款实质上明确股东对外转让股权时，其他股东有同意权和优先购买权。股权转让一方面保障了有限责任公司中股东可以通过转让股权退出；另一方面注意到保护有限责任公司人合性和股东之间的信任关系。司法实践中，股东优先购买权被侵犯，主要是指因转让股东与非股东受让方单独或共谋行为致使其他股东行使或非自愿放弃股东优先购买权的情形。

二、股东优先购买权的本质含义

（一）股东优先购买权的理论基础

股东优先购买权，是指当股东对外转让其股权时，其他股东享有的以同等条件优先于第三人购买该股权的权利。通说认为，股东优先购买权的目的系维护有限公司的人合性。股东优先购买权乃从有限责任公司人合性出发，注重公司内部信用联系的维护。《公司法》对有限责任公司股东股权的外部转让的限制主要是基于有限责任公司人合性考虑。但也有学者提出股东优先购买权的理论基础来源于股东期待权：股东一旦加入某公司，即可合理地期待该公司按其加入时的状态运行下去，公司的股权结构、章程条款等均不得未经其同意擅自修改，否则，即会导致其期待权的落空。有限公司人合性及股东期待权理论其实都从属于股东优先购买权的立法目的，从立法本意来看，股东优先购买权的最大价值在于增进股东投资收益及促进社会财富增值。

（二）股东优先购买权的本质特征

从"优先"二字可知，股东优先购买权属于民事优先权的一种。民事优先权，是一种根据法律规定或者当事人的约定，在不同性质的若干民事权利发生冲突时，某一民事权利优先于其他民事权利人实现的民事权利，如承租人的优先购买权、建设工程承包人的优先受偿权等。公司法规定公司股东对公司以外的人转让股权时，公司其他股东享有优先购买权。根据权利可以自由放弃这一原则，股东可以决定行使优先权，也可以决定不行使。《公司法》第八十四条第三款规定："公司章程对股权转让另有规定的，从其规定。"故股东优先购买权可以由公司章程另行约定。按照公司法赋权型规范的特点，约定优先于法定，各股东可以在公司章程中约定优先购买权的行使方式。在无相反约定的情形下，优先购买权属于法定权利，转让方、受让方对此应该是知道的，或者推定各方应该知道。

三、股权转让协议效力的审查方式

公司法没有规定损害其他股东优先购买权该如何救济，《公司法》第八十四条属于宣示性条款，并未指明违反该条款的法律后果，因此无法推断出转让方与受让方的股权转让协议效力。《最高人民法院关于适用〈中华人民共和国公司法〉若干问题的规定（四）》第十六条至第二十二条补充规定了股东优先购买权的行使期间、行使条件等，但依然未涉及股东优先购买权受侵犯时如何认定股权转让协议效力的问题。

目前，国内学界对股权转让协议效力的认识主要有四种观点：有效说、无效说、可撤销说、效力待定说。有效说认为，公司法关于侵犯其他股东购买权的规定，是对公司内部行为的约束，该约束不影响与公司外第三人之间股权转让协议的效力。无效说认为，侵犯股东的优先购买权，违反了公司法的强制性规定，应当认定无效。效力待定说则认为，经过其他股东事后追认，股权转让合同有效；其他股东不同意或者同意并行使优先购买权的，转让合同不生效；在法院判决前仍未经其他股东过半数同意且放弃优先购买权的，合同无效。可撤销说认为，股权转让协议有效，但基于其他股东是否有意、是否有财力行使优先购买权并不确定，其他股东可以申请撤销。

上述四种观点盛行于司法实务中，常见于各地的判决，产生分歧的主要原因在于股权转让合同的特殊属性。一方面，股权转让行为是一种合同行为，应受合同法规制；另一方面，股权转让行为因其主体的公司属性，又受公司法调整。合同法属于传统民法范畴，同时横跨商法领域，但是公司法属于纯粹商法的分支。在我国民商合一的法律体系影响下，上述四种观点主要采用的还是传统的民法思维方式，特别是传统合同法关于合同效力的判断标准。股东优先购买权被侵犯的情形下，股权转让合同的效力应从合同相对人交易关系及公司组织关系两个不同维度的视角进行认定，结合合同法与公司法进行审查。

随着司法实践的发展，对损害股东优先购买权的股权转让合同效力观点也逐渐统一为有效。《最高人民法院关于适用〈中华人民共和国公司法〉若干问题的规定（四）》第十七条规定："有限责任公司的股东向股东以外的人转让股权,应就其股权转让事项以书面或者其他能够确认收悉的合理方式通知其他股东征求同意。其他股东半数以上不同意转让,不同意的股东不购买的,人民法院应当认定视为同意转让。经股东同意转让的股权,其他股东主张转让股东应当向其以书面或者其他能够确认收悉的合理方式通知转让股权的同等条件的,人民法院应当予以支持。经股东同意转让的股权,在同等条件下,转让股东以外的其他股东主张优先购买的,人民法院应当予以支持,但转让股东依据本规定第二十条放弃转让的除外。"《全国法院民商事审判工作会议纪要》第九条亦明确规定股权转让合同不因侵犯优先购买权而无效,但合同有效并不意味着其他股东不能行使优先购买权,只要不超过《最高人民法院关于适用〈中华人民共和国公司法〉若干问题的规定(四)》第二十一条规定的行使优先购买权的期间,股权转让合同的有效不影响其他股东优先购买权。如果其他股东行使优先购买权导致买受人不能实现合同目的的,买受人可以请求股权转让方承担相应的民事责任①。

典型案例91　Z公司与投资公司、轨道公司股权转让纠纷案②

案例要旨

一方面,其他股东依法享有优先购买权,在其主张按照股权转让合同约定的同等条件购买股权的情况下,应当支持其诉讼请求,除非出现《最高人民法院关于〈中华人民共和国公司法〉若干问题的规定(四)》第二十一条第一款规定的超期行权情形。另一方面,为保护股东以外的股权受让人的合法权益,股权转让合同如无欺诈、恶意串通等影响合同效力的事由,应当认定有效,即股东优先购买权的行使与股权转让合同效力的认定并无必然关系。

基本案情

2018年11月16日,轨道公司将其持有的Z公司69.9769%的股权在山东产权交易中心挂牌,转让底价为30925.08万元,挂牌时间为2018年11月16日至12月13日。Z公司各股东持股情况:轨道公司持有69.9769%股权

---

① 禹海波:《股权转让案件裁判精要》,法律出版社2020年版,第463页。
② 最高人民法院(2020)最高法民终1253号。

30300万股，Z公司持有19.7381%股权8546.6万股，铁路集团持有10.285%股权4453.4万股。2018年12月14日，投资公司向山东产权交易中心交纳1000万元保证金，2018年12月18日，轨道公司作为转让方、投资公司作为受让方签订了2018年541号《产权交易合同》，合同约定：轨道公司将其持有的Z公司69.9769%股权转让给投资公司，转让价格共计30925.08万元。2018年10月25日，轨道公司向Z公司送达《转让通知》，载明：轨道公司拟转让持有的Z公司69.9769%股权，Z公司是否同意轨道公司上述转让股权行为，应于收到通知三十日内回复，满三十日未答复的，视为同意转让。若Z公司不同意，应购买该转让股权，不购买的，视为同意转让。Z公司享有优先购买权，可优先购买上述拟转让股权。2018年11月7日，轨道公司、Z公司、铁路集团召开Z公司2018年第一次临时股东会会议，并形成股东会决议：关于轨道公司对外转让所持有的股权，铁路集团同意股权转让并承诺放弃优先购买权，Z公司不同意股权转让并保留依照相关法律规定行使优先购买权的权利，轨道公司、铁路集团同意该议案，占股权比例80.2619%，达到表决权的三分之二。2018年12月5日，轨道公司向Z公司送达《行权通知》，载明：轨道公司将持有的Z公司69.9769%股权已于2018年11月16日于山东产权交易中心官方网站挂牌转让，Z公司可自行登录山东产权交易中心官方网站了解挂牌公告等详细信息，可按相关法律规定及山东产权交易中心相关规定等行使优先购买权。

投资公司向一审法院起诉，请求：确认投资公司、轨道公司及Z公司签订的《产权交易合同》合法有效；判令轨道公司将其持有的Z公司69.9769%股权变更至投资公司名下。

法院裁判

一审法院判决：投资公司与轨道公司签订的《产权交易合同》有效。Z公司上诉主张，轨道公司对外转让股权未经过半数股东同意、未尽通知义务，《产权交易合同》因损害其股东优先购买权而无效。

生效裁判认为，Z公司的上诉主张不能成立，一审判决认定《产权交易合同》合法有效并无不当。

关于轨道公司对外转让股权是否未经过半数股东同意、是否未尽通知义务的问题。涉案股权2018年11月16日在山东产权交易中心公开挂牌转让后，轨道公司于2018年12月5日又向Z公司送达《行权通知》，告知其股权挂牌情况及Z公司可行使优先购买权，应当认定轨道公司对Z公司股东优先购买权的行使尽到了通知义务。虽Z公司在股东会决议中表示不同意股权转让并保留依法行使优先购买权的权利，但并未主张股东优先购买权，直至本案诉讼亦未明确主张行使股东优先购买权。应当认定视为Z公司同意轨道公司转让案涉股权，其再以行使期间为由主张《产权交易合同》损害其股东优先购买权明显不能成立。

关于《产权交易合同》的效力与股东优先购买权的关系问题。根据《最高人民法院关于适用〈中华人民共和国公司法〉若干问题的规定（四）》第二十一条第一款、第二款的相关规定，既要注意保护其他股东的优先购买权，也要注意保护股东以外的股权受让人的合法权益，正确认定有限责任公司的股东与股东以外的股权受让人订立的股权转让合同的效力。一方面，其他股东依法享有优先购买权，在其主张按照股权转让合同约定的同等条件购买股权的情况下，应当支持其诉讼请求，除非出现该条第一款规定的超期行权情形。另一方面，为保护股东以外的股权受让人的合法权益，股权转让合同如无该条第一款规定的欺诈、恶意串通等影响合同效力的事由，应当认定有效。其他股东行使优先购买权的，虽然股东以外的股权受让人关于继续履行股权转让合同的请求不能得到支持，但不影响其依约请求转让股东承担相应的违约责任。即股东优先购买权的行使与股权转让合同效力的认定并无必然关系。本案中，因不存在欺诈、恶意串通等影响《产权交易合同》效力的情形，一审判决关于Z公司股东优先购买权的法律救济并非以确认《产权交易合同》无效为前提的认定并无不当。

案例评析

转让股东没有履行《公司法》第八十四条规定的义务而损害其他股东优先购买权的，该条并不能成为认定股权转让合同无效的效力性强制性规定。在没有其他特别规定的情况下，对于侵犯股东优先购买权的股权转让合同效力认定，应遵循一般的民事法律行为的效力认定规则。若不存在一般的民事法律行为中无效、效力待定或可撤销的事由，股权转让合同的效力并不因为侵犯股东优先购买权而受到影响。

本案中，轨道公司于 2018 年 10 月 25 日向 Z 公司送达了关于股权转让事项的书面通知，2018 年 11 月 7 日，Z 公司 2018 年第一次临时股东会会议上反对关于轨道公司股权转让的议案，但并未表示购买轨道公司拟转让的股权。涉案股权在山东产权交易中心挂牌后，轨道公司于 2018 年 12 月 5 日再次向 Z 公司送达书面通知，告知其股权挂牌情况及 Z 公司享有优先购买权，但 Z 公司亦未在庭审中表示购买上述股权，应视为其同意轨道公司转让持有的 Z 公司股权，Z 公司主张其未被告知股权转让交易价格等信息，但轨道公司在第二次书面通知中已载明涉案股权的挂牌信息及山东产权交易中心官方网站信息等，并告知 Z 公司可登录网站查询，而涉案股权转让价格、挂牌期间、转让方式等均已在山东产权交易中心官方网站公布，应视为已将股权转让的"同等条件"书面通知 Z 公司，Z 公司的上述意见不能成立，法院不予采纳。并且，是否侵犯其他股东优先购买权，也并不必然影响有限责任公司股东与股东以外的股权受让人订立的股权转让合同的效力，侵害股东优先购买权的法律救济，并非以确认股权转让合同无效为前提。

典型案例 92　资产管理公司与薛某股权转让纠纷案[①]

案例要旨

如果其他股东行使优先购买权，转让股东和受让方之间的股权转让合同效力并不因此受到影响，但转让股东将股权实际转让/交付给受让方的合同义务将无法履行，受让方有权根据《最高人民法院关于适用〈中华人民共和国公司法〉若干问题的规定（四）》第二十一条第三款的规定和股权转让合同的约定，请求转让股东承担相应的违约责任（如定金罚则等）。

基本案情

2013 年 4 月 19 日，薛某与李某签订《拆迁补偿协议书》，约定薛某购买李某的网点房价款 3500 万元整，于协议签订日起七日付清。李某协助薛某将

---

① 最高人民法院（2019）最高法民终 608 号。

居委会在 T 公司的 48% 股权变更为薛某，并将 T 公司的公章、用地规划许可证及相关文件交给薛某。2017 年 4 月 8 日，薛某（甲方）与资产管理公司（乙方）签订《股权转让协议书》，约定，双方一致同意 T 公司股权转让具体通过乙方增资入股的形式及股权转让的方式，以完成甲方将 T 公司 100% 股权转让变更至乙方或乙方指定的第三方名下，股权转让款为 1.67 亿元。案件审理过程中，居委会于 2018 年 5 月 19 日通过居民代表会议决议，对薛某欲转让的 T 公司 52% 股权行使优先购买权。

资产管理公司向一审法院起诉请求：判令解除《股权转让协议书》；薛某双倍返还资产管理公司支付的定金 6000 万元。

法院裁判

一审法院判决：解除资产管理公司与薛某签订的《股权转让协议书》及《补充协议》；薛某于该判决生效之日起十日内支付资产管理公司 6000 万元。薛某不服一审判决，提起上诉，二审维持原判。

生效裁判认为，依照《股权转让协议书》约定，资产管理公司支付定金后，薛某应在支付定金之日起 45 个工作日保证资产管理公司可进场，而截至目前，薛某仍未通知资产管理公司进场，构成违约。同时，案涉土地地上附着物是否拆除完毕达到净地标准、资产管理公司何时支付 2000 万元拆迁补偿款以及薛某何时通知资产管理公司入场等事宜，均不足以导致涉案股权转让协议无法继续履行。导致涉案股权转让协议无法继续履行，合同目的无法实现的根本原因在于 125 号案件中，资产管理公司起诉要求薛某继续履行协议后，居委会通过居民代表会议决议，决定对薛某拟转让的 T 公司 52% 股权行使优先购买权。至此，资产管理公司通过股权受让控制 T 公司 100% 股权，进而利用 T 公司所有的项目土地进行房地产开发的合同目的彻底无法实现。因双方签订股权转让协议时，薛某承诺其对 T 公司 100% 控股，资产管理公司虽然知晓 T 公司的实际股权分布情况，但是基于薛某作为 T 公司法定代表人、控股股东的身份以及 2013 年 4 月 19 日薛某与李某签订的《拆迁补偿协议书》的内容，资产管理公司有理由相信薛某可以将 T 公司 100% 股权过户给资产管理公司，现因薛某未处理好其与居委会之间的关系，导致涉案股权转让协议因居委会行使优先购买权而无法继续履行，故薛某构成根本违约，应当承担相应的违约责任。

案例评析

《全国法院民商事审判工作会议纪要》第九条明确规定股权转让合同不因侵犯优先购买权而无效，但合同有效并不意味着其他股东不能行使优先购买权，只要不超过《最高人民法院关于适用〈中华人民共和国公司法〉若干问题的规定（四）》第二十一条规定的行使优先购买权的期间，股权转让合同的有效不影响其他股东优先购买权。如果其他股东行使优先购买权导致买受人不能实现合同目的的，买受人享有法定解除权，其可以请求股权转让方承担相应的民事责任。

本案中，在签订《股权转让协议书》时，资产管理公司（受让方）知悉居委会持有T公司48%股权，但在薛某（转让股东）承诺将T公司（标的公司）的股权全部过户给资产管理公司、双方达成合意，该约定有效的情形下，薛某应依约履行合同义务并承担相应法律责任。在薛某因居委会（其他股东）主张行使优先购买权而未能履行协议，造成合同目的落空的情形，其构成根本违约。《股权转让协议书》约定，任何一方中途擅自解除协议或严重违约造成本协议无法继续履行，均视为单方违约。薛某构成本款约定的单方违约，则应将资产管理公司已付定金双倍返还。因薛某违约导致涉案协议无法继续履行，薛某应当双倍返还资产管理公司已支付的定金。

典型案例93　黄某与S公司、G公司江西分公司股权转让纠纷案①

案例要旨

股东优先购买权受到侵害时，股东可以直接向法院主张按同等条件行使优先购买该股权进行救济，但是为了维护交易的稳定性，应在法律规定的时间内主张。其他股东自知道或者应当知道行使优先购买权的同等条件之日起三十日内，或者自股权变更登记之日起一年内向法院提出主张，否则将被视为放弃优先购买权。

---

① 最高人民法院（2020）最高法民申6230号。

基本案情

2015年3月3日，F公司登记成立，注册资金为10000万元，S公司持有90%的股权，黄某持有10%的股权。2018年3月27日，S公司作出《股权转让告知书》，内容为"黄某先生：一、本公司拟将持有的F公司的9000万元人民币股权（占注册资本90%）全部转让，拟定的转让价格为现金与采购订单，其中现金为23000万元人民币，及股权受让方提供了13万千瓦，4.7亿元的风机采购订单。二、为保障公司股东优先购买权，请F公司其他股东在收到本告知书之日起30日内书面答复是否同意本公司对外转让股权"。2018年4月2日，S公司通过EMS中国邮政快递向黄某邮寄《股权转让告知书》，该快递单显示因收件人拒收而退回。2018年4月24日，S公司员工通过微信向黄某发送《股权转让告知书》截图及存入文档，告知其股权转让相关事项，并与黄某电话沟通，黄某未作出相应回复，亦未主张优先购买权。2018年7月13日，S公司与G公司江西分公司签订《股权转让协议》，S公司将持有的F公司90%的股权转让给G公司江西分公司，并办理工商变更登记，F公司工商登记股东变更为G公司江西分公司持有90%的股权、黄某持有10%的股权。

黄某于2019年6月18日向一审法院起诉请求：撤销S公司与G公司江西分公司签订的《股权转让协议》；由黄某按照《股权转让协议》约定的20140.2万元价格购买S公司转让给G公司江西分公司的全部股权。

法院裁判

一审法院以黄某自知道行使优先购买权的同等条件之日起三十日内没有主张优先购买权，驳回其诉请，二审法院予以维持。黄某提起再审，再审法院驳回再审申请。

生效裁判认为，黄某未能在合理期限内行使优先购买权，原审判决认为其丧失优先购买权并无不妥。根据《最高人民法院关于适用〈中华人民共和国公司法〉若干问题的规定（四）》第二十一条第一款规定，股东应当自知道或应当知道行使优先购买权的同等条件之日起三十日内主张优先购买权。黄某于2019年3月29日在工商登记处获悉了S公司与G公司江西分公司的

《股权转让协议》，即黄某自该日起30日内有权根据转让协议中约定的同等条件行使优先购买权。但是，黄某在2019年6月18日才向法院提起诉讼要求行使优先购买权，已经超过30日。黄某在再审申请中称，S公司和G公司江西分公司股权转让的最终价格是在20140.2万元基础上根据评估基准日至交割日期间的审计结果进行调整的，黄某在2019年3月29日并未取得审计报告，因此不知道行使优先购买权的同等条件。但即便黄某当时无法获取精确的股权转让对价，也应当在知悉工商登记信息后以20140.2万元的转让对价主张行使优先购买权，之后可再根据审计报告的具体情况对转让对价进行调整，但黄某并未主张。而实际上，G公司江西分公司也是根据此交易条件至股权交割日才能确定股权转让的最终价格。综上，黄某的再审申请理由不能成立，法院依法驳回其再审申请。

案例评析

法院认为本案的争议焦点为：S公司对外转让持有的F公司股权，是否侵犯了黄某的优先购买权。其中包括：1.S公司是否将股权转让条件告知了黄某；2.黄某是否在法定或者约定期限内，按照S公司股权转让的同等条件主张了优先购买权。

1.S公司于2018年4月2日通过邮寄，2018年4月24日通过微信及电话向黄某告知其2018年3月27日《股权转让告知书》的内容。黄某在2018年4月24日应当知晓《股权转让告知书》中S公司转让股权的条件，即股权转让对价为23000万元及价值47000万元的风机采购合同。2018年7月13日，S公司又与G公司江西分公司签订《股权转让协议》，将股权转让定价变更为20140.2万元（最终转让价款根据评估基准日至交割日审计结果调整）。S公司已经按照股权转让的条件积极为转让股权做好了履行合同的准备，且在黄某拒收包含股权转让通知书快递的情况下，通过微信、电话告知等合理的方式通知了黄某S公司有股权转让的意思及股权转让的具体条件。S公司已经履行了合理、详尽、善意的通知义务。

2.法律为了尽快稳定公司的股权结构，及确定已经发生的股权转让合同的法律效力，会对优先购买权附加行使期限，以督促股东尽快行使优先购买权。《最高人民法院关于适用〈中华人民共和国公司法〉若干问题的规定

（四）》第二十一条第一款规定，股东应当自知道或应当知道行使优先购买权的同等条件之日起三十日内主张优先购买权。F 公司的《公司章程》第五章第十二条也规定了其他股东应在收到股权转让通知之日起三十日内表示是否同意购买，否则视为同意转让。根据本案 S 公司所提交的证据，黄某最早应于 2018 年 4 月 24 日即知晓了 S 公司对外转让股权及具体的转让条件，然而黄某一直未明确作出购买的意思表示，直到 S 公司与 G 公司江西分公司于 2018 年 7 月 27 日完成股权变更登记时仍未主张购买。

3. 从维护交易安全的角度，有限责任公司的股权交易关涉诸多方面，特别是支付了巨额股权转让款，且已在主管部门登记变更了股权，受让人受让股权后已经参与公司经营管理，社会成本和影响已经倾注其中，如果不是 G 公司江西分公司与 S 公司恶意串通以损害公司和其他股东的利益，黄某以已经丧失的优先购买权为由主张股权转让合同无效，将对公司经营管理产生不利影响。

本案中，黄某于 2019 年 6 月 18 日提起诉讼，向法院主张股东优先购买权，已超过法律规定的行使优先购买权期限，其主张未获得法院的支持。需要说明的是，二审法院认为股权是否已经变更登记并非判断优先购买权行使的条件，股权变更登记后经历的期限才是优先购买权能否得以支持的标准。换言之，即使转让股权已经办理工商变更登记，股东仍享有请求对优先购买权进行救济的权利。

典型案例 94　投资公司与电力公司、水利公司股权转让纠纷案[①]

案例要旨

虽然国有产权转让应当进产权交易所进行公开交易，但因产权交易所并不具有判断交易一方是否丧失优先购买权这类法律事项的权利，在法律无明文规定且股东未明示放弃优先购买权的情况下，享有优先购买权的股东未进场交易，并不能根据交易所自行制定的"未进场则视为放弃优先购买权"的交易规则，得出其优先购买权已经丧失的结论。

[①] 最高人民法院（2014）沪二中民四（商）终字第 1566 号。

基本案情

投资公司和电力公司为第三人能源公司股东，两公司分别持股38.2%、61.8%。2012年6月1日，电力公司未经投资公司同意将其持有的股份在产交所挂牌交易，投资公司于2012年7月2日向第三人产权交易所提出异议，明确表示保留优先购买权，要求暂停交易重新进行信息披露。在水利公司未缴纳保证金情况下，电力公司于2012年7月3日与水利公司签订了产权交易合同，产交所于2012年7月6日向投资公司送达交易不予中止决定通知书。

投资公司认为，电力公司擅自转让股份侵害了其股东优先购买权，水利公司和产交所以投资公司未进场交易为由认定投资公司放弃优先购买权没有法律依据。故请求判令投资公司对电力公司与水利公司转让的能源公司的61.8%股权享有优先购买权，并以转让价48900元人民币行使该先购买权。审理中，投资公司表示愿意接受电力公司、水利公司签订转让合同的条件。

法院裁判

一审法院判决投资公司对电力公司与水利公司转让的新能源公司的股权享有优先购买权；投资公司应当在判决生效之日起20日内行使优先购买权，否则视为放弃。投资公司优先购买权的行使内容、条件，与电力公司和水利公司签的产权交易合同相同。一审宣判后，电力公司、水利公司不服，提出上诉。二审驳回上诉，维持原判。

生效裁判认为，第一，考虑到有限公司的人合性特征，我国《公司法》等相关法律法规规定了股东向股东以外的人转让股权的，应当向其他股东履行通知义务。其他股东在同等条件下享有优先购买权。此处所涉通知的内容，应当包括拟转让的股权数量、价格、履行方式、拟受让人的有关情况等多项主要的转让条件。结合本案，首先，在上诉人电力公司于一审第三人新能源公司股东会议中表示了股权转让的意愿后，被上诉人投资公司已明确表示不放弃优先购买。其次，电力公司确定将股权转让给上诉人水利公司后，也并未将明确的拟受让人的情况告知投资公司。故而，对于投资公司及时合法地行使优先购买权造成了障碍。而权利的放弃需要明示，故不能当然地认定投资公司已经放弃或者丧失了该股东优先购买权。

第二，被上诉人投资公司在一审第三人产交所的挂牌公告期内向产交所提出了异议，并明确提出了股东优先购买权的问题，要求产交所暂停挂牌交易。但产交所未予及时反馈，而仍然促成上诉人电力公司与水利公司达成交易，并在交易完成之后，方通知投资公司不予暂停交易，该做法明显欠妥。需要说明的是，产交所的性质为经市政府批准设立，不以营利为目的，仅为产权交易提供场所设施和市场服务，并按照规定收取服务的事业法人。基于此，产交所并非司法机构，并不具有处置法律纠纷的职能，其无权对于投资公司是否享有优先购买权等作出法律意义上的认定。故当投资公司作为新能源公司的股东在挂牌公告期内向产交所提出异议时，产交所即应当暂停挂牌交易，待新能源公司股东之间的纠纷依法解决后方恢复交易才更为合理妥当。故其不应擅自判断标的公司其余股东提出的异议成立与否，其设定的交易规则也不应与法律规定相矛盾和冲突。

案例评析

该案例确定的裁判规则是在进场交易中，在产权交易所交易本身不代表视为已经通知到了其他股东，产权交易所并不具有判断交易方是否丧失优先购买权的权利。

1. 在产权交易所交易不代表履行了《公司法》第八十四条第二款规定的"通知"义务

《公司法》第八十四条第二款规定，股东向公司现有股东以外的其他人转让股权应当遵守法定程序，即须将其股权转让事项书面通知其他股东征求同意。公司法之所以规定股东在出让股权给股东以外第三人时要向其他股东履行通知义务，就是从上述优先购买权制度的理论基础出发保证其他股东知悉股权出让的事实，以充分保障其他股东的优先购买权。之所以要求采用书面方式：一是便于对股东间是否达成合意进行判断从而具备证据效力；二是当由于股权出让导致股东身份变化时，也会引起后续的一系列法定程序的启动（如修改公司章程、变更公司的注册登记事项、向原审批机关办理变更审批手续等），而这些程序都需要以书面材料作为事实依据。

2. 产权交易所并不具有判断交易一方是否丧失优先购买权的权利

其他股东提出优先购买权后，是在该股东与转让股东之间即成立了股权转让合同关系，还是优先购买权的形式仅是一个要约，需要出让方的承诺，存在一定争议。《公司法》第八十四条还规定优先购买权需要在规定的期限内行使。在股东主张优先购买权而产生争议后，应诉至法院加以解决。而产权交易所只是交易平台，并不具有处置法律纠纷的职能，在交易过程中，其无权对其他股东是否享有优先购买权等作出法律意义上的认定。因此，当投资公司作为新能源公司的股东在挂牌公告期内向产权交易所提出异议时，产交所即应当暂停挂牌交易，待新能源公司股东之间的纠纷依法解决后方恢复交易更为合理、妥当。其不应擅自判断标的公司其余股东提出的异议成立与否，其设定的交易规则也不应与法律规定相矛盾和冲突。

典型案例95　房地产公司与周某艳股权转让纠纷案[①]

案例要旨

现行《公司法》第九十条规定，自然人股东死亡后，其合法继承人可以继承股东资格；但是，公司章程另有规定的除外。根据该规定，如果公司章程对股东资格的继承无任何限制，继承人继承股权没有障碍，其他股东不得就股权继承主张优先购买权。如果公司章程或者股东之间约定对继承人获得股东资格作出了限制，明确其他股东有优先购买权，在继承过程中，则应当允许其他股东行使优先购买权。

基本案情

房地产公司成立于1997年10月10日，周某新通过股权转让的方式成为公司股东，至2014年12月20日，出资额为2100万元，占注册资本42%。周某新于2015年12月4日去世，生前立有遗嘱，表示"本人去世后，以上投资于房地产公司和建筑集团的股权均由本人女儿周某艳继承。与以上股权相对应的股东权利均由周某艳享有并承受"。

房地产公司自2009年改制以来至诉讼前先后四次修改章程。其中2009年2月11日、2009年4月29日、2012年3月29日的章程在第四章第七条规

[①] 最高人民法院（2018）最高法民终88号。本案例经过笔者加工改写。

定："股东之间经股东会批准，可以相互转让其全部或者部分股权。股东不得向股东以外的人转让股权。股东出资的股份在经营期内不保本、不保息。股本金实行动态持股管理办法。对免职、调离、终止合同、退休（退休后继续任职的除外）等人员及时办理股权转让手续，由公司其他股东按原出资额受让，转让股权的股东，除公司发生累计亏损外（经会计师事务所审计确认），其持股期间每年另按出资额的8%享受公司增值资产固定回报。对不及时办理转让手续的股东，自股东会批准转让之日起不再享受分红，也不享受银行存款或贷款利息的回报。股东由于主观原因造成公司重大损失或因严重违反财经法纪，徇私舞弊，中饱私囊构成违法、违纪被处理的人员也将被取消股东资格，其股金及分红应首先用于弥补公司损失。"2015年1月，房地产公司经股东会决议修改公司章程，在原章程第四章第七条中增加规定"对正常到龄退休（返聘除外）、长病、长休、死亡的股东，应及时办理股权转让手续，股东退股时，公司累计有盈余的（经会计师事务所审计确认），持股期间按本人持股额每年享受20%以内回报"，该内容作为第七条第三款。

周某新的女儿周某艳在周某新去世后向一审法院起诉，请求确认周某艳享有房地产公司42%的股权（股权价值为32555万元），并判令房地产公司将周某艳载入股东名册、办理将上述股权变更登记至周某艳名下的相应变更登记手续。

法院裁判

一审法院支持了周某艳的上述请求，而二审法院则撤销了一审判决，认定公司章程已经排除了股东资格的继承，改判驳回周某艳的诉讼请求。

生效裁判认为，《公司法》第七十五条规定："自然人股东死亡后，其合法继承人可以继承股东资格；但是，公司章程另有规定的除外。"根据该条规定，《公司法》赋予了自然人股东的继承人继承股东资格的权利，但是同时亦允许公司章程对死亡股东的股权处理方式另行作出安排。因此，判断本案中周某艳是否有权继承其父周某新的股东资格，关键在于解读房地产公司章程有无对股东资格继承问题作出例外规定。正确理解章程条款，应在文义解释的基础上，综合考虑章程体系、制定背景以及实施情况等因素加以分析。首先，自2009年起章程中删除了继承人可以继承股东资格的条款，且明确规定股东不得向股东以外的人转让股权，可以反映出房地产公司具有高度的人合性和封闭性特征。其次，周某新去世前，2015年1月10日的公司章程第七条第三款对死亡股东股权的处理已经作出了规定，虽然未明确死亡股东的股东资格不能继承，但结合该条所反映的房地产公司高度人合性和封闭性的特征，以及死亡股东应及时办理股权转让手续的表述，可以认定排除股东资格继承是章程的真实意思表示。最后，周某新去世之前，股东郁某、曹某华在离职时均将股权进行了转让，不再是房地产公司的在册股东，房地产公司亦根据章程规定支付了持股期间的股权回报款。该事例亦进一步印证了股东离开公司后按照章程规定不再享有股东资格的实践情况。因此，纵观房地产公司章程的演变，并结合房地产公司对离职退股的实践处理方式，本案应当认定公司章程已经排除了股东资格的继承。

排除股东资格继承后，标的股权如何处理属于公司治理事项，不影响本案股东资格的判断。房地产公司作为有限责任公司，具有独立的法人人格和治理结构，案涉股权排除继承后，究竟是由公司回购还是由其他股东受让，均可通过公司自治实现。这两种方式均有利于打破公司僵局，维持公司的人合性和封闭性，体现公司意志，保护股东权益。此外，周某艳虽无权继承股东资格，但其财产权利可以得到保障。根据2015年1月10日公司章程第七条的相关规定，其依然能取得退还的股本金和按照持股额每年计算一定比例的回报款。本案中，房地产公司提供的相关决议及庭审陈述表明，房地产公司将周某新的股权退股2100万元，并根据周某新持股期间按持股额每年享受20%的比例计算回报，该计算标准是2015年1月10日公司章程规定的较高标准。因此，周某艳作为周某新的继承人，将能够从房地产公司获取较为丰厚的财产收益，对其权益的保护亦属合理。同时，房地产公司目前离职的股东均采取这种收回股本金和领取一定比例回报款的方式获得补偿，遵照公司章程对股东权益平等予以保护，符合本案实际情况。综上所述，周某艳要求确认其股东资格，并要求房地产公司办理股权变更手续缺乏事实和法律依据。

案例评析

本案的争议焦点在于解读房地产公司章程有无对股东资格继承问题作出例外规定。本案中，房地产公司自2007年以来先后经历五次章程修订。首先，自2009年起章程中删除了继承人可以继承股东资格的条款，且明确规定股东不得向股东以外的人转让股权，可以反映出房地产公司具有高度的人合性和封闭性特征。其次，周某新去世前，2015年1月10日的公司章程第七条第三款对死亡股东股权的处理已经作出了规定，虽然未明确死亡股东的股东资格不能继承，但结合该条所反映的房地产公司高度人合性和封闭性的特征，以及死亡股东应及时办理股权转让手续的表述，可以认定排除股东资格继承是章程的真实意思表示。最后，周某新去世之前，股东郁某、曹某华在离职时均将股权进行了转让，不再是房地产公司的在册股东，房地产公司亦根据章程规定支付了持股期间的股权回报款。该事例亦进一步印证了股东离开公司后按照章程规定不再享有股东资格的实践情况。因此，纵观房地产公司章程的演变，并结合房地产公司对离职退股的实践处理方式，本案应当认定公司章程已经排除了股东资格的继承。据此，二审法院撤销一审判决，改判驳回周某艳的诉讼请求。

典型案例96　进出口公司与甘肃H能源公司、酒泉H能源公司、风电公司股权转让纠纷案[1]

案例要旨

本案中，股权转让方和受让方均是国有独资公司，且转让方向受让方划转目标公司的股权，并未约定对价，其实质是基于甘肃电力集团的决定对国有资产进行划拨。故该股权划转不适用股权转让的规定，其他股东不存在优先购买权的基础。

基本案情

进出口公司与甘肃H能源公司共同出资设立风电公司，其中进出口公司持有公司40%股权，甘肃H能源公司持有公司60%股权。2012年6月28日，甘肃H能源公司作为甲方、进出口公司作为乙方，签订《股权转让及购回协议》约定，因项目执行过程中需要融资，办理银行贷款，故乙方同意将其所

---

[1] 最高人民法院（2017）最高法民终205号。

持有的风电公司 30% 股权以 10200 万元的价格转让至甲方名下，由甲方持有，此次转让完成后，甲乙双方所持风电公司股权比例为 9∶1。第四条约定：在本合同签订并按照第三条之约定生效之日起 24 个月内，乙方在满足银行贷款所必需条件的情况下可随时要求甲方将风电公司 30% 的股权转让回乙方。第五条约定：甲方承诺，在本合同签订并按照第三条之约定生效之日起 24 个月内，同意乙方在满足银行贷款所必需条件的情况下可随时要求甲方购回的风电公司 30% 股权不被转让、抵押、质押和用于担保及不被查封。

2012 年 10 月 24 日，风电公司与国家开发银行签订《人民币资金借款合同》，约定了贷款金额及资金到账日期，该合同项下最后一笔借款资金到账日为 2014 年 8 月 28 日。2014 年 9 月 1 日，甘肃电力集团召开党政联席会议，决定甘肃 H 能源公司将持有的风电公司等股权转移至酒泉 H 能源公司，2014 年 12 月 16 日，甘肃省国资委作出同意批复。2014 年 9 月 4 日，甘肃 H 能源公司与酒泉 H 能源公司签订《股权划转协议》，约定甘肃 H 能源公司将持有的风电公司 90% 股权 39600 万元划转给酒泉 H 能源公司。2014 年 11 月 28 日，风电公司根据该股东会决议，办理了工商变更登记，将投资人从进出口公司、甘肃 H 能源公司变更为进出口公司、酒泉 H 能源公司。

进出口公司以股权转让行为程序违法，损害其优先购买权为由，向一审法院起诉，请求：确认甘肃 H 能源公司与酒泉 H 能源公司之间关于风电公司 30% 股权的转让行为无效。

法院裁判

一审法院判决驳回进出口公司的诉讼请求。进出口公司不服，提起上诉。二审驳回上诉，维持原判。

生效裁判认为，关于进出口公司主张甘肃 H 能源公司与酒泉 H 能源公司之间股权转让程序违法，损害其优先购买权的理由是否成立的问题。经查，风电公司于 2014 年 9 月 4 日作出股东会决议，同意甘肃 H 能源公司将持有的风电公司 39600 万元出资额变更为酒泉 H 能源公司持有。该股东会决议上只有风电公司和股东甘肃 H 能源公司的签章，没有进出口公司的签字。风电公司章程第二十一条规定，董事长认为必要时，公司可直接制作股东会决议文本提交各股东分别签署，签字股东所代表表决权达到本章程规定的比例时，上述决议构成有效的股东会决议。本案签字的股东甘肃 H 能源公司所代表表决权已达到甘肃风电公司章程规定的比例，进出口公司虽然没有签字，但不能否定股东会决议的效力。未通知召开股东会、未提前告知股权划转只能证明风电公司的股东会召开程序存在瑕疵，不能证明甘肃 H 能源公司与酒泉 H 能源公司之间的股权转让程序违法。风电公司章程第十四条第三款规定，股东不得将股权无偿赠与他人，但根据国有资产无偿划拨规定的不在此限，且无偿划拨不适用关于股权转让的规定。本案甘肃 H 能源公司和酒泉 H 能源公司均系国有独资公司。2014 年 9 月 1 日，甘肃电力集团召开党政联席会议，决定甘肃 H 能源公司将持有的风电公司等股权转移至酒泉 H 能源公司，转移完成后，收购酒泉 H 能源公司 100% 股权作为电投股份公司非公开发行股票的募集资金收购项目，其后亦取得甘肃省国资委的同意。甘肃 H 能源公司向酒泉 H 能源公司划转股权亦未约定对价，其实质是基于甘肃电力集团的决定对国有资产进行划拨，故该股权划转行为不应当适用关于股权转让的规定。一审法院认定进出口公司不存在行使优先购买权的基础正确。进出口公司的上诉理由不能成立。

案例评析

本案的争议焦点是国有股权的无偿划拨，其他股东能否行使优先购买权。本案中，甘肃 H 能源公司和酒泉 H 能源公司均为国有独资公司。2014 年 9 月 1 日，甘肃电力集团召开党政联席会议，决定甘肃 H 能源公司将持有的风电公司等股权转移至酒泉 H 能源公司，转移完成后，收购酒泉 H 能源公司 100% 股权作为电投股份公司非公开发行股票的募集资金收购项目，其后亦取得甘肃省国资委的同意。甘肃 H 能源公司向酒泉 H 能源公司划转股权亦未约定对价，其实质是基于甘肃电力集团的决定对国有资产进行划拨，故该股权划转行为不应当适用关于股权转让的规定。风电公司章程第十四条第三款规定，股东不得将股权无偿赠与他人，但根据国有资产无偿划拨规定的不在此限，故进出口公司不存在行使优先购买权的基础。据此，一、二审法院均未支持进出口公司主张优先购买权的诉讼请求。

图书在版编目（CIP）数据

公司股权转让实务精要：裁判规则与案例解析 / 陈火金编著. -- 北京：中国法治出版社，2024.10.
ISBN 978-7-5216-4617-7

Ⅰ.D922.291.915

中国国家版本馆 CIP 数据核字第 2024GK0896 号

| 策划编辑：韩璐玮 | 责任编辑：孙静 | 封面设计：杨泽江 |

公司股权转让实务精要：裁判规则与案例解析
GONGSI GUQUAN ZHUANRANG SHIWU JINGYAO：CAIPAN GUIZE YU ANLI JIEXI

编著/陈火金
经销/新华书店
印刷/保定市中画美凯印刷有限公司
开本/710 毫米×1000 毫米　16 开　　　　　　　　印张/21　字数/283 千
版次/2024 年 10 月第 1 版　　　　　　　　　　　2024 年 10 月第 1 次印刷

中国法治出版社出版
书号 ISBN 978-7-5216-4617-7　　　　　　　　　　定价：79.00 元

北京市西城区西便门西里甲 16 号西便门办公区
邮政编码：100053　　　　　　　　　　　　　　传真：010-63141600
网址：http://www.zgfzs.com　　　　　　　　　编辑部电话：010-63141787
市场营销部电话：010-63141612　　　　　　　　印务部电话：010-63141606

（如有印装质量问题，请与本社印务部联系。）